国有善铜 观映千秋

广东大观博物馆青铜镜艺术荟萃

丁方忠 编著

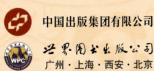

中国出版集团有限公司

世界图书出版公司
广州·上海·西安·北京

图书在版编目（CIP）数据

国有善铜 观映千秋：广东大观博物馆青铜镜
艺术荟萃 / 丁方忠编著. -- 广州世界图书出版广东
有限公司，2024.8. -- ISBN 978-7-5232-1473-2

Ⅰ. K875.24

中国国家版本馆CIP数据核字第2024D1P312号

书　　名	国有善铜 观映千秋——广东大观博物馆青铜镜艺术荟萃 GUOYOUSHANTONG GUANYINGQIANQIU—GUANGDONG DAGUAN BOWUGUAN QINGTONGJING YISHU HUICUI	
编　　著	丁方忠	
责任编辑	华　进　钟加萍	
装帧设计	传欣设计	
出版发行	世界图书出版有限公司　世界图书出版广东有限公司	
地　　址	广州市海珠区新港西路大江冲25号	
邮　　编	510300	
电　　话	020-34203432	
网　　址	http://www.gdst.com.cn	
邮　　箱	wpc_gdst@163.com	
经　　销	新华书店	
印　　刷	广州今人彩色印刷有限公司	
开　　本	889 mm × 1 194 mm　1/16	
印　　张	27.25	
字　　数	439千字	
版　　次	2024年8月第1版　2024年8月第1次印刷	
国际书号	ISBN 978-7-5232-1473-2	
定　　价	228.00元	

世有千年物　难有千年主

◎　丁方忠

　　儿时，我就对泱泱五千年的中国历史充满浓厚的兴趣，对中国古典艺术品情有独钟。偶尔看到一些精美的"老东西"，我总会产生强烈的好奇心和占有欲。当时，人们对艺术品的认知还处于懵懂之中，但潜意识中认为它们很美。那个时候我就相信，人们终究是不会把美好的东西抛弃掉的。因此，出于好奇心，我总想把它们收藏下来，至于以后有没有什么作用，当时根本无法知道，也未曾考虑过。也许收藏名贵和稀有的东西就是有些人的一种天性和激情吧。工作后，微薄的工资也大部分让我换回了一些"好玩意"。后来下海经商，有了人生第一笔财富积累后，我就开始加大"寻宝"的步伐了。起初仅是一种对其热衷的感情，但随着收藏的古代艺术品越来越多，不知不觉中形成了规模，我对这些古代艺术品的认识、认知水平也在逐渐提高。我深感每一件藏品都有深厚的历史沉淀，这些经典珍遗一旦消失，将不可再生。于是这种热衷的感情，也逐渐转变为一种责任、一种传承与保护的责任。这种责任源于近二十年的收藏过程，我曾耳闻目睹很多经典艺术品流失海外或因种种原因惨遭破坏的悲剧，而这些古代珍遗都是不可再生的，是老祖宗留给我们的宝贵财富，是"厚德载物"的文化艺术载体。精美的艺术品会无声地告诉后人祖先的文明、祖先的智慧、祖先的伟大创造力。因此，我们必须为世人——包括我们的子孙后代保留足以证明我们先人昔日辉煌的实物，不能让后代只能在书籍和图片中阅读历史，而要让更多历史的证物在中国延续生命，这是我们的责任。

　　"世有千年物，难有千年主"，对于收藏，我有着清醒的认知。任何一个人，无论地位高低，当他在面对浩瀚几千年的中华民族历史，面对先人留给我们的这些古代文化艺术珍遗时，都是匆匆过客，是祖国文化遗产保护长河里的一小景。从前人那里继承的文化遗产，必须传给后人。我们只不过是一小段时间的拥有者，不可能成为永远的拥有者。听起来有些悲观，但是，这正是我所钟爱、愿意去做的事情，我们要用感恩和敬仰的心态来面对这个社会和人生。出于这一人生思考，近年来我最大的愿望是建立一家向公众开放、有合法身份的民间博物馆，集中展示我所收藏的中国几千年文化艺术之精华，保护更多的经典古代艺术品，让独具魅力的中国古典艺术流芳百世，代代相传，以唤起更多的人来保护和传承中国古典艺术品，让越来越多的人认识到中华民族的先民们留给我们极其珍贵和值得骄傲的历史文化遗产。很多人不理解甚至反对，中国人的传统观念是财不外露，一辈子花费无限心力收藏到的东西为什么要拿出去招摇？我不这么想。在这些存续数千年的宝贝面前，你我都只是匆匆过客。越是精品、极品的东西越是全人类的共同财富，我们不应该独享。而且，我们必须为子孙后代保留足以证明先人昔日辉煌的实物与可触摸的历史。因为随着时间的流逝，古代也只是成了一些"记忆"，当"过去"成为"历史"，而"历史"变成"文献"，我们靠着"文献"唤回"历史记忆"的时候，仿佛雾里看花，这个世界就有些面目不清了。因此，在这种心态的促使下，2010年初，我们在自己公司内专门装修了几百平方米的展馆，作为百川艺术馆一期，集中展示我们丁氏兄弟的2000余件藏品。如今已过不惑之年的我，对企业的管理更多的是"无为而治"，接下来，我将尽我所能，全力推进建立一家民间博物馆这一事业。

近二十年来，无论多么艰难，我都将经营企业之外的所有精力和物力花在自己所钟爱的中国古典文化艺术的收藏和研究之上，对此我颇感欣慰。有人说我痴迷，而我却认为这是一种感情的倾注，源于天生对古典艺术的钟爱。每当繁华尽散之后，或工作压力大、心情不畅时，沏一杯茶，点一支烟，自己一个人静静地徜徉在百川艺术展馆内，二十年来收藏之路上的风风雨雨涌上心头，内心总是百感交集。望着浮现在眼前的林林总总，看看它们、摸摸它们，就觉得非常惬意。每当客人们来百川艺术馆参观时，面对任何一件藏品，我滔滔不绝地与观者分享我的收藏喜悦，讲述其背后博大精深的历史文化，而让欣赏者顿时对中国传统艺术产生顶礼膜拜的敬仰之情时，是我最有成就感的时刻。

"收藏是为了研究"，这样才能更好地诠释这些历史遗留下来的精华。玩收藏必须要进行研究，收藏者必须成为一位研究者。如果不进行研究，收藏者只是起到一个保管的作用。只有通过研究，藏品的历史价值、文化价值、艺术价值才能得到充分体现。收藏者不能仅仅只是一个保管者，应该成为一个复合型的藏家，既是保管者，又是研究者，还是文化的传承者。古代艺术品传递着众多历史的信息，每一个物件都具有各自独特的文化内涵。先祖们把他们的情感、意识、生活和哲学思想都赋在留下来的这些古代艺术品上，等待我们去破译。因此，对于自己的藏品，我总是最大限度地把它们研究清楚，将更全面、更翔实的历史信息传递给世人。这也是我们出版此书的目的。在本书中我们进行了一些尝试性的论证和探究，不揣浅陋，提出了一些个人看法，由于学识水平有限，望相关专家、学者和收藏爱好者指正、赐教。

南岭涂阳堂

丁方忠 2012.8.

目 录

第一辑　善铜之光

青铜古镜的收藏价值

　　引言：中华古鉴，历经四千多年悠悠岁月的洗礼，凝聚着炎黄子孙的才智与力量，交织着历史的苦难与荣耀；它以其神奇独特、精美卓绝、恒稳发展、经久不衰而成为东方艺术的奇葩珍瑰。它优美而精巧，朴实而平易；它形式绚丽多姿，文化底蕴精深博大，满足了世世代代人民大众的文化审美需求，弘扬了中华民族的历史文化，让人们体会到了中华民族的伟大创造力；它图案优美、古朴典雅、构思独特、迷幻瑰丽，堪称我国古代文化艺术大观园中一枝璀璨艳丽的奇葩。因此，铜镜在艺术品收藏领域独具魅力。本文将从铜镜的历史传承、铸造工艺及其博大精深的文化内涵三方面引导铜镜收藏爱好者感受青铜古镜独特的收藏魅力。

　　近年来，民间铜镜收藏如火如荼，收藏队伍不断庞大，精品层出不穷，从而带动铜镜的经济价值逐渐攀升，铜镜的艺术价值越来越明朗地体现出来。我们坚信这样的大好态势还将持续下去。铜镜悠久的发展历史、精湛的制作工艺、不同凡响的艺术魅力、博大精深的文化内涵综合体现了铜镜所具备的独特魅力及其优越于其他收藏门类的收藏价值。尽管铜镜现在的经济价值与其他收藏品相比，还处于相对较低的价位，但随着人们对铜镜收藏价值的不断认识，铜镜必定会成为收藏品中的佼佼者，是一支具备优势的"潜力股"。本文将就其收藏价值展开探讨，即讨论我们为什么选择收藏铜镜，铜镜优于其他收藏门类的独特魅力体现在哪些方面。

一、铜镜历史悠久，几乎贯穿整个中华文明发展史

　　从目前的考古发现来看，我国出土的最早的铜镜是齐家文化时期的铜镜，据碳14测定，距今已有四千多年的历史了。[①]其中代表作是出土于青海贵南县尕马台25号墓的一面七角星纹镜（图1）及1975年出土于甘肃广河县齐家坪的一面素镜。我国铜镜呈现出不断发展的趋势，如同一条光彩夺目的绚烂河流，历经近四千年一直流淌到今天，是贯穿中华文明发展进程而从未中断的物质文明。纵观中华文明史，能够从古至今一脉相承，中间从未缺失，从未断流的，似乎只有铜镜、古玉、古钱币和陶瓷了。铜镜可以说是我国古代金属器物中沿用时间最长、使用范围最广、对

图1

---

① 李虎侯《齐家文化铜镜的非破坏鉴定——快中子放射化分析法》，《考古》1980年第4期。

人们日常生活发生过诸多影响的一类艺术品。张天恩先生在为《中国铜镜美学发展史》一书所作序中指出："考古发现表明，我国使用铜镜的历史悠久，上起新石器时代晚期的齐家文化，下至明清，有近四千年发展演变的历史，几乎与中华民族的古代文明史相始终，真可谓源远流长，绝少有哪一种文物可与之匹比。"①青铜古镜所影射的不仅是人们的面容，更是千百年来中国社会的发展，它书写着岁月的篇章，记载着文化、美术、科学乃至整个社会的进步。正因为铜镜的发展历史悠久，所以其数量众多，能让我们看到古代艺术家们在不同社会背景下，受古代各种思潮影响和审美观念的心理活动支配下创造出来的铜镜艺术品。其设计制作构思、器形、背面的纹饰和铭文设计，都与当时社会的政治、经济、思想文化、社会生活等息息相关，是各个历史时代社会总体情况的缩影。由于铜镜几乎贯穿整个中国古代历史，其整体设计又极具时代特征，因此，我们收藏铜镜的过程就是了解整个中国古代艺术在不同时期的历史背景、民俗、政治、经济环境的影响下发展的过程，是对中国古代艺术发展史全面赏析的过程。每个时期铜镜的背面纹饰设计均十分精美，工艺考究，反映出当时最高的工艺水平和审美意识。我们整体欣赏拥有四千年历史传承的铜镜之形制、纹饰时，就像读史书，能看到当时风云变幻中的大千世界。铸镜大师们把时代的变化，掌握在自己手中，要圆就圆，要方则方，把社会上的普遍意识、哲学上的思维、经济上的脉搏、政治上的动态、艺术上的风格，毫无遗漏地用适当的手法，简练而又清晰地发挥在小小的铜镜背面。这着实令我们为古代铜镜工艺美术大师们精彩的表现而折服。李学勤在《辉煌的中华早期文明》一文中说："陶器、玉器、青铜器，符合文明社会的条件，可以说是中华文明的象征。"②我们以为，铜镜堪称我国象征中华文明的青铜器百花园中一朵多姿多彩的奇葩，在不同的历史时期里开放出万紫千红、争妍斗丽的似锦繁花，绽放飘香四千年。

二、铜镜是高技术性的产品

其青铜范铸工艺在中国乃至世界冶金史、铸造史中具有最高艺术成就的地位。

铜镜历经四千余年的传承演变，不仅给帝王将相们留下了"以铜为镜正衣冠，以史为镜知兴替，以人为镜明得失"的政治思考，也给文人墨客带来了才子佳人的趣话，同时也见证着中国古代政治、经济、文化的盛与衰，映照着华夏文明美的历程。更加重要的是，它让中国魅力四射的青铜铸造艺术获得中国乃至世界艺术史中的崇高地位。铜镜的铸造并非中国独有。孔祥星在《中国古代铜镜》一书中说："从世界范围来看，铜镜大体可以分为东、西两大系统：一个是以中国为代表的圆板具钮镜系统，即在镜背有系钮的铜镜；另一类是在西亚和埃及、希腊、罗马等文明古国广为流传的圆板具柄镜系统，即有柄镜。"③在古埃及、古希腊、古罗马等地使用的圆板具柄镜，其工艺多为铸造成形后在其上进行线刻纹饰，与战国汉唐时期以青铜浇铸为主的圆形具钮镜有较大的不同。而论及纹饰设计、雕塑工艺、铸造水平、磨砺技术等诸多方面，中国古代铜镜所达到的铸造技术之精湛，是其他西方古文明同时期铜镜所难以望其项背的。

① 常智奇《中国铜镜美学发展史》序言，陕西师范大学出版社2000年版。
② 李学勤《辉煌的中华早期文明》，《科学中国人》2005年第4期。
③ 孔祥星、刘一曼《中国古代铜镜》第一章《中国铜镜的早期阶段》，文物出版社1984年版。

铜镜既是古人每日用来照面饰容的实用器物，同时也是一件集观赏、珍藏于一身的艺术品。因为它是爱美之人每天都要面对的一件心爱之物，所以每一面铜镜都力求用最好的构思去设计，用最精湛的技术去铸造，这样才能赢得市场，受市场青睐，才能满足人们的艺术审美需求。精品铜镜的图案和文字有的虽细如发丝，却明净分晓，体现了极高的制作技术水平。其中工艺精湛、艺术表现力达到极致的"王器"，极其罕见，在存世铜镜中可谓万里有一，可想而知，这类铜镜制作之艰辛。作为"王者之器"的铜镜，它的纹饰甚至比现在机器雕刻的作品更加精美细致。这些纯手工的工艺品是四千多年铜镜发展史中历朝历代的顶级工匠真正用心制作的，其艺术价值无与伦比。细细品味本书所录数面铜镜，能够在方寸之间表现出奇丽精美、繁缛生动而无丝毫漫漶之处的纹饰，这是什么境界的顶级工匠所能创造出来的呢？想必他们一定是功力深厚的画家，才能描绘出如此生动优美的图案；想必他们一定是技艺高超的雕刻师，才能将这样的图案镌刻成镜模；想必他们一定是一群经验异常丰富的金属铸造专家，才能够在合适的时间、合适的地点、合适的自然环境下浇铸出细如发丝、明净分晓的铜镜纹饰。

铜镜制作从构思绘图、造型材料的选择和雕刻、铜镜合金成分的配比、铸镜合金的熔炼、泥范浇铸、淬火回火处理、表面机械加工处理等每一道工序都要精益求精。倘若是皇家御用之镜，只要任何一道工序出现瑕疵都会被淘汰，只有尽善尽美地完成制镜的每一步骤才不至于前功尽弃。以下我们将从铸镜过程的几个程序来分别论述铜镜范铸技术之复杂、要求水准之高、铸造过程之艰辛。

1. 适宜制镜的合金配比是历代工匠千余年努力探索的结晶

我国古代青铜镜发明于齐家文化时期，到了春秋战国时期才勃然兴起。从技术上看，主要是合金配比技术掌握不到位之故，所以春秋战国以前的铜镜由于质地原因，很难加工出精美的纹饰和光洁的镜面。可见仅仅是铜镜合金配比的合理掌握，中国先民们就探索了千余年，直到春秋战国时期的文献资料中才出现了"金锡半，谓之鉴燧之齐"这一伟大的科技成果，其在中国铜镜发展史中具有划时代的意义。此后，战国汉唐镜兼顾了铸造、加工、映像效果、艺术效果、耐蚀能力等多方面的

图 2

优点，为铸镜的最佳成分（图2），反映了我国古代铜镜合金技术的最高水平。这说明古代铜镜最适宜造镜的合金配比，是一批又一批的铜镜工艺美术大师们经过千余年孜孜不倦的探索才得出的。这伟大的探索和极高的科技成果是任何铜器的铜质所不能比拟的。

2. 铸镜对所需铜质的要求极高，冶炼过程极其艰辛

制镜所需的铜质就纯净度而言，是任何青铜器物难以企及的。虽然任何青铜器物的铸造过程中都必须精炼铜料，但铜镜的铜质对于金属熔炼来说是要求最高的，因为铜镜的铜质必须要达到致白、致坚，以便达到纤细的纹饰表现和经过加工磨砺后照面饰容的效果，所以均以几十次乃至上百次的提炼方可。古镜铭"幽炼三商""炼形神冶、莹质良工""百涷明镜""百涷正铜"等，皆表明铸造铜镜所需铜质的冶炼，不仅需要反复提炼，而且需要极高的冶炼技术。白

居易《百炼镜》云："百炼镜，镕范非常规，日辰处所灵且祇，江心波上舟中铸；五月五日午时，琼粉金膏磨莹已。化为一片秋潭水，镜成将献蓬莱宫。"其中就表述了铸镜所需铜质的冶炼过程，俗称"百炼镜"，直至把铜内杂质提炼得干干净净（明代宣德炉声称十二炼至十八炼，一斤铜冶炼后只有三两）。由此可见，青铜镜的铜质之精是其他青铜器物无与伦比的。经过反复提炼的精铜所剩无几，该精铜的价值也许早已超越珍贵的黄金。且不说冶炼火候、铜料配比等多重难度，铜镜制作的成本相比较其他青铜器物冶炼，仅铜原料成本就已经大大超出了。

3. 铜镜的范铸技术极其复杂，且对工匠的技术要求精益求精

战汉唐时期的精品铜镜所展现给我们细如发丝、纤毫无失、图案繁缛细腻的纹饰，或线雕，或平雕，或浮雕，或透雕，以及光洁平整的镜面，这对镜模材料及纹饰的雕刻和布局方式，镜范材料的选择和细加工，面范材料的应用，浇铸时间的掌握都提出了极高的要求。镜模在制作过程中通常宜在阳模上进行花纹图案的修整。对于高浮雕花纹，则需通过堆砌、按压、雕刻等多种方式表现出来，所以在狭小的二维平面要表现精美繁复的纹饰，这对工匠们的构图技术水平具有极高的要求，这比单纯的绘画艺术创造不知要难多少倍。同时，铜镜细腻的纹饰线条要求范土必须具备足够的透气性、退让性和热稳定性，还要经过一番细加工方可做范。在铜镜制范过程中陶范的基本成分是黏土和细砂。陶范需要承受上千摄氏度高温铜液的冲击，并在其中冷却。因此，陶范除了耐高温以外，还要有良好的机械强度，经得起铜液灌浇冲刷而不致损坏，且还要有一定的透气性。因为铜液灌入后，会在范中产生程度不同的气体，这些气体大部分通过浇口和冒气口排出范体外，少量的需要通过范的毛细孔渗透出去，以保证所铸器物在外观上看不出气孔之类的铸造缺陷。因此，制作陶范的泥土必须是很细腻的，既能够清晰反映出铜镜上的铭文和纹饰的同时，又要有很好的吸收性。陶范要达到耐热性能优良，机械强度也相当好，用来制范的泥土必须精心淘洗。淘洗的目的，一方面，把泥料按粒度分级；另一方面，将泥料中所含碳酸钙、硫酸盐等有机物溶于水，以减少这种盐类的危害，否则会造成降低耐火度、烧结温度和增加发气性。另外，铜镜极其细腻的花纹和镜面的特性，要求在制范时必须使用极精细的"肌真土"，这在其他青铜器制范中是没有的。铜镜的纹饰纤毫细腻，而在各种各样的条件下铜液浇铸时又很难保证不发生"炮火（水）"，而使纹饰塑造前功尽弃。所以相较其他青铜器的浇铸，铜镜的铸造技术更加复杂，难度更高。

4. 铜镜的淬火、回火技术是制镜过程中非常合理的工艺，其技术含量相当高

高锡青铜是既硬且脆的。为改善铜镜的加工和使用性，战国汉唐时人们对它进行了淬火和回火处理。此操作是在铸造成型后，经简单清理才着手进行的。经过淬火或回火后的青铜镜，强度和塑性提高了，从而减少了铜镜的损坏机会，而且淬火回火后的镜子颜色洁白如银，所以这是铜镜制作过程中非常合理的工艺。虽然其他器物也有淬火回火这一程序，但铜镜的淬火技术要求更高。高温状态下的铜镜，由于入水的位置及角度，入水速度不当，时间的把握差异，回火温度的高低都会对铜镜背面纤细的纹饰造成影响甚至使铜镜变形，因而铜镜淬火这一环节，技术含量也是相当高的。所以铜镜淬火、回火技术是伟大的先民们在制镜过程中经过反复试验而获得的又一伟大成就，它克服了高锡青铜本身所具有的一些本质缺陷。

5. 铜镜的错磨工艺费时费力

刚从铸型中脱出来的铜镜，其表面是比较粗糙的，必须经过切削、刮削、研磨方能使镜子变得平整光滑。其中研磨是最费事的。文献记载，天平宝字六年制作御镜时，铸镜工需要8个，错磨工却需56个。清代科学家郑复光在《镜镜冷痴》卷一谈到镜面刮磨时曾深有感触地说：“刮易磨难，工惜磨力，故底平者鲜。”可见，虽然这道程序不如以上程序那么有技术含量，但其却是最费劲的差事。

以上程序进行完毕之后，铜镜便会具有一定的映照能力，但映像效果并非最佳，一般还要再进行一道特殊的表面处理——开镜。这是铜镜制作特有的工艺技术，程序也异常复杂，其操作过程，国内外学者一直存在不同看法，在此我们不再赘述。何堂坤先生在《中国古代铜镜的铸造技术研究》[①]一书中对铜镜的铸造过程及难点作了详细的论述，对此有兴趣者可参阅。

铜镜的制作经过选料—配料—熔炼—铸造—热处理—刮削—研磨—开镜，然后方可使用，映像可达“鬓眉微毫可得而察”的效果。每一道程序对于工匠的工艺水平都有着极高的要求，每一道工序都是经过工匠们祖祖辈辈的努力探索得出的宝贵经验。可见，铸造一面铜镜凝结了工匠们多少心血呀，有的工匠甚至奋斗一辈子或许才成功铸造一面顶级工艺水准的铜镜。即使工匠的技术极高，也很难控制在浇铸过程中外界因素对其的影响，如气候、温度、湿度等，就是说前期工作都做得很完美，当铜液浇进镜范后，也不能保证作品的成功，因为这个过程是不可预知的，不是人为能控制的，只有脱范后才见分晓，不成功还得从头再来。这就是为什么精品铜镜极其稀少的原因。《古镜今照——中国铜镜研究会成员藏镜精粹》一书序言中也对此作了这样的评价：“中国古代青铜器的神奇伟大，在于泥范浇铸一次成型。这是一个充满遗憾的艺术。铜镜的制作在古代确实属于技术含量极高的工艺，并非人人都能掌握。在铸造之前首先要进行设计，然后雕模、翻范、浇铸成型，这中间任何一个细微环节出现问题，哪怕是合金兑比稍有不慎，或是镜范之中掉进一粒杂物，甚至是温度、天气出现一点点变化而影响了镜范的干湿程度，都会使这件作品达不到完美，甚至前功尽弃。而且‘一范一器’使得任何一次小小失误都必须从头再来。这不仅仅是技术层面。在艺术层面上，设计出这样一个精美的纹饰造型，譬如战国的龙、东汉的神人、唐代的瑞兽，其中所需要的不仅仅是个人水平高低，还需要一个宏大的时代背景和艺术的代代传承，以及相对稳定的社会环境，还需要个人在艺术上的不懈追求、勇于突破的精神，才会有创造性的思维，才能够在伟大的时代成就伟大的艺术品。”[②]中国古代任何产品的生产，都与当时社会的政治经济、科学技术以及文化艺术紧密相关。政治经济决定着社会财富，科学技术支持产品的生产，生产出的产品，即是当时文化艺术的载体。因此，中国历朝历代的铜镜铸制工艺技术，无不凝聚着当时社会的政治经济、科学技术以及文化艺术的真实面貌，更饱含着那些孜孜不倦努力探索的古代铜镜艺术大师们的智慧和心血。因此，我们说铜镜是一种高技术性的创作。

---

① 何堂坤《中国古代铜镜的铸造技术研究》，紫禁城出版社1999年6月版。
② 浙江省博物馆《古镜今照——中国铜镜研究会成员藏镜集粹·序》，刘东《中国古代铜镜的社会地位与艺术之美》。

三、铜镜是高艺术性的创造

其艺术造诣凝结了中华民族各个历史时期的时代精神和审美理念，表现了一部完整的中国古代铜镜上的书画艺术发展史。青铜古镜是中国传统文化留给我们的宝贵财富，铜镜本身及其纹饰、铭文乃至造型都是中国传统文化精华的浓缩，铜镜艺术是中国古代设计师们对中国传统文化的贡献。每个时代的镜子，都是当时社会生产力发展的一个缩影，是艺术和技术相结合的产物。铜镜艺术设计所反映出来的中国人独有的自然观与造物观，至今仍不失其永恒性，"天人合一""美食不若美器"等造物、造美思想，对今天的艺术设计而言，仍具有十分重要的借鉴意义。因此，我们说铜镜是一种高艺术性的创作结晶，它的艺术造诣在今天仍光彩夺目。"美"即铜镜的艺术魅力之所在，结合不同时代的艺术审美特色发现铜镜艺术之美，从收藏中获得身心的愉悦是收藏者审美能力的体现。

青铜古镜凝结了中华民族各个时期的时代精神和审美理念，是我们的先人们进行艺术创作活动的结晶。书法绘画艺术是我中华民族引以为自豪和骄傲的国粹，六千多年前我国彩陶上的刻画符号，便具备了中国书法意味的雏形；我国的绘画史可追溯到距今已有三万余年的旧石器时代大麦地史前岩画。朱凤涵在《中国青铜器综论》中说："现在学术界公认青铜器纹饰的渊源，可上溯至新石器时代刻划、彩绘的各种陶器纹饰，如几何形纹饰、动植物纹饰等。"[①]据现有史料记载，绘画与书法分别于齐家文化时期和战国晚期表现在青铜镜上，在铜镜上铭文和纹饰所综合展示出的诗、书、画、史不仅仅是一个朝代的文化艺术缩影和历史见证，更是一部青铜镜上的书法绘画史。以下我们将从铜镜的造型艺术、纹饰艺术、铭文艺术三个方面探讨铜镜的高艺术性创造之表现。

1. 铜镜的造型艺术

古代铜镜绝大多数为圆形，少数为方形、葵花形、菱花形等。圆在中国古代是丰满、完整、吉祥富足的象征。铜镜的正圆器形是从何发展而来的，至今众说纷纭，但从早期铜镜纹饰来看，其中既有原始社会的先民对太阳的崇拜寓意，又蕴含着中国古代"天圆地方"的传统宇宙观。圆形的器形从视觉上也能够满足人们对生活安定、圆满幸福的心理诉求，因此圆形镜一直是铜镜的重要形式。方形是圆形之外中国古镜中最常见的造型，大部分方形镜为正方形，也有极为罕见的长方形造型。

随着铸造技术的发展，唐代的铸镜工匠们吸收了波斯萨珊王朝的造型艺术，在铜镜制作中打破了传统的造型，出现了各式各样的花形镜，体现出了更高的艺术水准，成为铜镜造型艺术中的一道绚丽风景。唐代铜镜的整体造型充满强烈的时代感和艺术感，体现在铜镜的器形设计上，既端庄厚实，又精巧玲珑，器形多种多样，丰富至极。比较流行的有菱花、葵花、方形、亚方形、六角、八角等式样。有研究者认为，原始菱花形镜的基本型就是菱角的形态，围绕圆心进行循环复制，最后对相交的边角进行修整，就创造出了唐代菱花形镜的原始形态。这一镜型生动地反映出唐代大社会背景下，人民安居乐业，对手工业制品的需求也日益生活化，设计

---

① 朱凤涵《中国青铜器综论》第534页，上海古籍出版社2009年版。

概念很多时候就来源于身边日常生活中轻松、开放的设计状态。王晓峰在《中国古代铜镜设计心理学研究》一文中对唐代花形镜的发展演变规律作了这样的推论：菱花镜美丽的形状使这一镜形迅速流行起来，但由于原始菱花镜镜形中的尖角过多，经常刮损衣物，就产生了后续的多种菱花镜形的演变镜形，如葵花形、梅花形、倭角形等，这一演变过程也充分显示了造型设计与生活之间互相影响、互相适应的设计心理。同时唐代铜镜形制的多样性还受到当时开放的社会风气的影响。不同于中国其他朝代严谨内敛的社会风气，整个唐代社会都是一个宽容而开放的社会。女性的社会地位达到了前所未有的高度。唐代女子在政治、经济、家庭中都占有相当重要的地位，社会禁忌对女子的束缚相对较小。富裕安定的社会生活必然带来人们对精神生活的追求和审美要求，尤其是天性爱美的女子，追求穿着打扮已成为时尚。唐代女子极其注重修饰、打扮，如此，离开梳妆的铜镜自然不行。而且，为了能照见前后左右，一面镜子尚不足用，恐怕需要两面甚至多面镜子对照才行。依此类推，如果一家有多个女子，更是需要多面铜镜了。唐代制镜业的需求自然是发展迅速了，由于使用者女子居多，对铜镜的形制、纹饰、大小等等自是偏好花巧、美丽的器形。需求产生设计。唐代铜镜的器形自然而然的丰富起来[1]。这充分反映了盛唐时期不同人群追求不同的艺术审美品位，从而造就了唐代铜镜姹紫嫣红、包罗万象的盛况。只要有需求，有足够的利润，唐代的工匠们就能按照客户的要求造出精彩绝伦、各具特色的铜镜来。这也很好地解释了唐代铜镜艺术表现手法的多样性和表现内容的多样化这一唐镜最大的艺术特色。

进入宋辽金时期，铜镜形制呈现出更加丰富多彩的局面。宋代受崇古风尚的影响，除了圆形镜、菱花形镜、葵花形镜外，还铸出了别具一格的鼎形、盾形、钟形、圆角方形、亚字形等形状的铜镜，还有手柄镜、八边形、云板形、鸡心形等。铜镜形制本身所体现出来的造型之美越来越受重视。杨海霞在《宋辽金时期铜镜发展状况初探》中说："菱花形镜、葵花形镜等传统镜形，通过当时铜镜制作工匠的改造和创新，形成了这一时期新的特征。如花瓣变得非常灵活，有六瓣、七瓣、八瓣花之分。在细部处理上，花瓣的内凹平直取代了唐镜的坚挺圆滑。而带柄镜的流行更是改变了长期以来人们使用铜镜的固定方式由系钮悬挂变为手持，使用更加便捷。圆形、葵花形、菱花形等带柄镜的流行，使铜镜应具有的实用性与审美性，在这时得到了最完美的结合。辽、金铜镜中，形制虽然仍以圆形为主，但是宋朝所流行的镜形通过各族人们之间的经济、文化交往也或多或少地影响了其铜镜制作，如亚字形镜、方形镜、桃形镜等。"[2]对此我们认为，历代铜镜工艺美术大师们对铜镜造型表现手段规律性的不断探索，力求精益求精，形式多样，是使铜镜造型艺术创作能够表现新的生活内容和满足人们不断发展的审美爱好的必要条件。

2. 铜镜纹饰的绘画艺术

古代铜镜工艺美术大师们在镜背纹饰创造方面表现出了非凡的智慧和才思，做出了一件件

---

[1] 王晓峰《中国古代铜镜设计心理学研究》，山东大学硕士学位论文2008年10月。

[2] 杨海霞《宋辽金时期铜镜发展状况初探》《美与时代（上半月）》2009年第11期。

和谐瑰丽的佳作。铜镜背部纹饰图案优美、古朴典雅、构思独特、迷幻瑰丽。如果完整地欣赏中国四千年铜镜发展史中历朝历代的铜镜纹饰发展演变，我们会发现这些纹饰在铜镜上的表现俨然是一部中国绘画发展史。

从齐家文化起，我们的先人就开始将七角星纹这样的几何纹绘制铸造在青铜镜上，奠定了在铜镜上施展绘画艺术的先河。

殷商时期，铜镜属于高档消费品，仅限于奴隶主使用和拥有。殷墟"妇好"墓殉葬品中，就有四面铜镜。这些铜镜纹饰以多层阳线同心圆弦纹、射线纹和斜线叶脉纹组成，表明商代铜镜纹饰设计工艺接近成熟（图3）。

春秋战国时期，青铜镜迅速发展与流行。市场的发展、需求量的增多和要求质量的提高，促进了铸镜工艺的革新及制作工艺上的进步，使铜镜的纹饰一扫前期幼稚、拙朴的风格，展现出青铜工艺的新面貌。在青铜冶炼技术达到很高水平的条件下，商周礼器上的神秘图案以适宜的形式转移到了青铜镜上，使当时的铜镜画面充满了神秘莫测之感，铸造技术的高超反映出的图案之精美，使人们过目难忘。这时的铜镜不仅精致美观，而且纹饰艺术的表现得到飞速发展，由珠点纹、云纹、菱形纹以及圆涡纹组成精细的地纹，在上面配以龙、凤、鸟、瑞兽花草，显得精美异常，其艺术造诣已达登峰造极之境界（图4）。山字纹、几何纹、龙纹、云雷纹、蟠螭纹、狩猎纹等主要流行的纹饰内容表现出自然流畅、欢快明朗的气息，给人以美丽舒展、心旷神怡之感，显示出东周社会新兴地主阶级蓬勃向上、锐意进取的精神境界，是战国镜中极具代表性的品种。另外，金银错、彩绘、浮雕、透雕等工艺也在铜镜纹饰艺术表现方面达到了炉火纯青的境界（图5）。

图 3

图 4

图 5

图6

两汉时期是中国铜镜艺术发展的鼎盛时期，工艺上的完全成熟，国力上的日益强盛，经济上的逐渐繁荣，无一不在铜镜上得到体现。这时铜镜的纹饰出现了新颖活泼的草叶纹、星云纹、乳钉纹、瑞兽纹等，表现了人们对美好生活的向往、憧憬和追求。王莽篡权，托古改制，此时的纹饰极具神秘的宗教色彩，于是出现了许多带有青龙、白虎、朱雀、玄武以及玉兔、蟾蜍、羽人等图案的铜镜纹饰，将人们对天和神的宗教观念，通过这些现实的或想象的动物表现出来。铜镜就浇铸工艺的细腻程度而言，最为精细的当属东汉神人神兽镜（图6）。在方寸之地的镜面上，镌刻出一个一个传说中的神仙与瑞兽，大者高不过一厘米见方，小者则如米粒，但是衣纹、动作、手势、眉眼、表情皆细腻生动，栩栩如生。既写实，又夸张；既规矩，又奔放。神仙人物坐姿端庄，含笑不语，面貌慈祥，身边的瑞兽飘逸灵动，华丽精美，一派祥瑞之象。南北朝时期，在继承两汉铜镜纹饰风格的基础之上，受佛教的影响，铜镜的纹饰多饰以佛教人物图案。

隋唐时期是中国历史上最为强盛和开放的时代，国力强盛，万国来朝，文化上海纳百川，中西交汇。这个时期的铜镜纹饰开创了繁花似锦、富丽堂皇的时代风尚，其造意在继承汉以来铜镜纹饰风格的同时大胆创新，新颖、别致、巧妙是这个时期铜镜纹饰时代特征的反映。造型饱满、丰腴是唐代艺术的时代特色，唐代铜镜纹饰无论写实类或变形类，这一特点都十分明显，雍容华贵、斑斓瑰丽，又具豪放韵致。从唐代铜镜的纹饰中我们可以清晰地看到唐代艺术清新、博大、富有创造性的时代风貌。纹饰题材内容有瑞兽葡萄、鸾鸟花卉、珍禽瑞兽、雀鸟穿花、仙人月宫、历史典故、盘龙瑞凤、天文星象以及贵族体育运动等，展现了世间令人陶醉的良辰美景。这反映了人们生活水平的提高、生产的发展、思想意识的解脱，给人以独特的美感和极大的精神享受。这一时期还出现了艺术水准极高的金银平脱镜和螺钿镜、金银背镜等特种工艺镜，反映了隋唐社会积极进取、追求功业的精神风貌，呈现出一派蒸蒸日上、欣欣向荣的升平景象。中国画主要是运用线条和墨色的变化来描绘物象，强调意存笔先，画尽意在，以达到以形写神，形神兼备之意境。而这种意境在汉唐镜上得以充分发挥，古人把线条的流畅变化与青铜镜的铸造、精湛的雕刻技术，完美地结合在一起，把一幅幅精美绝伦的铜镜图案展现在我们的面前，从几何纹到灵异瑞兽、禽鸟花卉，从神仙世界到现实生活，从传说故事到道德说教，天上人间，交织并列，物像众多，构思完整，形神兼备，或丰满华丽，或端庄素雅，或恬淡自然，极富表现力。汉唐之奇禽异兽飘逸洒脱，唐代的鸟语花香似拂面春风，皆达出神入化之境地！若从美术的造型性、视觉性、空间性和静态性这四个方面来审视铜镜，视觉性和静态性在铜镜的绘画艺术上表现得最为强烈，特别是唐代的瑞兽葡萄纹镜，串串翠嫩欲滴的葡萄，倒挂在随风飘动的叶片枝蔓之间，任蜂、蝶、禽鸟穿行，大有"吴带当风"之韵！一个个灵性十足的瑞兽或奔跑，或伫立，或嘶鸣，或戏耍，神态各异、惟妙惟肖，它们被唐代的能工巧匠们，定格在了这表现情节高潮顶点之前的精彩瞬间。唐代凝结着欧亚大陆文明的瑞兽葡萄纹镜，把我们带到了艺术境界的一个辉煌殿堂。

宋辽金元时期的铜镜艺术风格着重写实，繁缛的纹饰被更加生活化的场景所取代。镜背的纹饰增添了花藤枝蔓、鱼龙潜游等生活的画面，许由巢父、吴牛喘月、柳毅传书、白堕骑驴酒等简洁的叙事亦反映出寻常百姓的朴素情感，内容贴近生活，惹人喜爱。这些新的纹饰构成了宋辽金铜镜的主要特征，这些时代的缩影在今天看来尤为珍贵，时代的变迁丰富了古镜之美。宋代铜镜装饰艺术在中国古代铜镜工艺史上应占有特别的位置，尤其是花枝镜和花鸟镜，图纹纤细清新，描绘逼真，具有强烈的现实感和韵律节奏感。在当时大量流行的神仙人物故事镜，表现的多是中原地区民间广为流传的神话传说和历史故事，流行苍树老翁、仙姑神女、云烟楼阁、潺溪泉水、嶙峋山峦、婴童嬉戏等图样，活像一幅幅写意山水人物画。它们以自由活泼的笔法和细腻抒情的气韵，展现了令人陶醉的美景，给人以艺术视觉享受，很符合现代人审美要求，并为当今爱美人士所深爱。

战国、汉代、唐代青铜古镜三复斯美，以它们的流畅、犀利、雍容，舣咏流连，构成青铜古镜艺术的三个辉煌时期，其事甚兴甚隆，成为中国艺术文化的永久记忆！宋辽金元铜镜纹饰题材着重写实，许多精美的佳构，展现给我们一幅幅生意盎然的山水画卷。纵观四千多年铜镜纹饰的发展与演变，铜镜纹饰以其美妙的工艺语言和形象揭示了数千年间人们审美观念的变化、民俗的变迁与发展，并且战国的清新，汉代的庄严凝重，唐代的丰满华丽，宋代的理性美，元代的粗犷豪放，明代的典雅，清代的纤巧等时代审美特征在铜镜纹饰中也惟妙惟肖地表现了出来。因此，铜镜的纹饰以它完整、浑厚、质朴、典雅、大方、明快又富于浓郁的装饰美的特色在我国古代历史艺术文化中占有重要的篇章。铜镜纹饰不仅是高艺术性的创造，它还是一种强有力的文化艺术精神，是活脱脱的创造力量的体现，从历史的源头奔涌直下，生生不息。

3. 铜镜铭文的书法艺术

顾灵在《从铜镜铭文看汉字演变》一文中说："铜镜作为汉字的稳定载体，是汉字演化的重要见证。汉字起源距今约三千五百年到四千年，而现存最早铜镜也距今约四千年，铜镜与汉字基本同时出现。从存世情况看，铜镜铭文最早出现于战国。自汉代开始，铜镜铭文大量出现。铜镜铭文的发展正好经历了汉字从古文字到隶楷的转变，为研究汉字演变提供了极为珍贵的佐证资料。"[1]纵观自战国以来铜镜上的铭文，其字体经历了从笔画圆转、笔力遒劲的小篆到方劲挺直的汉篆，再到方正端稳的缪篆、美术体的悬针篆、鸟虫篆，再到方正规整的隶书、方正遒美的楷书。中国古代不断丰富且充满艺术美感的艺术书体在铜镜中一览无余，篆书古朴典雅，隶书静中有动，富有装饰性，楷书工整秀丽，且风格多样，各具特色。铜镜上的书法艺术是任何器物都无与伦比的，它跨越时间长，涵盖书法艺术精深。对此，镜友张治学做过一段精辟的评价：铜镜的铭文，文字繁杂、书体丰富、异彩纷呈、蔚然大观，俨然一部文字书法历史辞书，是研究文字、书法发展史不可或缺的实物资料。铜镜铭文除了内容涉及纪年、干支、宗教、人物、冶炼、民俗、寓言、祈福、宣传、社会生活等诸多方面外，就书法

---

① 顾灵《从铜镜铭文看汉字演变》，《中国铜镜》2012年总第1期。

图7

书体而言，仍清晰可见篆—隶—楷的书体演变过程。而篆体在镜铭书体中运用较少，然其雄强浑厚、笔画凝重、粗细一致、匀圆对称、庄重典雅的篆体书法在镜铭中可谓浓墨重彩。如汉早期的"道路辽远，中有关梁，鉴不隐情，脩毋相忘"铭，则为铜镜上篆书铭的一代表作。西汉中晚期镜铭书体多近于篆隶之间的变异体，这是由篆书向隶书转变的一个过渡期，以重圈铭文镜最为典型，铭文环绕两周，变异书体美丽如画，极具装饰韵味（图7）。至东汉，隶书已臻成熟，成为铜镜铭文中的自觉书体，其中最有代表性的为龙虎镜上的"青盖作镜四夷服，多贺国家人民息，胡虏殄灭天下复，风雨时节五谷熟，长保二亲得天力，传告后世乐无极"等七言诗铭，其书写风格极似张迁碑书体，沉稳方劲、高洁明朗、朴雅秀隽，为汉隶的规范体。至隋唐，楷书体镜铭盛行，其集魏晋南北朝楷书为一体，形体方正，笔画平直，或谨严宽博，或丰茂雄浑，或疏瘦劲炼，或严整端庄，其中不乏魏碑之风，在众多的镜铭中虞世南、欧阳询等大家之风依稀可见（图8）。由宋至明清，虽然院体、台阁体、馆阁体为官方书体，但镜铭书体仍多为隶楷之体，偶有变异之篆书。可见篆、隶、楷在书法艺术中的分量举足轻重。由此可见，古代铜镜工艺美术大师们在书法方面的造诣也是相当深厚的，想必他们肯定也是一批在历史上没留下名字的大书法家。

图8

四、铜镜多样化的功能，彰显其丰富的文化内涵

　　铜镜纹饰凝结了古代铜镜工艺美术大师们的审美意趣和高超的冶铸工艺水平，正是由于铜镜所呈现出来的高艺术性表现，所以被人们所珍视，进而广泛使用，使其功能扩展到社会生活的各个方面。唐太宗李世民曾叹曰："以铜为鉴，可正衣冠；以古为鉴，可知兴替；以人为鉴，可明得失。"由此可知，古人对铜镜的情感已经不仅仅止于实用，还加入了更多的文化内涵和功能。中国古代的铜镜从诞生之初就具备了多种功能，祭祀的礼器、照面饰容的器物、可佩带的装饰品、宗教仪式中的法器、男女表达爱情的信物、皇帝赏赐群臣的礼品、地方进贡朝廷的贡品、国际间交往的"友好使者"……铜镜还被认为兼有辟邪、厌胜等功能。从来没有哪一种青铜器能够在上千年的延续中还同时拥有这么多的功能。所以，铜镜的文化内涵包括铜镜本身所具有的物质文化内涵和人们在长期使用过程中所赋予它的精神文化内涵。在铜镜漫长的发展历程中，铜镜在自身领域不断发展。铜镜本身的材质、形制、纹饰、铭文更加丰富多彩；铜镜生产的数量不断增多、质量不断提高。历朝历代都有着自己独具特色的铜镜。市场需求这只"无形的手"在一定程度上推动着铜镜的发展，其经营传播的渠道也是多样化的。这些造就了

铜镜本身的文化系统，显示出多样的文化内涵。更为重要的是，近年来人们对于铜镜的认识已不仅仅停留在考古、鉴赏的层面了，而逐渐向精神文化方面迈进，人们从铜镜中看到了更多、更深刻的东西。具体到赏析每面镜子，它本身的纹饰、铭文就蕴含着极其深刻的文化内涵。因为涉及的内容太多，所以在此我们不做过多的探讨。本文我们着重讨论铜镜更为精髓的一种文化内涵——人们在"用"中所赋予铜镜本身的精神文化内涵。精神文化层面的铜镜文化在古代社会非常活跃，广泛涉及政治、经济、哲学、宗教、思想信仰及社会生活的诸多方面，集中体现在镜与民俗、镜与宗教的关系中，简单归纳起来主要有以下几点：

1. 装饰功能

从历朝历代出土的小手镜中，我们大体可以看出这类镜的装饰功能是大于其实用功能的，一般为以绳穿孔系于腰间或挂于颈前的。铜镜不止用于人的装饰，还大量用于建筑物的装饰。比较典型的例子是唐宝历元年（825年）建于长安的清思殿，史籍记载当时的唐敬宗为清思殿的新殿建造耗费铜镜三千片（或作"镜铜三千余斤"）、金银箔十万片。[1]以铜镜装饰建筑，唐代是表现最突出的时代，在各类民间习俗中，也有很多配镜装饰的现象。

2. 祈福功能

铜镜的实用功能和装饰功能相伴始终。在铜镜的装饰功能中，折射出各个时代的人们对美好愿望的祈求和祝福，可以说，祈福功能是各个时代铜镜的共同特色，大多出现在各个时期的铭文装饰中，用语言文字直接祈求美好的祝福，同时与铜镜的装饰功能密不可分。纵观各个时代铜镜上的祈福用语，贯穿始终的内容大体都是祈求财富、高官、长寿、多子、平安等。这种观念在汉代就已基本形成，历唐宋元明清都没有什么大的变化。可以说，它是我国封建社会意识的重要组成部分。这种祈福观念主要反映的是封建地主阶级的人生观和价值观，虽是人们祈求幸福的思想反映，但在不平等的封建阶级社会中，祈福用语不可避免地带上了浓厚的阶级意识色彩。[2]

3. 宗教信仰中的法器

铜镜在宗教信仰中承担着佛教的"业镜"与道教"照妖镜"的功能。中国历史上最具影响力的佛、道两大传统宗教中，辟邪是二者思想文化的重要组成部分。但佛教和道教所讲的辟邪与民间辟邪的目的不一样，其主要目的是为宗教的修养（炼）服务。社会的存在和发展产生了宗教，宗教形成后又会反作用于社会，成为社会诸多控制系统中的一部分。因此，铜镜的发展史同样见证了中国宗教完整的发展历程，并在其中占据着一定的位置。纵观中国铜镜中的道教题材，虽然构图和仙人形态设计上都各有其独特的一面，铭文内容也不尽相同，但是主题思想却显示出惊人的一致性，即在镜中表达对长生不老和对神仙世界的向往和渴求。铜镜在佛教中的主要功能与道教中铜镜的功能类似，主要用作法器，佛教称之为"业镜"，意为在诸天上、人间、地狱中照摄众生善恶的镜子，"业镜"的说法在民间流传颇广。宋代庄季裕的《鸡肋编》

---

① 《旧唐书》卷一五三《薛存诚传》。
② 王晓峰《中国古代铜镜设计心理学研究》，山东大学硕士学位论文2008年10月。

卷上载:"天帝之宫有一镜,能尽见世间人之所作,随其善恶而福祸之。轮照四洲,每岁正、五、九月,正在南洲,故竞作善以要福。"

4.镇宅辟邪

镜子能驱邪照妖,是中国古代以至现代的传统观念,古人不理解铜镜映射的原理,以为铜镜可以发光,就具有"法力",可以照妖驱邪。在人们心目中,铜镜不仅是照面的器具和精美的工艺品,同时也是一种兼有多样功能的法宝,而且是诸多法宝中法力最强的一种。那么铜镜的法力从何而来呢?铜镜的神明妙用,首先在于它能"观照妖魁原形"。如葛洪《抱朴子》言:世上万物久炼成精者,都有本事假托人形以迷惑人,"惟不能易镜中真形",意指它们一看见铜镜,也就暴露了自己的本来面目,于是赶快溜走。基于这一说法,凡巫师道冠一流在从事捉鬼妖等活动时,照例都要先用一面镜子,当识破妖怪的法宝,到时镜子乍现,妖怪就逃之夭夭了。汉以后铜镜铭文上有辟邪内容的相当多,如"尚方御竟大毋伤,巧工刻之成文章,左龙右虎辟不祥,朱雀玄武顺阴阳,子孙备具居中央,长保二亲乐富昌,寿敝金石如侯王宁",或"……五帝三皇,白牙单琴,黄竟除凶,朱雀玄武,白虎青龙"等。据《龙江录》记载:"汉宣帝有宝镜如五铢钱,能见妖魅,常常佩之。"东汉方士郭宪在《洞冥记》中说:"望蟾阁十二丈,上有金镜,广四尺。元封中,祗国献此镜,照见魑魅,不能隐形。"唐时一些传说更夸大了镜子的这一功能,王勔《古镜记》记述了这样一个故事:隋末王度得一宝镜,屡次以此制服妖魁,后来其弟王绩也凭借此镜的魔力,降服鬼怪,数年后,镜即化去不见踪影。古人相信镜子的这一功能,无论在中国或外国(尤其是阿拉伯世界),似乎对镜子都有一种神秘的感情,都相信镜子有一种人们捉摸不透的魔力。很多传说、神话中都有镜子降服鬼怪的故事。由此,铜镜经常出现在一些建筑物上,也是起到辟邪驱怪以镇宅的作用。可见,铜镜在人们日常生活中所体现的镇宅辟邪的功能,已经拥有任何其他器物无可替代的地位了。

5.祭祀中的礼器

在殷商、西周以前很长一段时间中,铜镜都是王公贵族的专用器具,演绎着神权礼器的功能。宋新潮认为:早期铜镜"是巫师作法最重要的法器,被视为'神镜'"。[①]秦汉时期,社会政局稳定,经济有所发展,人民生活日趋富裕,铜镜才慢慢走入寻常百姓家,摆脱了贵族专用的标签,开始焕发真正的艺术魅力。《左传》成公十三年所记"国之大事,唯祀与戎",说明祭祀在中国古代具有十分重要的意义。铜镜在其中即作为祭祀天地、通达神灵的神器法物。祭祀中铜镜不仅用来沟通天地,还承担着祭祀中取明水、明火的重要功能。《旧唐志·礼仪志》记载:"今司宰有阳燧,形如圆镜,以取明火;阴鉴形如方镜,以取明水。"铜镜用来祭祀礼仪或盛大典礼的功能一直被君皇贵族沿用至清末。

6.宫廷进贡、赏赐等活动中的贡品和馈赠之礼

人们在漫长的历史过程中赋予了铜镜多种社会功能,其又兼具美观实用价值,所以,人们对它无比珍视,自然会被用作王公贵族、亲朋故友之间馈赠的礼品。据《唐书·礼乐志》记

[①] 宋新潮《中国早期铜镜及其相关问题》,《考古学报》1997年第2期。

载，八月五日是唐玄宗的生日，这天也被定为"千秋节"，又称为"千秋金鉴节"。群臣会献上美酒和铜镜祝寿，或作为互赠的礼物。唐玄宗也会在千秋节赠群臣以铜镜，以示圣恩，为此玄宗本人还写下《千秋节赐群臣镜》的千古佳作。从白居易《百炼镜》诗词中我们可以看出进贡皇宫之铜镜，需要大量人力财力，经过精心冶炼，精湛的艺术设计，完美铸造才得以完成千秋节铜镜的进贡赏赐活动。由此可以想象铜镜在宫廷艺术中的重要地位。后来这习俗更流传到民间。至于进贡品如"江心镜""方丈镜"等亦有这种用途。在上者以至民间的赠镜活动，无形中推动了铜镜制作的发展和技术水平的提高，使铜镜成为精美的工艺品，并受到上至王公贵族，下至平民百姓的喜爱。

7. 中外友好交流中的国礼

在日本、越南、俄罗斯和阿富汗及伊朗等国均出土了不少中国古代铜镜。《三国志·魏志·倭人传》中便记载了三国魏晋时代倭（今日本）女王遣使到中国进贡，魏王便赏赐予"铜镜百枚"的资料，这为铜镜作为国礼赠送外邦的较早记录。[①] 这说明早于汉代，精美绝伦的中国铜镜已经成为周边国家难得的珍贵馈赠之礼。公元8世纪的日本奈良时代正处于唐王朝的鼎盛时期，大量遣唐使学习观摩唐朝文化的同时，也带回了大量精美宝物。被收入正仓院的宝物上千年来得以完美地保存下来，是当今认识唐王朝皇家生活器具最直接的物证，铜镜是其重要部分，其精美程度令今人叹为观止。所以铜镜历来被皇家显族无比珍视，与皇家礼仪有着密切的关系。在日本的考古中也发现了中国的魏镜和吴镜，以及当地仿制的"倭镜"。1959年，在日本福冈县饭冢市立岩堀田的瓮棺墓出土了一面汉镜，其铭文与西汉时期的铭文镜基本相同："日有熹，月有富，乐毋事，常得，美人会，芋瑟侍，贾市程，万物平，老复丁，死复生，醉不知，醒旦星（醒）"。另外，1978年11月，在阿富汗席巴尔甘贵霜早期三号墓中，也出土了铭文基本相同的中国汉代铜镜，这是汉代中外文化交流频繁的又一证据。

8. 爱情、婚姻的信物

铜镜被人们称为"花好月圆"的象征，"破镜重圆"的故事就是此功能最好的例证。铜镜大多是圆的，圆形在中国古代有圆满、团圆、吉祥之意，也象征爱情婚姻的美满。因此在古代，铜镜就常用作爱情婚姻的信物或嫁妆之一，如唐代的双凤纹镜、雁结同心纹镜、鸳鸯荷花纹镜等。而且铜镜中的许多铭文就表达了男女相悦之情。另外，古文献中提到的"山鸡舞镜""化鹊捎信到夫前"等故事，都与爱情有关，更成为许多诗文经常运用的题材。这些美丽或凄然的故事，既表现了古人的美好愿望，又说明了铜镜作为信物，其传承与纹饰内容是有来源的。考古发掘中也曾见到夫妻合葬墓中各持半面铜镜的实例。自古以来，人们常以"半镜"象征夫妻分离，以"破镜重圆"喻夫妇失散后重聚或离而复合。东汉《神异经》载："昔有夫妇相别，破镜各执其半。后妻与人通，镜化鹊飞至夫前。后人铸镜，背为鹊形，自此始也。"这是古代文献中有关"半镜"记载的最早材料。考古发掘中，有的合葬墓中夫妻各自棺内或棺前置半面铜镜，

---

① 杨金平《中国古铜镜在日本早期国家政权形成中的作用——兼论日本出土的三面画纹带神兽镜》，《东南文化》2009年第1期。

也有的单人墓中只随葬半面铜镜。1958年在河南洛阳烧沟发掘的第38号夫妻异穴合葬战国墓中，男女两棺各出半面素镜，从两个半镜的断痕上看，二者完全吻合。两个半镜原本是一面完整的素镜，生前为夫妻共同拥有，当一方逝去时，将此镜打成两半，把其中半面随死者下葬，另一方逝去时，再将剩下的半面与之随葬，从而使夫妻"破镜重圆"。1975年西安市北郊发掘的1座汉代合葬墓中，夫妻棺前各置半面连弧纹镜，二者合在一起是一面完整的铜镜，系下葬时人为击破后分置夫妻棺前。1986年在安徽省淮南市下陈村发掘的

图9

一座东汉墓的昭明镜仅存半面。显然，这种以半镜随葬的做法象征的是夫妻间无法割舍的爱情。本书所录TJ0343亦即"破镜重圆"的完美例证（图9）。

9. 古人意识中占卜吉凶的功能

以铜镜占卜从唐代开始流行，俗称"镜听"或"镜卜"，是巫术活动的一种。王建《镜听词》曰："重重摩擦嫁时镜，夫婿远行凭镜听。"元代伊士珍《琅嬛记》卷上："镜听咒曰：'并先类丽，终逢协吉。'先觅一古镜，锦囊盛之，独向神灶，双手捧镜，勿令人见，诵咒七遍，出听人言，以定吉凶。又闭目信足七步，开眼照镜，随其所照，以合人言，无不验也。"清代蒲松龄《聊斋志异·镜听》："次妇望夫綦切，足岁大比，窃于除夜以镜听卜。"

综上所述，在四千多年的铜镜发展史中，人们在"用"中赋予铜镜的功能是方方面面，丰富多彩的，以上只是我们挂一漏万的简单归纳总结。那么为什么人们会对铜镜附加如此之多的功能呢？照面饰容是铜镜最原始、最本质的属性，而铜镜的实际意义全都体现在了人们对它的"用"中。那么为什么会在"用"中体现它的精神文化内涵呢？这集中体现在人们认为镜具有灵性，能驱邪求吉，镇压妖邪。《潜确类书》："昔黄帝氏液金以作神物，于是为鉴凡十有五，采阴阳之精，以取乾坤五五之数，故能与日月合其明，与鬼神通其意，以防魑魅，以整其病。"人们认为，镜子能照明一切，应当可以沟通天地神灵，能助人关照自身，也应能助人看见一切人眼难以看见的东西，如灵魂、妖魔等。因此，在人们的认识中铜镜被神异化了。人们相信镜的光明无所不照，能给人带来吉祥，驱走一切黑暗妖邪。所以，人们通过在铜镜上饰以相关的纹饰和铭文，来祈求生活中的方方面面得到神灵的关照；并且在生育、婚嫁、丧葬、医疗、占卜、祭祀、宗教等活动中，铜镜的神异性在"用"中体现得淋漓尽致，以求子孙繁衍、富贵千秋、生命永恒、长寿升仙等。这使得物质文化与精神文化相结合的铜镜文化体系展现出更为丰富、深刻的文化底蕴。所以，我们以为，中国古代铜镜所具有的独特风格，反映出浓郁的中华特色，渗透到人们生活的方方面面，与生活息息相关，对人们产生了极大的影响。在中国的文化体系中，像铜镜这样影响广泛而深远的文化艺术载体并不多见。

五、铜镜收藏是历史赋予我们的一次机遇，更是一种历史责任

综上所述，我们以为铜镜本身所具备的无与伦比的特性，决定了中国古代铜镜是中国几千年工艺美术史上一颗璀璨的明珠，是世界工艺美术史上不可缺少的辉煌的一页。它悠久的历史，它高超的制作技艺，它所凝结的精湛艺术，它饱含丰富的精神文化内涵，决定了它极具收藏价值，展现了它优于其他收藏门类的独特魅力。刘持平在《阅万鉴乃知镜》一文中对铜镜的收藏魅力有一段精彩的评述："君不见，历朝历代的铜镜系列，可称得上是百世浮雕画，千载铜版书！数寸方圆里，念的是夫妻团圆词、家族和谐经；左右规矩间，道的是小康富贵话、社稷平安观；真草隶篆写尽才人状元及第、嫦娥九天奔月梦；字里行间尽写忠敬文三教之德、工商贸九流之术；包金、平脱，方显名匠巧夺天工；鎏金、彩绘，却道技艺登峰造极。正是古镜有如此多道不尽的神韵，引得万千现代人尽折腰。"[①]青铜古镜带着一身的光辉，经历4000多个春秋，走进了现代文明之中。铜镜虽小，但它孕育于我国博大精深的古代文明之中，传承着中华文明的精华。

作为承载了四千年中华文明的古代青铜镜，它的历史价值、文物价值、研究价值和收藏价值需要认识它的人与它结缘，懂得欣赏，懂得研究，更懂得珍爱。笔者常常暗自庆幸，我们是幸运的一代，精美的铜镜经过千年的等待能和今天的我们相遇、相识、相知，这是历史赋予了我们机遇。当一面精美的铜镜历经劫波，却依然以完美无瑕的身姿展现在我们面前，怎能不令我们怦然心动呢？"收藏是为了研究，研究是为了奉献"。我们衷心期盼每一位与铜镜结缘的志士，都能为推动铜镜文化进一步发扬光大做出贡献，深入挖掘和宣传铜镜在历史文化中的地位；认真研究铜镜文化内涵，宣扬铜镜的艺术之精湛；提升它的历史价值、科学价值、艺术价值，让雄霸于世界青铜浇铸艺术中的这颗明珠闪闪发光。这是历史选择了我们，赋予我们机会的同时又赋予我们的一种责任。

铜镜的数量庞大，那么是不是所有的铜镜都具有很高的收藏价值呢？不是的。收藏是为了通过艺术品的观赏，发挥艺术的直觉，体悟一种心灵上的愉悦，去把握它给你的整体印象和审美特色。那么这件收藏品肯定要是非常精美的。好的艺术品凝结了工艺大师们更多的劳动价值，所以在当时它就是非常昂贵、稀少的。这就是我们所说的高技术性的产品、高艺术性的创造，所以它才具有很大的收藏价值。结合笔者的收藏经历，通过铜镜本身，我们可以分析得更透彻一些，什么样的青铜古镜才具有很高的收藏价值呢？我们可以从以下几个程序来判断一面镜子是否值得收藏。首先，铜镜的纹饰必须精美，就是我们常说的"版模"，"版模"好的镜子就是在制作过程中，工匠们用心去做，并且各个程序把握得恰到好处的成果；其次，"版模"达到要求后，才可进行下一步的"品相要求"，铜镜的表面必须干净。因为，铜镜历史跨越时间长，很多都是在地下埋藏数千年后，现在又重见天日的，地下的埋藏环境会对铜镜本身的铜质形成腐蚀或者与其发生化学反应，形成不同形态的镜面附着物。锈迹斑斑或者铜离子流失所形成的缺陷，都给人一种不美的视觉感受。而干干净净，至今仍锃亮银光的镜子，或漆黑莹

---

① 刘持平《阅万鉴乃知镜》，李建华、张修民编著《古镜风韵》序，黑龙江人民出版社2007年版。

亮的镜子会让人感觉美的存在。具备了以上两个方面的要求，这面镜子就具备了很高的收藏价值。再者，在前两个要求满足的基础之上，笔者以为铜镜的尺寸越大越好，因为，铜在当时也属于贵金属，镜子越大说明使用者的级别越高，所使用的镜子档次就越高，铸造过程的每一步要求就越高。尺寸大，且是完美无瑕的，那它的收藏价值就更上一个台阶了。具备了以上三个方面的要求后，铜镜如能历经历史的沧桑巨变、地下环境不断侵蚀而保存完好，那就实属难得了。最后，如果这面镜子在形制、纹饰、铭文等方面再能出现一些不同于其他铜镜纹饰的独特亮点，或是鲜有未见的纹饰，对于历史研究或艺术史的研究和鉴赏起到参照作用，或者能够证明一段历史或一件事件的铭文，就是我们常说的"版别"，那就更属难能可贵了，那么它的收藏价值应该是极高的。当然，物以稀为贵，这类镜子是非常稀少的，我们常见的镜子还是以普品为主。铜镜收藏队伍的壮大和铜镜作为不可再生资源而逐渐减少的趋势是一对不可调和的矛盾，那么大部分的普通收藏群体怎样才能使自己的收藏更加愉悦呢？我们以为：一是降低精品标准，这也是一种必然的趋势，很明显几年前我们看到的普品镜子，现在在市场上寻求起来也比较费劲，成为现在的精品；二是以自己的兴趣爱好和收藏目的为出发点，喜欢就收藏，能够从收藏中获得身心的愉悦就好。

今天的铜镜收藏，对于我们的现实生活来说，是收藏之旅上一次心灵与艺术、艺术与生活的高品质生活享受。我们通过对青铜古镜收藏魅力的探讨，去感受它给予我们别具一格的古韵，领略它独具的魅力！青铜古镜又是一种有着生命力的文化，是历史和文化的结晶，是凝结人民无穷智慧的优秀文化遗产，是精湛的民族文化。

中国古代铜镜的发展演变
——市场需求在一定程度上推动着铜镜的兴衰变迁

引言：中国古代铜镜是青铜器物中延续、使用时间最长的一类集实用与艺术为一体的器物。综观中国古代铜镜发展的历史，从四千多年前我国出现铜镜以后，各个时期的铜镜实物资料综合反映出铜镜的发展分为以下几个阶段：早期（齐家文化与商周铜镜），流行（春秋战国铜镜），鼎盛（汉代铜镜），中衰（三国、晋、魏、南北朝铜镜），繁荣（隋唐铜镜），衰落（五代十国、宋、金、元铜镜）。不同时期的铜镜因历史背景和政治、经济、文化发展的影响，其形制、纹饰、铭文等也各具特色，从而折射出古代铜镜在不同时代的发展演变、兴衰变迁。在四千多年铜镜发展史中，铜镜因其实用性和艺术性的完美融合，历代被人们所珍视向往。换言之，正是由于人们对于铜镜的心理需求始终未泯，使得铜镜在四千年发展历程中，兴也好，衰也罢，始终因为其艺术性、实用性、多功能性（祈福、宗教法器、装饰等功能）而从未退出历史舞台。铜镜的市场需求在一定程度上推动着铜镜的发展，每个时代铜镜的兴衰变迁也与当时人们对其的心理需求、文化需求、审美需求有着密切的关系。市场需求是铜镜绵延发展四千年的必要条件，是铜镜在历史长河中永葆生机的内在动力。

本文的讨论方法：本文通过对各个历史时期铜镜发展演变概况的简要分析，不同朝代的铜镜在四千年铜镜发展史中所处发展阶段的阐述，结合时代背景、文化背景、社会思潮对不同时期铜镜艺术特色的分析，当时朝代市场经济发展状况的分析，不同时期人们对于铜镜的市场需求以及铜镜在当时的流行程度的分析等多方面综合审视市场需求对于当时铜镜发展演变、兴衰变迁的推动作用，最后得出结论：在历史进程中，铜镜的发展与市场有着很密切的关系。市场就是一只无形的手，把握着铜镜在不同时期的命脉。

一、中国古代早期铜镜的起源与功能及发展情况的原因分析

首先，在本文讨论"中国古代铜镜的发展演变"这一题目的基础上，我们对于学术界目前普遍关注的关于"早期铜镜"的起源、功能的研究，在此多做一些论述，以期为研究者们系统地提供一些前辈们的研究成果资料。

中国早期铜镜，指的是商、西周时期及此前发现于中国各地的铜镜，它是后来流行于古代中国及周边相关地区的铜镜的前身。[①]在我国，古代铜镜的研究已成为中国考古研究中的一个重要分支，而早期铜镜起源的研究又是铜镜研究中的一个关键问题。以下，我们将结合考古资料及前辈学者们对于早期铜镜的研究来重点探讨中国古代早期铜镜的起源与发展、早期铜镜的功能及发展情况的原因分析。

---

① 刘学堂《论中国早期铜镜源于西域》，《新疆师范大学学报（哲学社会科学版）》1999年第3期。

（一）关于铜镜起源问题的探讨

1．铜镜起源于何时

我国铜镜究竟起源于何时，长期以来一直为国内外学者所关注。由于受物质资料的限制，学术界在很长时间内对于铜镜的起源时间认识不一。早在20世纪30年代，河南安阳侯家庄西北岗1005号墓出土一面圆形、背面有钮的铜器，著名考古学家梁思永即认为是铜镜。可是，当时只有这一个孤例，难于为人们所肯定，当时大多数学者仍然认为我国铜镜始于春秋早期。直到殷墟妇好墓又有四面铜镜出土，我国商代已经使用铜镜的事实才被学术界承认。然而商代铜镜并不是我国最早的铜镜，齐家文化铜镜的出现，又把我国铸造铜镜的历史大大提前。齐家文化属原始社会解体时期（相当于夏代），与黄帝铸镜的传说时代已经接近。

从文献记载看，我国铜镜的起源可以追溯到传说中的黄帝时代。《黄帝内传》记载，"帝既与西王母会于王屋，乃铸大镜十二面，随月用之"；《轩辕黄帝传》记载，"……帝因铸镜以像之，为十五面，神镜宝镜也"；《述异记》也有关于铸镜的传说，"饶州俗传，轩辕氏铸镜于湖边，今有轩辕磨镜石，石上常洁，不生蔓草"。

从考古发现的实物资料看，我国目前为止发现最早的两面铜镜：一面发现于甘肃广河齐家坪，为一面素镜；另一面发现于青海贵南县尕马台，为一面七角星纹镜，属于齐家文化晚期，即公元前2000年左右。[1] 还有一面是早年青海临夏出土的重轮星芒纹镜，也属于齐家文化时期。由此学术界目前公认：中国古代铜镜起源于距今四千多年前的齐家文化时期，这两面铜镜是迄今在我国发现的最早铜镜，在铜镜发展史上具有重要意义。齐家文化为我国石器时代考古文化的一个类型，位于今我国甘肃、青海一带。齐家文化铜镜出土数量虽然很少，但在我国乃至世界青铜镜史上都占有重要地位，特别是它们均出自远离中原的边远地区，且已经具有不同的类型和比较复杂的纹饰。因此，中国铜镜的起源还可能更早些。

2．铜镜起源于何地

《练形神冶，莹质良工——上海博物馆藏铜镜精品》："从春秋及其以前的铜镜出土资料来看，铜镜在中原地区十分少见。"据不完全统计（确切考古资料已经公布的），商代的铜镜共有六枚，均为安阳殷墟商晚期墓葬出土；陕西、河南等地出土的西周铜镜为十九枚。中原以外的地区，北方长城沿线发现十八枚，辽东地区和吉林发现八枚，甘肃、青海地区至少发现四十余枚，新疆地区可统计的有二十七枚。[2] 从纹饰风格看，中原地区出土的商周铜镜与同时代的青铜器相去甚远，铸造水平也有很大的差异，而中原以外的铜镜与之有许多相同之处。[3] 刘学堂《论中国早期铜镜源于西域》一文通过对新疆地区早期铜镜资料的介绍，并与中国北方和西北地区发现的早期铜镜比较，认为"中国早期铜镜可能源于西域"，又通过与民族学材料比较，认为

---

[1] 李虎侯《齐家文化铜镜的非破坏鉴定——快中子放射化分析法》，《考古》1980年第4期。

[2] 刘学堂《中国早期铜镜起源研究》表1～5，《新疆文物》1998年第3期。

[3] 马今洪《上海博物馆藏铜镜综论·余论（关于铜镜起源）》，《练形神冶，莹质良工——上海博物馆藏铜镜精品》，上海书画出版社2005年版。

"中国早期铜镜最初源于萨满教的巫具"。[①]另有观点认为，中国铜镜最早是在甘肃、青海地区的齐家文化中出现的，此后，首先在与甘青地区生态环境相同的今长城沿线地区传播，大约在商代后期传入黄河中下游的中原地区，向西传到天山东部的哈密、吐鲁番一带。据目前掌握的资料，我们认为这一推测是比较合理的，而"古代铜镜西域传入说"在时间和空间上还存在难以解决的问题。[②]从中国早期铜镜发现的情况看，大致可分为三个区域：一是中原地区，指的今河南省和陕西省，即黄河中下游及清水流域；二是中国北方和东北地区，主要包括河北北部，内蒙古、辽宁和吉林省的部分地区；三是甘肃、青海、新疆相互毗邻的中国西北部的部分区域。

3. 学术界关于铜镜起源原因的探索

20世纪30年代，安阳殷墟商代铜镜发现后，铜镜起源这一问题就被提了出来，但由于资料有限，这一问题当时并未得出一个学术界普遍接受的结论，中国铜镜起源问题可以说长时期悬而未决。20世纪末以来，随着中国早期铜镜资料的增多，这一问题再次引起学术界的关注。关于中国古代铜镜的起源问题至今说法颇多，比较流行的说法有三种：

(1) 中国古代铜镜起源于"鉴"

这种说法认为我国古代铜镜是由一种叫"鉴"的器皿演变而来。梁上椿先生对此叙述得较为详尽。通过分析，梁先生还总结出了一个"古镜源流"发展变化式，即："止水—鉴盆中静水—无水光鉴—光面铜片—铜片背面加钮—素背面—素地加绘彩—改绘彩加铸图纹—加铸字铭"。[③]此说在对于铜镜起源问题的探讨中最为流行，国内一般学者，如郭沫若先生等大凡持此说。[④]

(2) 中国古代铜镜起源于阳燧

认为镜是由阳燧演变而来的，主要以岳慎礼先生为代表。岳先生认为在镜之前，人们是用鉴映照的，但两者并无前后演变关系。他认为燧人氏钻木取火，使人们的生活发生了很大的变化，而后人又用高锡青铜的阳燧取火，因这阳燧必须日不离身，又因铜质洁白漂亮，人们对它"爱护有加而特别当心，总不免将其拂拭打磨光亮如新，自然会发现阳燧的光面居然能照出人影来，这种发现也许是人们使用阳燧多年后总结出的经验，而非一蹴而就的事"。最后他也总结出一个铜镜源流式：鉴于止水，以其静也—鉴（陶先铜后）—因隧而有镜（恐非如梁先生所言，因鉴而有镜）。

岳先生对梁上椿先生的分析提出质疑，理由是：①铜镜的含锡量需30%以上，及至50%，此合金不宜作鉴；②鉴大而燧小，鉴之拂拭光亮费工时，燧则可成之于不知不觉之间；③高锡青铜不宜制作大型器皿，做燧则可以；④铜镜需要外镀，而阳燧则不需要，因殷地铜锡较丰，却无水银，故殷时不会有镜，却可以有阳燧；⑤自然汞的数量较少，宫廷内偶然用鉴盛汞的机

① 刘学堂《论中国早期铜镜源于西域》，《新疆师范大学学报(哲学社会科学版)》1999年第3期。
② 宋新潮《中国早期铜镜及其相关问题》，《考古学报》1997年第2期。
③ 梁上椿《古镜研究总结》，《大陆杂志》第5卷第5期1952年。
④ 郭沫若《三门峡出土铜器二三事》，《文物》1959年第1期。

会总是不如民间用燧盛汞来得多，燧盛汞后就等于外镀了汞了。[①]

以上是关于我国铜镜的起源问题的两种主要观点，何堂坤先生在《中国古代铜镜的技术研究》一书中对此两种说法均提出了疑义。

若说镜是由鉴发展演变而来的，前提条件是铜鉴要早于铜镜，但在考古实物中却未能得到证实。[②]我国古代铜镜起源于距今四千多年的齐家文化时期，但迄今为止在齐家文化以及大体上处于同一时代的一系列考古文化中，所出铜器都是一些小型手工工具和日常用品，未曾见过容器。而考古发现所见的铜鉴基本上都是春秋战国时期的。退一步讲，即许鉴的年代比镜稍早，但它原非饰器，而是大型用器，又不经常携带，是未必要打磨得十分光亮的，所以人们从鉴上所得镜面成像的启示，概率不是很大，镜与鉴就未必存在着十分肯定的演变关系。一般认为西亚、罗马铜镜的鼻祖是个光面铜片，但我国却未必是这样的。齐家文化时期发现的两面镜子都具钮，其中一枚背部有花纹，一枚正面微凸，所以，梁上椿先生推演的好几个环节都与实不符，如"光面铜片—铜片背部加钮—素背面—素地加彩绘—改绘彩加铸图纹"都与实不符。

关于岳慎礼先生"铜镜源于阳燧"说，何堂坤先生对其作出如下的疑义：①若镜由阳燧发展演变而来，那么阳燧必然早于铜镜之前出现，这同样在考古实物中未能得到证实。今见最早的阳燧为西周时期，一共5枚，与齐家文化时期铜镜相比晚了800到1000年的时间。②退一步讲，即使阳燧出现的年代也很早，那也很难肯定镜源于阳燧。一件小小的阳燧要聚焦取火，表面务必十分光洁，人们在制作和使用它的过程中，自然会发现光洁表面可成像之事。很难说人们毫无镜面成像知识，就先掌握了阳燧取火的技术。平面镜、凸面镜可以映像，在一定程度上，凹面镜也可以映像。所以，铜镜与阳燧至少是在同一时期内产生，决不会晚于阳燧一个历史时期。[③]

（3）铜镜起源于铜刀、斧、指环、铜泡之类

何堂坤先生也对铜镜的起源作了一个推列式：①以自然界的水映照；②以盛于陶盆中的水映照；③大约还在陶鉴映照阶段，因铜刀、斧、指环、铜泡等光洁表面成像的启示，才发明了铜镜；④由于铸造技术等各种原因，铜镜虽然已发明，但其映像效果并不好，使用未广，又才出现了铜鉴映照；⑤在经过了相当长的一段时间的共存后，铜镜终于取代了陶鉴、铜鉴的地位，成为人们的主要映照方式。[④]

另外，有的学者认为"铜镜起源于磨光石器"[⑤]；有的认为铜镜最初是用来磨制玉器的所谓砣轮[⑥]；也有学者认为，不能将解决铜镜的源流问题和中国早期映照方式混为一谈，铜镜的起源并不是因照容的需要而发明的，其最初用途是中国西北部原始氏族的宗教仪式用具和饰品，后来再用于照容。而早期映照方式的发展过程为：①以水映照；②以盛水容器（陶鉴、铜鉴）映

---

① 岳慎礼《青铜镜探源》，《大陆杂志》1958年第17卷第5期。
② 何堂坤《中国古代铜镜的铸造技术研究》第317页，紫禁城出版社1999年版。
③ 何堂坤《中国古代铜镜的铸造技术研究》第318页，紫禁城出版社1999年版。
④ 何堂坤《铜镜起源初探》，《考古》1988年第2期。
⑤ 宋新潮《中国早期铜镜及其相关问题》，《考古学报》1997年第2期。
⑥ 刘森淼《璇玑·齐家文化铜镜·良渚璧琮——中国早期琢玉砣研究》，《考古与文物》2002年增刊。

照；③以铜镜映照。[1]

以上是目前我国学术界对于铜镜起源问题所做出的几种推断。何堂坤先生的推断很有道理，但其说法中对于铜镜的发明过程不够清晰。

我们认为，铜镜使用之前的照容方式，应该是多种多样的，并不是沿着单线发展的，凡是能够映照影像的物品，都可能成为最初的映照工具，而人们的生活方式不同，导致映照方式也会有差异。[2]

结合本文下面对中国早期铜镜的功能分析，关于早期铜镜的起源问题，我们更偏向于程建的观点，即"中国早期铜镜起源于宗教仪式用具和贵族饰品"。铜镜照面饰容的功能应该是人们在长期使用这类神器、法器的基础之上逐渐发现的。它是后来流行于古代中国及周边相关地区铜镜形制的前身。纯粹意义上照面饰容的铜镜是人们对于这类神权礼器的不断改良而出现的。所以，我们认为铜镜起源于早期的这些圆板具钮的神权礼器，铜镜照面饰容的功能是伴随着这些神权礼器反光的效果而产生的。

（二）早期铜镜的出土情况及时代风格

同所有萌芽状态的东西一样，4000多年前齐家文化时期的铜镜也较粗糙简陋，且大都为素镜。其中也不乏精美者，如1976年出土于青海贵南尕马台的七角星纹镜，在当时的原始手工艺状态下就堪称精美。除此之外，近30多年来陆续出土并藏于民间的齐家文化铜镜中，呈现出的图案也日渐丰富。而且，齐家文化时期铜镜的出土数量也不像某些专家所言，仅有几面或几十面，迄今见于民间收藏家手中的就有200多面[3]。

齐家以降，商、周墓葬及遗址中又陆续出土了一些铜镜。商代铜镜多数出在安阳殷墟。1934年，侯家庄西北岗1005号墓出土一面直径6.7厘米，背面饰平行线纹和节状线纹；最典型的是1976年河南殷墟妇好墓出土的四面铜镜，两面饰叶脉纹，两面饰多圈凸弦纹，直径大的12.5厘米，小的仅7.1厘米（图1）。殷商的青铜工艺极其发达，但这四面铜镜的工艺却并不比齐家文化时期的铜镜高。此后在甘肃平凉也发现了商代铜镜。1974年，河北青龙县出土一面小铜镜，直径6厘米，桥形钮，镜背饰六圈凸弦纹，弦纹之间饰密排的竖直短线，边缘不规整，制作粗糙。此镜形制、纹饰与殷墟妇好墓出土的多圈凸弦纹镜相似，应为商代晚期遗物。

图1

以上几面商代铜镜，均为圆形，形体小而薄，钮为较长的桥（弓）形，镜面微凸或近平，

① 程建《试论中国铜镜的起源和早期映照方式》，《东南文化》1992年第1期。
② 马今洪《上海博物馆藏铜镜综论·余论（关于铜镜起源）》，《练形神冶，莹质良工——上海博物馆藏铜镜精品》，上海书画出版社2005年版。
③ 杨勇《以铜为镜，以史为鉴——中国铜镜漫谈》，《甘肃档案》2009年第3期。

主要纹饰多由若干线条组成的简单图案，并无一定的规范。

西周铜镜的形制仍沿袭商镜，与商代铜镜不同的是镜钮除了桥形钮之外，还有橄榄形、半环形和长方形、斜坡弓形等。所见西周铜镜多为素面，到西周晚期和春秋早期，出现了简单的纹饰：一面是河南上村岭虢国墓地出土的龙纹镜，线条以单线勾勒，古朴稚拙，其纹饰显然移植了当时大型青铜礼器的图案[①]；另一面是陕西扶风刘家村西周窖藏出土的重环纹镜[②]。

（三）学者们对于早期铜镜的功能探讨

中国的早期铜镜在中国北方出现在商末周初，包括新疆在内的中国西北地区早期铜镜出现的时代可早到夏代。有资料表明，早期铜镜也是亚欧草原地区史前墓葬中常见的随葬品。关于早期铜镜的用途，学术界有过多种推测，基本一致的观点认为早期铜镜具有宗教方面的意义。

刘学堂、周金玲在《早期铜镜的原初功能和原形再论》一文中用详实的资料介绍了中国早期铜镜出土时在墓葬中的情况，为揭示中国早期铜镜的起源提供了一些直接的资料。文中指出"林雅坟地有的坟中出土铜镜及圆形铜饰数十件，覆盖死者全身"，并绘制了穿着挂满铜镜、圆形铜饰件衣服的萨满教巫师。作者得出结论认为"早期铜镜的原初功能是宗教上的，它是史前北方民族萨满教中最重要的一种萨满道具"[③]。另外，宋新潮先生也认为，早期铜镜是"巫师作法最重要的法器，被称为'神镜'"，"除用于照容外，还具有宗教方面的用途，或许是更重要的用途"[④]。《古镜今照——中国铜镜研究会成员藏镜精粹》一书中认为，"中国古代铜镜应起源于神权礼器"。我们以为这种说法是比较可信的，"我国最早的礼器是在原始社会晚期随着氏族中贵族的出现而产生的；主要以玉器、青铜器为主，多陈设在宗庙或宫殿内；常在祭祀、宴飨、征伐以及各种典礼仪式上使用。除此之外，礼器还用来显示使用者的身份、等级和权力"。在先秦礼学中，人们将世间的器物划分为祭器与用器两个部分，《曲礼上》有："君子虽贫，不鬻祭器；虽寒，不衣祭服；为宫室，不斩于丘木。"由此可见其区分，以及源自神圣权威的宗教禁忌。神圣的世界是神灵、神秘力量居住或作用的地方，而世俗世界则属于日常生活常识的领域。神像、神龛、圣物、祭物、祭坛等都是神圣之物[⑤]；商代的青铜大鼎，是用以盛放祭祀所用的牺牲，其腹部厚可盈寸。如果作为日常用器，加热食物就会变成一件很困难的事情。此时铜镜亦是如此，作为礼器，仅仅是仪式上使用，几乎完全脱离日常生活，因此也未在如何改变铜锡配比，提高照容效果上下功夫，铜镜在此时应仅仅是作为礼器而存在的，其使用当有极其严格的规定[⑥]。

[①] 中国社会科学院考古研究所《上村岭虢国墓地》第27页，科学出版社1959年版。

[②] 罗西章《扶风出土的商周青铜器》，《考古与文物》1980年第4期第16页。

[③] 刘学堂、周金玲《早期铜镜的原初功能和原形再论》，《中国文物报》2003年9月12日。

[④] 宋新潮《中国早期铜镜及其相关问题》，《考古学报》1997年第2期。

[⑤] 金泽《宗教禁忌》第32页，社会科学文献出版社2002年版。

[⑥] 浙江省博物馆《古镜今照——中国铜镜研究会成员藏镜精粹·序》，刘东《中国古代铜镜的社会地位与艺术之美》，文物出版社2012年版。

（四）中国早期铜镜数量相对较少，铸造风格及质量与同时期的青铜器相去甚远的原因分析

商周时期，青铜器铸造工艺已达到了顶峰，大量精美的青铜器在商周墓葬出土，百年来考古发掘的数以千计，而铜镜出土的数量相对来说少之又少，而且其工艺水平与同时期的青铜器相比明显相形见绌，工艺不精，风格粗犷。商殷墟妇好墓随葬出土465件青铜器，其中有130余件是兵器，4面几何纹镜，铜镜与墓中出土的其他青铜器相比风格迥异，且不十分精致。《中国具钮铜镜的起源探讨》一文记载："据统计，到目前为止国家博物馆共收藏西周至春秋早期出土铜镜共20面左右，其中有纹饰铜镜2面，均出自春秋早期墓葬，一面是河南三门峡上村岭虢国墓出土的龙纹镜，另一面是甘肃漳县的蟠螭纹镜，其余均为素镜，尺寸也较小。西周至春秋早期出土的铜镜与商以前出土的铜镜相比较：①铜镜的发展应由比较简单的素镜开始，再逐渐发展为有纹饰的铜镜，而早期的铜镜从一开始就为较漂亮的几何纹铜镜，而后西周铜镜却大多为素镜；②铜镜的发展数量应越来越多，质量应越来越好，而现在从考古发掘的实际情况来看，西周铜镜与商以前铜镜相比较在数量上并没有大的突破，在质量上也没有多大进步；③齐家文化时期的铜镜与商周铜镜纹饰风格迥然不同，铜镜的发展没有连续性而有中断的感觉。"

以上这些资料传达给我们这样一个信息：早期铜镜的发展相比同时期的青铜器是十分缓慢的，而且极少有艺术创新在铜镜上的反映。那么，为何早期铜镜的铸造技术发展的十分缓慢呢？我们以为有技术和社会两方面的原因：其社会原因就是如前所述早期铜镜的主要功能不是照面饰容的，而是用于祭祀的通天法器，其宗教性质是通天地人神的"神器"。所以那时候的镜子只有巫王一类的少数统治者才能拥有。商王、周王都是巫王，镜子只有他们这样的巫王在祭祀的时候才能使用，人们还没有考虑到用它来照面饰容，只要有反光的神秘使用功能就行。因此在商周时期，镜子都是垄断品、特供品，这样的产品需求量相对较少，所以没有广阔的市场，仅仅是奴隶主们控制着，限制了市场的发展。市场需求小，铸造机构或个体在铜镜铸造方面经济效益不甚明显。而从历史文献及考古发掘资料来看，当时奴隶主们对于铜镜的重视程度似乎远没有青铜礼器那么高，所以对于铜镜的制作或许也没有提出什么特殊的要求。这样工匠们就缺少了技术革新的欲望，没有了创新意识。没有了创新的原动力，反映在技术方面，就是商周时期青铜合金技术尚未十分成熟，此时的青铜合金研磨面不太光洁，硬度亦不太高，不宜于映照，而造成铜镜照面饰容的使用效果久久未被发现，进而影响了铜镜的制作和广泛使用。只是在镜背按照奴隶主们的意志铸造上表征祭祀的图纹，诸如太阳光芒纹、植物纹、几何纹等简单的纹饰。做出来的铜镜比较程式化，要么带有简单的图纹，要么就是仅仅能够反光的素镜。说到这里，也许有人要问了，商周青铜器的大宗是青铜礼器。青铜礼器也是牢牢掌握在奴隶主阶层手中的重要礼器，民间也是无权享用的。那么商周青铜器为何能取得飞速的发展呢？我们以为这也和市场的需求量以及贵族阶层的重视程度有着密切的关系，具体表现在以下几个方面：①青铜礼器运用范围广泛：在每一个奴隶制王朝，青铜礼器都被统治阶级用来祭天祀祖、朝聘、宴飨宾客、歌功颂德、陪葬。运用范围广泛了，自然需求数量也就多了；②青铜礼器对于奴隶主阶层特别重要，为统治服务：对于一个奴隶制国家来说，青铜礼器尤其像鼎之

类的重器是社稷的象征，它的存亡就是国家的存亡，所以古书有"桀有昏德，鼎迁于商""商纣暴虐，鼎迁于周"的说法。作为国家权力的象征，统治者势必要求其制作精益求精；③青铜礼器的多寡是奴隶主身份的象征：对于一个奴隶主贵族及其家族来说，青铜礼器又是他们身份与地位的象征。据文献记载，天子用九鼎，诸侯七鼎，卿大夫五鼎，士三鼎，必须恪守法度，而不能逾越。生前如此，死后埋葬也是如此。青铜礼器关乎贵族身份、等级，所以如此重要的器物，当然要求极高，礼器的多少，也象征贵族等级、身份，自然需求量也增多了。所以说青铜礼器对于在商周社会的奴隶主阶层来说，具有重要的地位，所以，他们对于青铜礼器格外重视，青铜礼器被制度化、神秘化、权力化了，是奴隶主贵族制度在青铜器上的"物化"。它用以表明奴隶制等级制度，以器的多寡与不同的组合形式来显示不同地位、身份的贵族的价值，具体如天子九鼎之类。所以说，在这样的社会背景下，青铜礼器由于贵族对其需求的不断加大，有了需求才有创新，才有技术的革新，才有发展。更由于它是奴隶主垄断的礼器，所以，在市场需求量和奴隶主权威的震慑下，工匠们对于青铜礼器的铸造不敢怠慢，并不断随着奴隶主阶层审美意识的提高，对器物要求水准的不断增高，而努力探索技术革新，力求迎合贵族阶层的喜好。所以，如此造就了商周时期辉煌灿烂的青铜器文化。而铜镜在贵族祭祀活动中具有重要的地位，但其当时的运用范围远没有青铜器广泛，奴隶主们在当时的社会背景下，相比较青铜礼器对铜镜的重视程度或许还略逊一些，所以，在较少的市场需求量和没有权威震慑的情况下，铜镜的发展相比较商周青铜礼器自然缓慢，作品也显得相形见绌。

二、春秋战国时期铜镜"发展与流行"的情况及铜镜铸造业迅速发展的原因分析

春秋时期是中国由奴隶制度向封建制度过渡的重要时期，而战国则是中国古代封建制度全面确立的时期，两种制度的交替和革命，必然导致整个社会生产力的解放和进步。上层统治阶级内部统治方式的转化，使整个社会从思想意识到生活习俗都有了翻天覆地的变化，青铜工艺摆脱了只为王公贵族服务的高贵身份，日用青铜器开始迅速发展起来，进而带动了铜镜制作工艺的发展①。春秋战国时期是青铜镜迅速发展与流行的时代，制作工艺上的进步，使铜镜的设计制作一扫前期幼稚拙朴的风格，展现出青铜工艺的新面貌。

（一）春秋战国时期铜镜概况

目前确切可据的春秋铜镜发现尚少，战国时期铜镜数量显著增加，特别是战国中晚期的铜镜数量呈井喷式发展。我国出土战国铜镜最多的区域，是湖南长沙和安徽寿县一带，当时均属楚地，所以又称"楚式镜"。其次，如四川、陕西、山西、河北乃至地处东北边陲的吉林等地都有战国铜镜出土。可见，战国时期铜镜的铸造和使用已很普遍。

---

① 管维良《中国铜镜史》第21～22页，重庆出版社2006年版。

战国铜镜种类繁多，铜质皆为铜、锡、铅按一定比例配置而成的青铜。最常见的纹饰为山字纹。此外还有连弧纹、龙纹、凤纹、龙凤纹、瑞兽纹、花叶纹、勾连雷纹、狩猎纹镜等。从工艺上说，战国镜铸造精美细腻，许多铜镜有繁密的地纹，地纹上又有层层叠叠的图案，多者可达三层工艺。地纹主要有珠点纹、羽翅纹、云雷纹等，极尽工巧之能事。战国镜的图案丰富多彩，尤其是其龙凤纹镜、瑞兽纹镜，想象丰富大胆，龙凤及瑞兽灵动活泼，充满生命的张力及浪漫气息，在很大程度上体现了春秋战国

图 2

时"百花齐放、百家争鸣"的思想繁荣局面。蟠龙纹镜则将飞舞的神龙与柔蔓的植物枝条、花蕾、燕尾及抽象的几何纹饰巧妙地融为一体，赋予僵硬、机械的几何纹以生命，乍看花团锦簇、美轮美奂，细看则神龙、花草、几何纹饰等有机地融为一体，珠联璧合，丝丝入扣，透露出一种神秘、诡异的气息。与夏商周三代的青铜器相比，其神秘、诡异是相通的，但战国的蟠龙镜则更显灵动（图2），而三代重器则显得更古朴、厚重，甚至透出几丝恐怖。战国时期的特种工艺镜，如透雕、金银错等都达到了中国铜镜制作技艺的顶峰。

（二）春秋战国时期铜镜繁荣发展的原因分析

进入春秋战国，众多铜镜仿佛从某种看不见的束缚中冲决而出，呈现出百花齐放、空前繁荣的局面。从数量上来说迄今发现的战国铜镜数不胜数，在工艺质量上也达到了空前绝后的地步。许多铜镜堪称精美绝伦，令人叹为观止。目前学术界、收藏界一致认为春秋战国铜镜能够取得大的发展，主要原因是：第一，青铜冶铸技术进步；第二，经过商周以来的发展，至战国时期铜镜的合金比例已趋于科学和稳定，大大提高了实用效果。我们以为这种说法只是从铸造工艺角度去分析原因。而要明晰在四千年铜镜发展史中春秋战国时期铜镜迅速发展与流行的原因，我们必须结合当时的政治、经济、文化、科技等众多的时代背景去综合审视，这样才能获知其根本原因。笔者以为，春秋战国铜镜能够取得极大的发展，其根本原因就是社会政治大变革和经济的繁荣促进了市场的变化，即市场需求的变化。这包括市场文化的变化、市场思想的变化。思想文化是政治、经济在意识形态领域的反映，因此，其繁荣的原因离不开政治、经济方面的因素。春秋战国时期，经济的发展推动了科学技术的进步；社会的变革促成了思想的空前活跃和文化艺术的繁荣。两者相结合促进了铜镜市场的发展，市场的发展迫使铜镜铸造业变革和创新，以适应铜镜市场需求的发展变化。

春秋战国时期，周王朝"王权势微"，很多小的诸侯、士大夫都拥有较大的权力，封建社会在这个时期开始萌芽，贵族们开始像周王乃至诸侯王那样追求奢华的生活，精美漂亮的东西就很有市场。享乐主义思潮的奢靡之风严实地刻画在铜镜上，将铜镜收拾得繁华富丽，极尽人间欢悦，彻底地满足了贵族们的奢欲。这个时候周王不再作为巫王控制臣民意识与信仰，导致诸子百家思想大繁荣；铜镜也不再是巫王所专用的法器，人们也不再仅仅用它来祭祀天地，其

照人的功能也被挖掘出来。大家不再使用粗笨的盛水的"鉴"来照容，而改用使用方便照人效果更好的铜镜，这样更多的人对铜镜就有了需求。另外，春秋战国"百家争鸣"的思想大解放，导致中国历史上第一次人性的复苏。从夏商周直至春秋战国前，在强大的自然面前，人类一直只是天和众神的附庸，乃至这段时间的铜器和玉几乎都是祭祀礼器。这些精美绝伦的器物只能献给天和诸神，人怎么能享用？思想的解放，生产关系的改变，奴隶制的逐步废除，使人第一次成为独立的、真正意义上的"人"。与此相适应，为人服务的诸多器物也开始大量出现。对于铜镜的大量需求便在这样的背景下应运而生。虽然那时的铜镜大多是铸造给王公贵族使用的，但铜镜还是从真正意义上走进了人的范畴。[①]垄断的界限一经打破，市场的力量便会充分发挥作用。那时候的诸侯贵族富可敌国，都用大价钱来购买铜镜，或者花大成本制作铜镜。做这些精美镜子的工匠不全是奴隶，还有专门从事铜镜生产的平民，这些平民迎合贵族追求华美的喜好去生产精美绝伦的铜镜，进行买卖贸易，去追逐更高的收益，铜镜的供求关系就形成了市场。这样的市场决定了铜镜不仅数量井喷，而且在精致程度上也发生了质的变化，许多精美绝伦的镜子被工匠们做了出来，供贵族们使用。同时，这个时期是一个文化大发展大繁荣的时代，文化的繁荣促进了艺术的大发展。在艺术大繁荣的背景下，更多的艺术题材也在铜镜上惟妙惟肖地表现出来。如此一来，市场的力量也就推动了铜镜发展，形成第一个高峰。

三、两汉时期铜镜"繁荣与鼎盛"的情况及原因分析

（一）两汉时期铜镜概况

汉代是我国封建社会的兴盛时期，社会经济发展，文化艺术繁荣。此时铜镜铸造业获得了空前的发展，铜镜在全国范围内广泛应用。

秦至西汉前期，铜镜仍沿袭战国镜的风格。此时最流行的是蟠龙纹镜类，不同的是地纹趋于简化，并出现了博局纹和四乳草叶纹等新纹样和铭文装饰。这时期铭文只是作为某些纹饰的一部分，如"大乐富贵""长毋相忘"等，反映了当时人们追求美好生活的愿望和男女之间的相思之情。

西汉中期铜镜铸制工艺显示出了很高的艺术水准，质地和纹饰出现了显著的变化。镜体增大，镜壁加厚，弦纹钮和桥形钮少见，取而代之的是半球形圆钮和连峰钮、兽形钮等，平素缘或内向连弧纹缘。主题纹饰广泛使用四分布局方式，即以四乳钉为基点将镜背分为四区，其间布置主题纹饰。同时，这时期铭文已经成为铜镜纹饰的重要组成部分，常见的铭文有"日光"和"昭明"等，字体镂刻秀丽。战国以来流行的地纹已经消失。这时期流行的镜类有星云纹镜、日光镜、昭明镜、重圈铭文镜、瑞兽纹镜、连弧纹镜等。

西汉后期至东汉中期，铜镜工艺又有了新的变化。镜背纹饰由静化趋于动化，出现了象征祥瑞的青龙、白虎、朱雀、玄武四神及各种瑞兽、禽鸟和具有升仙之意的羽人等形象，图案生动活泼，具有强烈的现实感。表现手法仍以阳线勾勒，但比以前更细腻，更美观。流行

[①] 杨勇《以铜为镜，以史为鉴——中国铜镜漫谈》，《甘肃档案》2009年第3期。

的镜类有博局纹镜、四乳瑞兽纹镜和多乳瑞兽纹镜等。东汉中期南方盛行以神人车马和瑞兽为题材的画像镜，以浮雕技法表现画面，别具一格。这一时期铜镜注重边缘装饰，多在边缘上饰花纹带。同时，铭文种类繁多，内容丰富。常见的铭文有"尚方""善铜"和纪氏铭等，并出现了地支十二字铭和七言韵语，如"尚方作镜真大巧，上有仙人不知老，渴饮玉泉饥食枣，寿如金石为国保"和"汉有善铜出丹阳，和以银锡清且明，青龙白虎掌四方，朱雀玄武顺阴阳"等，都是当时最流行的铭文。这些铭文不仅反映了汉代人祈求

图3

祥瑞避邪和升仙的思想意识，同时也具有明显的商品广告宣传性质。东汉晚期出现的神兽镜和龙虎镜等，采用浮雕技法，使镜背纹饰成为半立体状，高低起伏，形象逼真（图3）。同时，还出现了以剔地平雕技法表现纹饰的龙凤纹镜、对鸟纹镜和变形四叶鸾凤镜、变形四叶兽首纹镜等，图案清晰，具有剪纸式艺术效果，富有民间艺术特色。纹饰布局也有新变化，出现了"轴对称"的新方式，如直行铭文镜类，即在钮上下直行书写"位至三公"或"位至公卿"等铭文，两侧对称饰双夔纹或双头龙凤纹，使内容和形式更好地统一。这时期铜镜铭文有"位至三公""长宜子孙"和"君宜高官""家常贵富"等，反映了当时人们渴望高官厚禄、子孙番昌和家昌富贵的愿望。

（二）两汉铜镜繁荣与鼎盛的原因分析

经历了秦朝的动荡和暴动后，汉高祖刘邦统一中原，建立了强大的汉王朝。其后的历代统治者一直施行"与民休息"的政策，人民丰衣足食，安居乐业，政治环境比较稳定。在这种相对稳定的社会政治经济条件下。当时的手工业、商业、人文艺术以及自然科学都得到了长足的发展，出现了"文景之治"的繁荣景象。强大而统一的政治局面，促进了社会的空前繁荣和地域间的广泛交流。汉文化的日趋成熟也使中华文明日渐统一，物质文化和精神文化都得到了高度的发展。在这一历史背景下，社会生产力迅速发展，从而促进了汉代商品经济快速发展。在日用青铜工艺达到空前的发展和进步的大环境下，铜镜的发展也进入了繁荣期。在中国铜镜的发展历史上，汉代铜镜占有重要的地位，其种类繁复，形制多样，做工精良，纹饰优美，为中国古代工艺美术之珍品。当青铜器具逐渐被铁器、漆器、陶瓷器取代时，铜镜却传承了青铜技艺的精华部分，得到了更广泛的发展。这得益于汉代商品经济的快速发展。诚然，社会生产力的进步是汉代社会经济快速发展的前提条件；汉初"黄老政治"与"休养生息"政策，为汉代商品经济的快速发展提供了强有力的政策保证；统一多民族国家的政治格局，为汉代商品经济的快速发展提供了良好的社会环境。这都是铜镜在汉代发达的商品经济条件下繁荣与鼎盛的原因。就铜镜本身而言，在两汉社会不断发展、精益求精，更重要的原因在于：社会消费需求的

增大促使铜镜的商品经济市场迅速发展起来，消费需求的增大是铜镜商品经济市场发展的内在动力，这正是汉代铜镜繁荣与鼎盛的根本原因。铜镜这时候已经不再是贵族独享的专有礼器了，其照面饰容的实用功能已经彻底体现出来，在商品经济达到一定高度的社会环境下，使用群体更加广泛。纵观中国古代铜镜的发展脉络和各类文献记载，不难看出，铜镜因铸造工艺繁复、原材料取得不易，在很长一段时期内都只是社会阶层中少部分贵族或富人阶层的专属物品，也就是现在所说的奢侈品。直到秦汉时期，社会政局稳定，经济有所发展，人民生活日趋富裕，铜镜才慢慢走入寻常百姓家，摆脱了贵族专用的标签，开始焕发真正的艺术魅力；另一方面这个时期的铜镜又以其精湛的艺术和人们在长期的使用过程中赋予了它多重功能（如祈福、辟邪等），而为广大人民所青睐和向往。这样集精美、实用、祈福功能为一体的产品怎能不迅速在市场上受到欢迎呢？因为铜镜在市井中的普及，市场需求量的大增，使这种艺术形式充满了生机。消费需求量的显著增加，推动了产业规模的扩大，商品生产领域的扩张，产品种类的增多。消费需求的多样化，导致生产的多样化，特别是西汉中期以后，奢靡消费盛行，奢靡的背后，隐藏着丰厚的商业利润，刺激了产品质量的提高与技术含量的增加[1]。为了取得市场份额，更多精美的镜子也就被专业的作镜世家造了出来，并且标注上自己能叫响的品牌，比如"王氏作镜""李氏作镜"等，都是当时的著名品牌，甚至中央的"尚方"机构也参与到铜镜商品竞争领域来，铸造出一面面精美绝伦的"尚方镜"来占领市场份额，以此增加国家财政收入。除此以外，"某某作镜四夷服""某某作镜宜古市"等广告词也出现在镜子中。这些都充分表明市场这只无形的手在不断推动铜镜的发展。正因为具有无穷魅力的铜镜被广大人民所接受，才形成了商品经济市场中铜镜消费需求量的增大，从而刺激商家为迎合消费者的需求去做出种类繁复、形制多样、做工精良、纹饰优美的铜镜产品，从而在汉代形成了铜镜繁荣的第二个高峰。

四、魏晋南北朝铜镜发展情况及"中衰"的原因分析

（一）魏晋南北朝时期铜镜概况

三国两晋南北朝时期在政治上处于上承东汉、下启隋唐的过渡时期，北方各地长期割据混战，严重影响社会生产的发展，导致南方和北方经济发展的不平衡，使得这一时期铜镜的制作（包括质地、纹饰和铸造工艺）不仅随着时代的推移而变化，呈现出阶段性特征，而且非常明显地显现出南北地区性的差异，因此这一时期的铜镜发展史大致可分为三个时期。

1. 三国至两晋时期

由于生产制作技艺、纹饰风格的连续性和使用的延续性，这一时期实际上是从汉末起始的。汉末战乱，北方的铸镜中心洛阳的中央尚方工官和各地的铸镜作坊遭到严重破坏，铜镜工艺发展缓慢。曹魏政权建立并迁都洛阳后，虽重建尚方工官，使铸镜业有所恢复，但所铸铜镜只是沿袭东汉以来的铜镜类型，毫无创新，铸造粗略，纹饰有化繁就简的趋势。而这一时期的

---

[1] 周金华《试论汉代商品经济快速发展的原因》，《湘南学院学报》2006年12月第27卷第6期。

长江流域在汉末的战乱中保持了相对安定的局面，经济比较发达，铜镜工艺有重大发展。此时吴国的铸镜业显示出空前的繁荣，达到了相对鼎盛的程度，并形成了会稽山阴（今浙江绍兴）和武昌（今湖北鄂州）两个制镜中心。但是所铸铜镜的类型仍然以东汉以来流行的铜镜类型为主，在具体的形制和纹饰上也没有较大的变化。值得一提的是，西晋时出现了八凤佛像镜（图4）。这是魏晋铜镜在精神和内容上最大的亮点，是佛教进入中国后与中土文化融合的生动写照。

图4

2. 东晋十六国和南北朝前期

此时中原地区从"八王之乱"以来已陷入四分五裂的状态。连年的战乱使手工业受到了严重影响甚至毁灭，铜镜铸造业几乎停滞。南方的铸镜业也出现了衰退的迹象，反映在铜镜类型上的变化也较大。神兽镜中一般重列式神兽镜和环绕式神兽镜大为减少；分段式重列神兽镜到东晋时便完全绝迹了，只有半圆方枚神兽镜还有较多的数量在流行，但铜镜的铸造质量较差，纹饰也显得简单而粗糙。这一时期的画像镜也有类似的变化。

3. 南北朝后期

此时的北方地区已经统一，但是铸镜业并没有恢复。由于没有生产铜镜的作坊，社会上只能沿用东汉魏晋以来的旧镜，甚至西汉的铜镜也被拿出来使用。此时南方的铸镜业也由于铜料的缺乏和社会的动荡而更加衰退。较有艺术特色的神兽镜和画像镜基本难见其踪，制作工艺粗劣草率，已经无法与两汉时期的辉煌相比了。

（二）三国两晋南北朝时期铜镜发展"中衰"的原因分析

魏晋南北朝时期，全国大战乱，人民流离失所，市场经济遭到了毁灭性的破坏，不少城市严重性毁灭，商品经济极度萎缩。这个时期商品经济和传统市场萎缩的原因，学术界认为主要有两个：其一，战乱。更有一些学者认为战乱毁坏了一切，人口骤减，加以落后于汉族的诸少数民族入主中原，耕作方式由昔日的精耕细作而流于粗放，出现了历史的大倒退。这在北方尤为明显。其二，士族地主占统治地位及与此相适应的庄园经济盛行的结果。士族地主占有大量土地和依附农民，采用庄园经济（或称田庄经济）的模式配置其土地和劳动力进行农林牧副渔多种经营，过着高度自给自足的自然经济生活。有些学者甚至认为一个个庄园或田庄便是一个个封闭的经济实体。既然如此，商品经济和传统市场萎缩，自然经济加强乃是势所必然。[①] 另外，还有寺院经济占有重要地位也是商品经济发展萎缩的原因之一。士族制的发展和统治者崇信佛教，导致地主庄园经济和寺院经济恶性膨胀，造成土地和劳动力的大量流失。商品经济极度萎缩，加上不稳定的社会环境，人民流离失所，经济环境严峻，何谈铜镜这种奢侈品享受

---

① 蒋福亚《魏晋南北朝时期的商品经济和传统市场》，《中国经济史研究》2001年第3期。

呢？铜镜的市场需求量锐减，铸镜作坊一方面面临不安的社会环境的影响，另一方面做出的铜镜没有消费市场，只能关门歇业。这样没有了利润的刺激，也就没有了技术革新、艺术创新的动力，勉强做出来的铜镜也只是为了满足少部分人的需求，在那样使人心神不定的社会环境下做出的铜镜也只能是简单粗糙、毫无生气的应付产品。所以这个时期的铜镜制造业就陷入了低谷。但在相对安定的南方，特别是在吴国统治时期，随着荆、扬两地的初步开发，其商品经济和传统市场开始引人注目了。在相对安定的社会环境和商品经济发展的条件下，铜镜在南方市场仍具有一定的影响。南方的铸镜作坊可以在相对安定的环境下做出诸如"会稽镜""鄂州镜"等较为精美的铜镜。

五、隋唐时期铜镜"高度繁荣发展"的情况及原因分析

（一）隋唐时期铜镜概况

公元581年隋朝建立，结束了中国南北分裂的局面。公元618年李渊父子取得政权后，建立了强大的唐帝国，使中国封建社会发展到了极盛时期。这一时期国家统一，民族融合，社会安定，生产力的高度发展和经济的繁荣昌盛，促进了中外贸易和文化的交流。在文化艺术领域，吸收了外来因素，创造了光辉灿烂的唐文化。作为日常生活中人人珍爱的铜镜，其工艺也发展到了高峰。铜镜铸造业在这一时代条件下，也迎来了它的辉煌时代。铜镜工艺一扫过去那种拘谨、抽象、神秘和图案化的作风，形成了一种格调鲜明、构图完美、自由活泼和富于生活气息的新风格。隋唐铜镜的发展大致可以分为三个阶段。

1. 第一阶段：隋朝到唐高宗时期

这一时期在铜镜发展史上也是一个承上启下的时期。魏晋南北朝以来形成的规范化、样板化、没有创新、单一化的特点，在这一时期铜镜制造中还能看到影响：纹饰画面上沿袭旧有因素的影子很多，如镜体基本呈圆形，其他形状的很少；纹饰布局拘束严谨，基本都是按区域布置纹样；这一时期的纹饰仍以灵异瑞兽为主；圈带上的铭文大多是善颂善祷的吉祥内容等。凡此种种都是汉代以来铜镜中经常出现的元素。规范化的另一个表现是各类铜镜虽然类别不同，但共性很多。这一时期流行的四神十二生肖镜类、瑞兽镜类、宝相花铭带镜等，尽管主题纹饰内容不同，但形制、布局、铭文、边饰以及演变等方面却有很多共同点。[①]但是唐代的社会稳定决定了它是一个创新的时代，那种由汉式的拘谨到自由写实，由繁乱纷杂转

图5

---

①管维良《中国铜镜史》第177页，重庆出版社2006年版。

为清新优雅的变化，也是由这一时期开始的。许多新的镜类和新的设计元素在这一时期陆续出现，铜镜背面纹饰中的花鸟、植物类纹饰逐渐增多。隋至初唐时期，瑞兽纹镜盛行，以瑞兽纹为铜镜的主要纹饰正是铜镜发展史上这个时期的重要镜类。此类铜镜在风格上既继承了前代铜镜的传统，又在风格上增添了许多变化，主要表现为：纹饰的内外区出现忍冬、蔓草、葡萄纹样（图5）；瑞兽的造型由静态趋向动态，造型更加丰富，构图也由规整、紧密变得活泼、开放。其后出现的瑞兽葡萄镜和瑞兽鸾鸟镜，就是在瑞兽镜影响下发展起来的。[①]

2. 第二阶段：唐高宗到唐德宗时期

这一时期是唐代铜镜的新形式、新题材、新风格由确立到成熟的一段时期，也是中国铜镜绚丽无比的鼎盛时期。此时中国铜镜创作进入一个巅峰时期。铜镜镜体更加厚重，种类繁多，创新迭出，图案简洁大方。在精神及内容上则更显疏朗大气，纹饰构思如天马行空，无拘无束。这一时期的铜镜设计铸造具有非凡的艺术魅力。

唐高宗、武则天时期，流行以瑞兽为主的瑞兽葡萄纹镜、瑞兽鸾鸟纹镜，及以飞禽花枝为主的雀绕花枝纹镜，它们的出现使瑞兽纹饰的主题逐渐退居次要地位，花鸟纹镜出现并开始流行起来。此时铜镜的形制也开始有了突破，不再局限于原有的圆形和方形，为了适应纹饰的主题变化，出现了菱花形镜、葵花形镜等花式镜，使铜镜的纹饰与器形更加完美地结合了起来（图6）。[②]此时铜镜铭文，特别是圈带铭文已经消失，使铜镜背面有限的面积能更好地表现主题纹饰，不再受内外区界限的束缚，这也是盛唐铜镜艺术奔放活泼之设计风格的重要表现之一。

图6

唐玄宗至唐德宗时期，则主要流行对鸟纹镜、人物故事镜、瑞花纹镜、盘龙纹镜及特种工艺镜。此时期铜镜在装饰技法上仍延续上一阶段的发展趋势，设计题材日趋广泛、风格各异、色调鲜明、组织完美。禽鸟纹饰完全占据主要地位，隋、初唐以瑞兽为主的题材已经消失。植物纹饰摆脱了从属点缀的地位，瑞花、株花成为铜镜的主要纹饰题材之一。此时期另一个重要的特色是现实生活场景及人物题材的铜镜大量涌现。现实生活中所见所闻的自由活泼的禽鸟蜂蝶、雍容华贵的瑞花、体态俊美的飞仙等题材在铜镜上组成了格调优雅、丰满而柔和的纹饰图案。应该说，唐镜的最大特点之一是艺术样式和艺术手法的多样化。这一特征在这段时期铜镜纹饰题材中得到了充分的体现。

① 王晓峰《中国古代铜镜设计心理学研究》，山东大学硕士学位论文2008年。
② 管维良《中国铜镜史》第178页，重庆出版社2006年版。

图7

3. 第三阶段：唐德宗到唐晚期、五代时期

这段时期军事实力割据，烽火连天，铜镜的制作也趋于衰落，无论是造型、纹饰还是技法，都与前一时期迥然不同。此时的镜体较薄，工艺也较粗糙，但也偶有精者。如含有宗教意义的纹饰在这一时期内较为盛行，而且铸造精美。由于统治者宣扬道教，神仙思想流行。同时佛教在当时也很盛行，在唐镜的图案中也有不同的反映，如具有印度佛教艺术色彩的宝相花纹镜、飞仙镜，在佛教中意为吉祥万德之所集的"卍"字标识也在铜镜中广泛使用。具有道教色彩的八卦符篆星象纹镜，以八卦为主纹，配以符篆、星象、干支等具有道教意味的纹饰在这一时期铜镜纹饰中常见（图7）。但整体而言，此时铜镜纹饰设计风格或粗拙，或细弱，完全失去了盛唐铜镜富丽堂皇、千姿百态的风格。可以说，唐德宗到唐晚期、五代时期是整个中国铜镜发展的转折时期，自此以后，铜镜艺术逐渐走向衰落，纹饰、造型、技法开始走向另外的艺术风格和时代特色。

（二）唐代铜镜发展"高度繁荣"的原因分析

隋唐社会宏大的格局、开放的气势、壮阔的场面，为历朝历代所无法比拟。在当时的世界上，中国处在发展的前列，是最文明先进、最繁荣发达、最富庶强大的国家，是世界经济文化交流的中心。唐代社会经济和文化的大发展，使得手工业迅速成长，手工艺品日益精巧，商品经济空前繁荣，城市生活繁华。政治上先后出现了"贞观之治"和"开元之治"，国家统一，社会安定，其成就超过西汉"文景之治"。唐玄宗时期，鼎盛局面达到了高峰。在这种高度繁荣的社会背景下，铜镜铸造业空前兴盛。那么我们又将从什么方面去寻求产生唐镜这种富丽堂皇、异彩纷呈、充满青春气息的答案呢？隋唐时期是我国历史上一个昌盛的时期。唐代经济空前发展，对外文化交流十分频繁，孕育出丰富多彩的唐文化。唐镜正是这一开放时代的产物，它兼收并蓄外来文化艺术来丰富新的艺术创造内容。唐镜没有汉镜那种对现实生活的露骨追求，也没有汉镜那种对神仙世界的强烈渴望，但是透过它们，可以明显触摸到中国封建社会最为灿烂夺目的时代脉搏，它们那丰满的、充满青春活力的图纹正是对盛世歌舞升平的讴歌。

盛唐时期高度繁荣的商品经济形成了统一的大市场，对外贸易日益扩大。如前文所述，繁荣的商品经济市场必然使人们对于钟爱的铜镜需求量增大。唐代铜镜之所以深受人们喜爱，还有两个方面的原因：

一是在唐代形成了一种以铜镜作为献礼和馈赠的社会风尚，唐镜除了作为照面之外，又可作为晋献皇上或相互馈赠的纪念品，或是皇上赏赐百官的礼物。相传盛唐时期，定八月五日玄宗的生日为"千秋节"，又称为"千秋金鉴节"。这一天，群臣献甘露寿酒，并以精致的铜镜作为祝寿或互赠的礼物。由于皇家的无比珍视，上行下效，这样的活动对铜镜的制作和兴盛起了推波助澜的作用。这使得唐镜不仅具有实际意义，更具有精神、审美和社会的意义，这是唐镜兴盛的一个社会因素。

二是瓷器的出现和广泛应用，使传统的一般铜器生产日趋衰落，而金工技术主要集中于铜镜的制作上，铜镜在当时成为一种极其精美的艺术品，对于广泛的爱美人士来说，具有极大的诱惑力，这是唐代铜镜大发展的历史因素和技术因素。这些因素的交互作用，使得铜镜成为一种重要而具有时代特色的工艺美术品。铜镜铸造商家们在利润的刺激下，努力进行技术革新、艺术革新，使创新发展的铜镜赢得消费者的青睐，从而以良好的品质占有更广泛的市场份额，在此基础上形成了唐镜装饰精美、制作考究、丰富多彩的独特风格。另外唐代在政治文化上的宽容开放、社会风气上的兼收并蓄促成了唐朝在艺术的各个方面全面开放，促进了唐朝艺术文化的高度繁荣，也使铜镜的艺术风格达到了封建王朝的顶峰。在此基础上，丝绸之路带来的社会经济的繁荣发展，使人们的审美趣味更加浓厚，审美水平提高，造就了唐人在审美上的大开大阖。市场的导向、消费群体的艺术需求决定了唐镜风格的富丽堂皇、百花争艳。道教题材、佛教题材、金背、银背鎏金镜、螺钿镜、金银平脱镜、葵花形、菱花形、瑞兽葡萄纹镜等成为铜镜史上的创新。正是由于不同信仰、不同品味、不同艺术追求的皇室王孙、达官贵人、社会富裕阶层们追求着不同的艺术审美品位，而使铸镜艺术大师们充分考虑消费者的需求，迎合消费者的审美情趣，从而造就了唐代铜镜的姹紫嫣红、包容万象之风格。只要有需求，有足够的利润，唐代的工匠们就能造出精彩绝伦、匪夷所思的艺术品来。同样是市场需求、消费者的审美需求在一定程度上又造就了铜镜发展史上的第三个高峰。

六、宋辽金元铜镜的发展情况及市场"非衰落而更繁荣"的原因分析

（一）宋辽金元时期铜镜概况

唐灭亡之后，中国进入五代十国分裂时期。后周显德七年（960年）赵匡胤灭周建宋，史称北宋。此时东北少数民族契丹建立的辽国经济有所恢复和发展，国力日强，与北宋形成了南北对峙的局面。宋辽边界以一条自然河流大清河划分，大清河以北是辽国辖地，以南则是宋朝统治。金朝是活动于我国东北黑龙江、松花江流域和长白山一带的游牧民族女真人所建立的王朝。宋宣和四年（1122年）燕京为金兵占据，1125年辽被金灭亡。1153年，金朝从上京（今黑龙江省哈尔滨市阿城区南郊）迁都燕京（今北京）。

辽宋金元是很有意思的一个大时代，一方面辽和北宋，金和南宋，连年战争。另一方面，这四者之间的经济文化却在争斗中不断地互相吸收和交流，并在不知不觉中形成一种"你中有我、我中有你"的非常接近的文化，直至几乎完全相同。在铜镜的制作上，这四个民族的风格在许多方面也体现出惊人的一致，致使现在对宋辽金元铜镜的划分难度比较大。[①]

---

① 杨勇《以铜为镜，以史为鉴——中国铜镜漫谈》，《甘肃档案》2009年第3期。

宋朝由于大量铸造兵器和货币，造成铜料严重缺乏，使铜镜铸造业受到影响。由于原材料的不足，因此宋镜多轻薄、小钮，铜质也不如唐代，呈黄铜色。但这时铜镜的形制发展却是丰富多彩的，特别是南宋时期，铜镜形制有圆形、方形、亚字形、葵花形、菱花形、钟形、鼎形、桃形、云板形和带柄镜等。镜背纹饰内容有花卉、花鸟、人物故事、龙凤纹和八卦纹、吉祥铭文、商标铭等。其中尤以花卉纹镜和花鸟纹镜最具特色，多采用浅细浮雕技法精雕细刻。缠枝花草，柔枝细叶相互缠绕，花朵盛开其间，形成迎风漪露的效果，图纹纤细清新，描绘逼真，具有强烈的现实感和韵律节奏感，集中体

图8

现了宋代制镜工匠的卓越技艺。此时更多的铜镜题材犹如花鸟小景，强调画面清新、秀丽的美感。所以我们以为宋代铜镜装饰艺术在中国古代铜镜工艺史上占有一个特别的位置。宋代铜镜优秀作品多产生于北宋晚期。宋镜大规模商品化、商标化的典型代表当推"湖州铭文镜"，此类镜因主产于湖州（今浙江湖州）而得名，基本为素镜，无装饰图案，只是在镜钮左右侧的长方形框内铸有"湖州石家炼铜照子""湖州石家清铜照子""湖州真正石念二叔照子"等，有的也在钮左铸有"炼铜每两一百"等字样（图8）。

辽代铜镜数量不多，种类亦少，较宋镜厚重。辽代花卉纹镜以折枝花、四簇花或瓜瓞纹为主题纹饰，布局疏密得当，风格自由活泼。辽代花鸟纹镜有双凤镜、鸾凤缠枝牡丹纹镜和双鸾花草纹镜、孔雀莲花纹镜等。尤以连钱锦纹镜颇具特色，时代风格明显，铸造精良。此时龙纹镜、凤纹镜、双鱼纹镜也多在受中原文化影响的基础上，创新图变，颇具民族特色。辽代人物故事镜主要有亭阁人物抚琴镜、仙人龟鹤镜等。辽朝信奉佛教始于辽太祖阿保机时期，圣宗时期佛教在辽传播更加广泛，兴宗时兴佛之风达到极盛，随着而来的各种文化都蒙上了宗教色彩。这个时期辽代流行的迦陵频伽等纹饰的铜镜即属于此，如1956年辽宁建平出土的迦陵频伽纹镜。[①]

金代铜镜内容十分丰富，有的是仿汉、唐、宋镜之作，有的是在吸收前代铜镜纹样的基础上，结合民族习俗和社会风尚创造的新样式，还有一些则是通过战争或贸易交往流入的南宋产品。金代铜镜依纹饰可分为双鱼镜、人物故事镜等。金代铜镜的一个显著特征是许多铜镜有官府检验刻记，有的刻在镜子边缘，也有的刻在纹饰上，还有的在镜背设铭文带或方框，内铸官府铸镜机构的名称，在文字背后有一花押，有的为两个花押。检验刻记内容比较完整的有地名和官府名，如"太原府录事司官（花押二）"和"定州唐县验记官（押）"等，也有的刻

① 刘淑娟《辽代铜镜研究》第74页，沈阳出版社1997年版。

上验记官的姓氏或编号，如"定安官（押）魏资""易司官三十一（押）"等，有的还刻有纪年，如"泰和四年官（押）"等。金代仿镜之多和检验制度之严，与当时的铜禁令有关。据《金史》记载，明令禁止私铸铜器是在金正隆二年（1157年），"私铸铜器，法当徒"；金世宗大定八年（1168年）又下令禁止私铸铜镜"民有犯铜禁者。上曰：'销钱作铜，旧有禁令，然民间犹有铸镜者，非销钱而何'，遂并禁之"；以后又在大定十一年（1171年）下令"禁私铸铜镜，旧有铜器悉送官"；"（大定二十六年）十一月，上谕宰臣曰：'国家铜禁久矣，尚闻民私造腰带及镜，诈为旧物，公然市之，宜加禁约'"；"明昌二年十月，救减卖镜价，防私铸销钱也"。由以上这些记载可以看出，当时金王朝三令五申不许民间私铸铜镜。但由于铜镜是人们生活的必需品，又是一种特殊的工艺品，毁钱铸镜可获厚利，所以私铸之风屡禁不止，因此铜镜必须经官府检验，方可流通，查验由专门机构担任。[①]

元朝是由蒙古族凭借武力入主中原建立的统一多民族国家。由于其施行残暴的军事统治，直到13世纪末手工业才开始逐渐恢复，所以元代铜镜很少，铸造也很粗劣。元代铜镜一般沿袭宋金时代的铜镜图案，但纹样比较粗犷简略，镜体较大而厚重，主要有素镜、双龙镜、仙人故事镜和吉祥铭文镜等。"至元四年"四字铭双龙镜在元代比较流行。元代神仙人物故事镜也比较多，题材多为宋金时期流行的柳毅传书、许由巢父和仙人龟鹤等故事题材，但也有新颖的纹饰内容，如洛神图等。元代人物故事镜画面更强调层次分明，或山峦起伏，亭阁树木、小桥流水，或上有祥云缭绕，明月高照，下有大海波涛，水天相连，配以仙人、老翁、侍童或禽兽等，更富有山水画的韵味。

人物镜是辽宋金元镜中最有分量也最值得称道的。也正是从这时起，世俗的"人"开始大规模地出现在铜镜上。讲人的故事，道人间喜怒哀乐一度成为宋金铜镜的主题，而这也是宋金铜镜上闪射出的最有价值的人性光辉。辽宋金元人物镜中有很大一部分属神仙故事，最常见的是神人龟鹤齐寿镜。此外，如柳毅传书、许宣白娘子、唐明皇游月宫等，讲述的都是人与神的爱情故事，表达了世人对婚姻自由的向往，对美好生活的追求。另外，反映世俗人情的题材也比较多，如仕女画像镜、童子攀花镜、陶渊明赏菊镜、贵妇庭院婴戏镜、读书闻鸟镜等。随着商品经济的繁荣，宋金时的海外贸易也比较发达，"煌丕昌天"海舶镜反映的或许就是这一段历史。[②]

（二）宋辽金元铜镜市场"非衰落而更繁荣"的原因分析

宋辽金元时期的铜镜，由于质地及工艺的原因，令人感觉没有汉唐镜那么华美细腻、富丽堂皇。所以学术界称这个时期为中国古代铜镜发展史中的"衰落期"。赵春安在《宋辽金铜镜艺术生活化》一文中说："如一切器物的发展演变规律一样，中国铜镜工艺在经历了初创、发展、中衰和繁荣阶段后，不可挽救地走向衰落。"衰落绝不意味着铸镜技艺的倒退，也不是铜

---

① 孔祥星、李雪梅《关于金代铜镜上的检验刻记》，《考古》1992年第2期。
② 杨勇《以铜为镜，以史为鉴——中国铜镜漫谈》，《甘肃档案》2009年第3期。

镜作为一种日常器具已走到了历史的尽头，而是多方面历史原因交叉作用的结果。

其一，北宋与辽、西夏并立，南宋与金对峙，处于不同政权和民族传统控制下的官府手工业作坊和私人作坊更注重铜镜的实用性，容易忽视镜背纹饰的创新。其二，技术的进步使得铸镜业的铸造方式简单实用，铜质也不再需要高锡青铜，买卖双方都更重视降低成本。其三，两宋政权统治时期封建经济发达，其他手工业门类，尤其是瓷器制造业的发展对铸镜业产生间接影响。其四，宋代理学思想宣扬"存天理，灭人欲"，严重束缚着人们的思想，生活方式上追求简朴，也间接降低了制作成本，简化了制作工序，从而降低了价格。这也使得铜器进一步走向世俗化、商品化，久为权用宫享的青铜镜到了这一阶段，开始得以普遍推广和使用。"私营铸镜作坊为满足一般市民消费需要，更注重铜镜的实用性和自身的盈利，从此大量铸造素镜"。①我们以为这种说法是比较客观的，是站在铜镜整体发展的角度去阐述宋辽金元铜镜本身"衰落"的原因。在此基础上，我们以为造成这种现象的最重要的原因，还是市场这只无形的手。这个时期的铜镜虽说整体情况没有汉唐镜那样璀璨夺目，艺术水平与汉唐镜相去甚远，但这个时期铜镜市场不是"没落"而是更加繁荣！从另一个角度说，辽宋金元是中国铜镜的又一发展期，此时的铜镜虽然在工艺制作上和汉唐时期有一定差距，但中国铜镜也就是在这一时期才开始真正大规模走向民间，为普通百姓所使用。实用、世俗、大规模、商品化、商标化是此时铜镜的显著特点。仅仅从这一角度说，辽宋金元铜镜就有其不可取代的地位。

两宋是一个市场经济突飞猛进，创造出空前财富与繁荣的朝代，也是世界上最早的资本主义萌芽的母体。比如南宋的经济总量已占当时全世界的50%。其经济发展几乎为中国古代历朝历代所不能及；商品交流领域突破坊市格局以及时空限制，始终坚持着"城郭之人日夜经营不息，流通财货，以售百物，以养乡村"；宋朝首都有440多个行业，宋神宗时开封就有6400多家大中型工商业者，有八九千家小商小贩。南宋时杭州城外都是"民物阜蕃，市井坊陌，铺席骈盛，数日经行不尽"。宋朝产业结构的多样化、精细化与系统化远远超过唐朝。每一新兴行业创造的价值是难以估计的。每一个新兴行业的出现，都说明宋朝的蓬勃发展；宋朝以"工商惠国"，商税是国家税收的根本。正如宋人所言，"州郡财计，除民租之外，全赖商税"；由于商业经济的快速发展，传统的货币给大额资金交易的生意带来诸多不便，所以在四川出现最早的纸币——交子；这个时期的对外贸易异常发达，指南针被广泛应用于航海贸易。这么繁荣发达的经济体、长期稳定的社会环境，怎么能制造不出汉唐那样精美绝伦的镜子呢？实际上宋代大多数的铜镜工艺不如汉唐铜镜精致，艺术感强，这种表象是由于宋代发达的商业促进了科技的长足进步，以至于造镜技术达到了质的改变而造成的。关于宋辽金元时期铜镜工艺发展情况的原因分析，我们在下篇《铜镜范铸技术的失传应与古代铜镜市场的发展有关》一文中将作详细讨论，在此不再赘述。

① 赵春安《艺术生活化的宋辽金铜镜》，《东方收藏》2011年第4期。

七、明清铜镜的概况及铜镜在这个时期"日趋衰落"的原因分析

（一）明清时期铜镜概况

明清铜镜无论图案纹饰还是工艺，都无法和汉唐乃至辽宋金元铜镜相比，呈江河日下之势，虽然铜镜继续在人们的日常生活中发挥着作用，但终被玻璃镜取代。

明朝恢复了汉人的统治地位，封建经济和文化有了高度发展。农业、手工业和商业都超过了前代，作为手工业之一的铜镜铸造业也远比元代兴旺发达。有学者称这个时期为中国铜镜发展史中"回光返照"的一个阶段。

明代铜镜一般都比较大而且厚重，形制多为圆形，有柱形钮、圆钮和银锭式钮。纹饰有龙纹、凤纹、福禄纹、花草纹等，并创造了八宝、杂宝等新式图案。这个时期值得提及的人物多宝镜则以世俗的人及其生活为主，且版式多样，造型生动，采用高浮雕手法塑造纹饰，其艺术及收藏价值较高。明代晚期吉祥铭文镜增多，常见的有"长命富贵""五子登科""状元及第""为善最乐""鸾凤呈样"等，世俗化倾向更浓，但也更真实，是明朝人追求现世幸福愿望的反映。还有的记铭铸在镜钮上或镜背图案中，这也是明代铜镜的显著特征。此时还有双龙戏珠纹镜、洪武二十二年铭龙纹镜、楼阁人物镜等，表现手法有细线浅雕和高浮雕两种。

清代铸镜业已经衰落，不仅铜镜质料低劣，而且纹饰简单，制作粗糙。常见的有龙纹镜、双鱼镜、五蝠捧寿镜等。形制有圆形和带柄镜等。明清时还出现了大量的仿汉唐镜，但大都毫无生气，缺乏汉唐镜的神韵。

明清镜中最值得称道的是宫廷中造办处专为宫廷铸造使用的一批铜镜，这批镜子现在大多被收藏在故宫。其精湛的工艺、大气磅礴的气势充分显示了皇家气派，如掐丝珐琅彩镜等。这和明清时珐琅彩工艺在宫中广为流行有关。精美、大气、富丽堂皇、别具一格是此类镜的特点。清朝的彩漆描金镜为明清镜添上了最后一道亮丽的光彩。此类镜做工细致考究，色彩艳丽，在中国铜镜史上应有一席之地。民国时，活跃于滇缅一带茶马古道上的驼帮马队，出于结实耐用考虑，也偶尔使用铜镜，并在镜上铸有省份，这是中国铜镜最后的绝响。

（二）明清铜镜"日趋衰落"的原因分析

如一切器物的发展演变规律一样，中国古代铜镜工艺在经历了初创、发展、中衰和繁荣阶段后，不可挽救地走向衰落。衰落绝不意味着铸镜技艺的倒退，而是一种新兴的产品在实用功能上取代另一种产品的过程。当玻璃镜比之铜镜以更好的照面饰容的实用功能展现给人们时，玻璃镜取代铜镜的地位便是必然的。因此，此时的铜镜没有了市场，没有了更多的消费群体，因此，也就没有了创新，没有了更多的艺术表现力。三百多年前意大利的威尼斯人制造了世界上的第一块玻璃镜子。清朝中叶以后，由于西方玻璃镜子的大量涌入，铜镜最终逐步退出了历史舞台。但是玻璃镜传入初期，因其代价昂贵，未能取代保守的铜镜。清中期以后，玻璃镜大批涌入，以其便宜的价格和更完善的适用性迅速取代了铜镜。往后铜镜偶有所作，也是作为一般标志性的陪嫁之用，质量和数量与前代铜镜不可等量齐观。

　　结合以上对四千年铜镜发展史中不同发展阶段的系统分析，我们以为历史上每一个朝代的更替都在推动着历史的演变，促使社会的不断发展与进步。社会的发展推动着人类文明和科技的发展以及经济的繁荣。在此基础上，商品经济市场不断完善，生产技术革新，以满足发达的市场经济发展的需求，铜镜就是在不断地适应其市场需求的基础之上在艺术和技术方面不断创新、发展，绵延四千年，于各个时期在市场需求和时代审美特色的基础上展现着或兴或衰的时代风格。于此，我们有充分的理由和大胆的推测，在历史进程中铜镜发展史的兴衰变迁在一定程度上与市场有着密切的关系，市场就是一只无形的手，把握着铜镜在不同时期的命脉。

铜镜范铸技术的失传应与古代铜镜市场的发展有关

中国古代青铜范铸技术从公元前2000年左右形成，在商晚期和西周早期，青铜冶铸业作为生产力发展的标志而达到高峰。在当时的亚洲大陆上，商周的青铜范铸技术所产生的青铜艺术，堪称一颗光彩夺目的明珠。[①]诚然，没有先进的铸造技术，青铜艺术的辉煌是难以想象的。正是因为在中国伟大的青铜范铸技术基础上产生了精美的青铜器，才创造了伟大的"青铜时代"。中国的青铜铸造工艺在商周青铜礼器上达到辉煌的成就以后，转而在战汉唐铜镜艺术领域继续演绎其独特的魅力。纵观中国古代青铜范铸技术的发展，我们以为战汉唐时期的铜镜让中国魅力四射的青铜铸造艺术真正进入了中国乃至世界艺术史中的崇高地位，让中国伟大的青铜浇铸技术登上了光辉的顶点。战汉唐时期铜镜在纹饰设计、雕塑工艺、铸造水平、磨砺技术等诸多方面，所达到的技术之精湛，是同时期其他西方古文明铜镜难以望其项背的。这个时期中国的铜镜大多采用"范铸法"制造。这种方法浇铸难度大，制作成本高，做好很难。[②]从世界范围来说，西方铜镜要比中国出现得早。[③]由此可知，古代其他三大文明古国当时都在使用和发展铜镜铸造技术，但在青铜铸造技术方面一直无法突破，所以当今西方国家的收藏爱好者才会佩服我们中国古代的铜镜范铸工艺。

战汉唐以后，铜镜作为古代艺术精品类别之一，由于部分制作工艺失传，其铸造工艺从晚唐时期开始衰落。到了宋代，铜镜范铸工艺逐渐失传，改用翻砂方法铸造铜镜，在浇铸之后往往需要用刀刻等辅助工艺进行再加工，才能保证背面图案的清晰。众所周知，从晚唐时期开始，铜镜的质地与纹饰与战汉唐铜镜相比均发生了明显的变化：铜镜质地逐渐从高锡青铜过渡到高铅青铜；大部分铜镜的铸造工艺明显不如先前的铜镜纹饰细腻流畅。所以，宋辽金元时期的铜镜，由于质地及工艺的原因，令人感觉没有战汉唐镜那么华美细腻、富丽堂皇。所以很多朋友都感慨这个时期的铜镜工艺逐渐走向"没落"。学术界也称这个时期为中国古代铜镜发展史上的"衰落期"。究其原因，有人猜测说是这个历史时期战争等种种原因造成掌握传统铸镜工艺的工匠们在连年的战争中受到迫害，造成汉唐冶炼工艺及合金配比的失传，所以做出来的铜镜从艺术角度讲无法和战、汉、唐相提并论；还有人说是地震一类的大灾难造成传统铸镜行业骤然间土崩瓦解，使得铜镜铸造技术难寻踪迹，彻底失传了；还有人认为铜镜发展到宋辽金元时期，人们对于其铸造已经不那么重视，而将艺术创作的主要精力放在诸如五大名窑等手工

① 张颖《从青铜器的演变过程解读青铜时代的艺术美》吉林大学2009年硕士学位论文。

② 冯毅《讲不完的青铜艺术》，《艺术市场》2007年第8期。

③ 樋口隆康《古镜》，新潮社1979年版。

艺品中，从而造成铜镜发展进入"没落期"。我们以为这样的说法仅仅是一种推测，是一种片面的看法。譬如，战争说。我们以为战争是局部性的，不可能造成全国范围内的铸镜工匠都受害，况且一般意义上的战争对于掌握特殊技能的人才都是加以利用保护的，获胜方更不会将可以为他们带来现实利益，掌握特殊技能的人才杀害。其次，地震说。地震也是局部性的，自晚唐以后没有毁灭性的全国大地震，而在此之前，铜镜铸造已经在全国普及，南北方争奇斗艳，各具特色，所以不存在地震使传统铜镜铸造行业全面崩塌。即使某一个地方发生了毁灭性的地震，手工业一时全面崩溃，但在当地社会生产及经济恢复后，肯定会有临近地区的工匠前去占领市场进行铜镜生产销售，因为铜镜作为一种消费品，人们对其有需求，有了需求肯定会有供应，这是非常符合市场发展规律的商业模式。所以，地震等灾难造成铜镜范铸工艺失传的说法也是站不住脚的。而且，从出土的两宋铜镜来看，北宋时期还有使用范铸技术铸造的铜镜，而南宋铜镜基本上都采用了翻砂工艺铸造[①]。所以，我们以为，铜镜范铸技术的失传是一个逐渐消失的过程，而不是骤然间由于灾难等原因造成的。那么，对此我们经过长时间的思考，结合两宋时期市场经济发展的情况，从宏观角度来综合审视铜镜在晚唐以后的发展情况，我们以为造成这种现象的最重要原因还是市场。

这个时期市场经济的发展有着其必然的社会原因。公元618年李渊父子取得政权后，建立了强大的唐帝国，使中国封建社会发展到了极盛时期。社会经济和文化的大发展，使得手工业迅速成长，手工艺品日益精巧，商品经济空前繁荣，城市生活繁华。这也使得铜镜铸造业空前兴盛。高度繁荣的商品经济形成了统一的大市场，对外贸易日益扩大。随之而来的两宋又是一个市场经济突飞猛进、创造出空前财富与繁荣的朝代。其经济发展几乎为中国古代历朝历代所不能及。繁荣发达的经济体、长期稳定的社会环境，怎么能制造不出战国汉唐时期那样精美绝伦的镜子呢？实际上我们以为宋代大多数的铜镜工艺不如战国汉唐铜镜精致，艺术感强，这种表象是由于宋代发达的商业市场促进了科技的进步，以至于铸镜技术达到了"质"的改变而造成的。这种变化是循序渐进的，大体可分为以下几个步骤：

1. 消费需求的增加，扩大了铜镜的生产、销售经营者的范围

由于商品经济的繁荣与发展，两宋的老百姓比以往任何时期都富裕，生活水平稳步提高。这种现象我们可以从大量的关于两宋经济的研究资料中得到证实，如葛金芳《两宋社会经济研究》等。[②]从刘艺《镜与中国传统文化》一书中我们还可以看出，铜镜在人们心目中不仅是一种实用器物，在漫长的历史发展过程中，人们在使用中更是赋予了它更多精神文化内涵的一件艺术品。[③]所以，当时大量的中低收入阶层在消费得起的情况下也产生了使用铜镜的原始需求。如改革开放后的今天，由于经济的繁荣，老百姓富裕起来了，在这样的条件下，就正如今天老百

① 董亚巍等《浠水窑家湾大型铸铁遗址的范铸工艺研究》，《江汉考古》2011年第S1期。
② 葛金芳《两宋社会经济研究》，天津古籍出版社2010年版。
③ 刘艺《镜与中国传统文化》，巴蜀书社2004年版。

姓自然对于前些年先富裕起来的人才能买得起的高档家电、轿车等消费品产生了拥有、使用的欲望。同样在两宋时期，人们在富裕起来的条件下对于集艺术价值、实用价值、多种文化功能于一身的铜镜，人人渴望。于是铜镜极大的市场需求，在高度发达的商品经济环境下产生了。

2. 生产销售的个体经营者增多，衍生出"商业竞争"

在铜镜极大的市场需求情况下，更多的人看到了这一颇具市场前景的"项目"，于是更多人参与"制镜销售"。铜镜的"生产商""销售商"多了，为了占领市场份额，自然会产生一种现象——商业竞争。如同改革开放后的今天，在科技发展、技术创新的条件下，市场经济异常活跃，同行业的商业竞争愈演愈烈。商业竞争的现象在今天的市场经济条件下表现得尤为明显，形式也是多样化的，其目的就是占领更多的市场份额，以扩大经济利益。

3. 在繁荣的商品经济形势下，"商业竞争"主要表现为"商品质量的竞争""商品价格的竞争"

两宋时期的商品经济市场竞争与今天相比，我们以为是有过之而无不及的。这个时期的市场是高度繁荣的，完全市场化、开放化。在这样的市场经济条件下，为了取得市场占有率，商业竞争进入白热化，竞争方式也多样化。商业竞争的方式在当时的铜镜商品经济市场应该主要是产品质量的竞争和产品价格的竞争。

4. 经过尝试，"产品质量竞争"由于其高额的销售价，经济效益不甚明显

在产品质量竞争方面，也许当时铜镜生产商们做过尝试，但结果是产品生产成本极大，当然销售价格也要高了，但对于高额的市场价在当时即使高度发达的商品经济时代，市场买家也是不多的，中低收入阶层始终是最广大的消费群体。譬如，今天中国经济高速发展的条件下奢侈品销售也仅仅是少数人的消费需求在推动。在两宋时期对于铜镜的市场需求还是以大多数中低层收入者为主，老百姓都想买铜镜，但是高昂的价钱还是让更多的人望而却步。那么为了去做更多老百姓的生意，铜镜生产者便会在"价格竞争"方面，在制镜成本上产生了求变的动力。

5. "商业竞争"促使技术革新，降低成本

为了扩大市场销售量，赚取更多、更广泛的利润，于是工匠们想办法降低大规模生产铜镜的成本，以迎合大众消费需求。经过努力的探索，在唐代业已发明的"翻砂铸钱"的工艺基础之上"翻砂铸镜"这一新的铸镜工艺问世了。周卫荣在《翻砂工艺——中国古代的重大发明》一文中说："科技史和钱币界的一些研究者认为，唐钱可能也用砂型铸造。笔者经过长期研究发现，翻砂工艺是中国古代铸钱业在长期实践积累的基础上，为满足社会日益增大的铸钱量的需求和不断降低成本、提高效率、提高铸币标准化程度的追求而发明的一种新技术。"[1] 同样，我们以为两宋时期"翻砂铸镜"工艺的出现也是为了满足社会日益增长的铜镜需求量和不断降

---

[1] 周卫荣《翻砂工艺——中国古代的重大发明》，《中国收藏》2009年第3期。

低成本提高效率的基础上进行的技术改良。翻砂工艺的广泛应用大大降低了造镜的成本。这是宋辽金时期科技生产力一大进步，是铸镜业的重大转折。因为翻砂铸造和陶范铸造相比有如下优点：制范简单、制作周期短、成本低、效率高。宋代工匠们在铜镜铸造史上这项重大探索促进了宋代制镜业的科技进步。这样的以降低成本抢占市场份额的竞争模式在今天的市场经济条件下表现得尤为明显。譬如，一辆大众轿车，二十年前需要三四十万，而现在经济适用型的同品牌轿车几万块钱即可买到。这是由于汽车制造商们，在普通老百姓经济情况好起来的时候，也充分考虑到大众的需求，而进行技术创新以降低生产成本，从而降低市场销售价格，适应更多人的消费需求和消费能力，以此扩大市场销售量，从而赚取更多的利润。

6. 成本降低，售价降低，以量取胜

在技术革新的基础上铸镜的成本低了，市场销售价格自然也就低了。由市场竞争规律而促使的科技创新，进一步促使铜镜的消费群体更进一步地转向平民百姓，铜镜已经不再是达官贵族的专用品，普通老百姓大部分能用得起了。这个时期很多湖州镜、饶州镜都制作得很轻薄，成本很小，但是存世量相当大，这就是降低成本、以量取胜的商业运作模式。计划经济时代，一台几万元的彩色电视机发展到今天一两千元即可购买，成为今天极其普及的一种商品也是这个道理。

7. "翻砂铸造"的新技术应用逐渐广泛，传统范铸技法面临失传

由于翻砂铸造技术的发明，一部分铜镜作坊由于新技术的应用，其产品迅速占领市场，这样就迫使一部分坚守传统工艺的铸镜作坊濒临破产倒闭，或者迅速转型运用新技术铸造铜镜，以扩大市场占有率。这样经过几代人对于铜镜铸造技术的彻底转型，传统的陶范法浇铸制作铜镜的技术就逐渐被人们淡忘了。这正如今天，很多被列为非物质文化遗产的传统手工艺正面临失传一样，是市场的竞争引发科技的创新，从而导致传统工艺失去市场。所以，从铜镜铸造技术的演变来看，从根本上来说，市场的壮大与发展的需求，迫使铜镜制造作坊创新革旧，以新型的翻砂法铸镜来应对市场竞争。正如今天随着技术发展，特别是工业革命、信息化，很多古老的技艺生产出的商品丧失了市场竞争力而彻底失传了。两宋时期及其以后，在生产力大发展、技术革新的冲击下，传统铜镜范铸工艺无可奈何地走向了衰败，精美的铜镜工艺品正在被廉价的翻砂工艺大批量生产出的铜镜所代替，更多是为了满足商业化的需求。

当然，在铜镜产品质量竞争的过程中，制镜商群体也有了分化。一些转而利用新技术降低成本，去迎合大部分消费群体的需求，还有一些制镜商在应用新技术的同时，特意将客户群体定位高端消费群体，尽其所能做出精美绝伦的铜镜去满足这部分人的需求，这样虽然生意少，但利润空间很大，如同今天的奢侈品销售。这时候商品经济异常发达，有钱的"老板"很多，达官贵人也不少，这部分人对于铜镜质量的要求当然高，价格的高低对于他们来说是其次的。于是我们所看到的宋辽金元铜镜中也有制作非常精美、非常厚重、尺寸很大的镜子，但这些都是有一定社会地位，有很高艺术修养的权贵、有钱人的特定需求，属于少数个案。

所以我们以为：两宋及其以后，伴随着铜镜的市场发展，铜镜市场的商业竞争，导致了铸镜技术发展，技艺创新，以此提高铜镜在市场上的竞争力，致使中华民族几千年所创造的非凡的青铜浇铸技术失传。

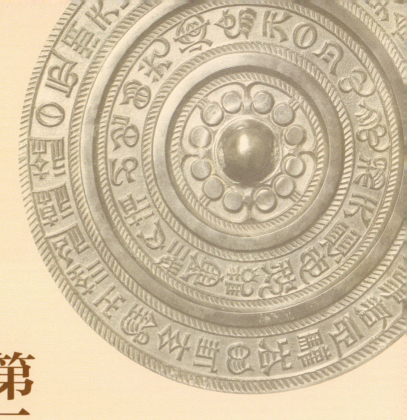

第二辑 图说铜镜

（特别说明：本辑中的铜镜编号为广东大观博物馆藏品总登记号。）

欣欣向荣　蔚成气象

（前770—前221年）

第一章　惊采绝艳、神秘诡幻的春秋战国铜镜

春秋战国时期在中国古代铜镜发展史中是一个成熟和大发展的时期。此时的铜镜在夏、商、周的基础上，在各方面都有了突飞猛进的发展。无论是铜镜的铸造工艺，还是铸造的数量，都极大超过了以前。齐家文化和商周时期，铜镜以光素无纹者居多，有纹饰者也以几何纹为主。春秋战国以后，铜镜纹饰题材开始异常丰富，并且出现了一些特殊工艺技法，如涂朱绘彩、金银错、复合透雕等。齐家文化至商周时期简拙古朴的铜镜风格，经过春秋战国时期的纹饰创新和工艺修饰已臻美轮美奂的境地。特别是战国时期，中国社会处于剧烈变革的时代，生产力得到了迅速发展，文化艺术空前繁荣。此时，商周以来青铜器中占主导地位、具有等级象征的礼乐之器逐渐衰落，而铜镜作为起源于神权礼器的一类工艺品，由于逐渐贴近贵族阶层的生活，而在思想文化艺术大繁荣的背景下得到了空前发展。在经济发展和人本主义思想的冲击下，"学在官府""器在官府"的格局随之改变。至战国时期，铜镜至少在统治阶层中作为实用器物已经普遍使用了，所以铜镜以与社会、阶层、家庭、个人生活密切相关的实用价值和艺术价值，成为新时期社会大解放和思想大解放的优良产物，显示出欣欣向荣的景象。古文献中就记载了许多关于战国时期使用铜镜的记载，如《韩非子·现行篇》"古之人目短于自见，故以镜观面"；《楚辞·九辩》"今修饰而窥镜兮"；《战国策·齐策》"朝服、衣冠窥镜"。

春秋战国时期的铜镜在纹饰表现方面以几何纹、植物纹、动物纹为主。动物纹中以蟠龙、凤鸟等神话动物为主。如蟠龙（凤）纹镜，龙或凤身躯蟠绕，勾连交错，或与几何纹、植物纹有机地融为一体，配以羽状纹、云雷纹等地纹的映衬，显得繁缛复杂、神秘诡谲，如本书所录TJ0062菱纹间隔三蟠龙纹镜、TJ0077分区式瑞兽三龙持栏纹镜，其纹饰组合至今让人捉摸不透。在出奇诡幻的楚汉浪漫主义思潮涌动的影响下，此时的铜镜纹饰奇丽精美，充满了浪漫美感，显示出一种惊采绝艳、神秘诡幻的艺术风格。

一、战国铜镜的地域划分

战国时期有齐、楚、燕、韩、赵、魏、秦七雄，它们割据一方。按照战国时代考古文化分区，三晋两周地区范围大体即黄河中游地区；燕国有今河北大部及辽东的一部分；楚国在长江中游地区，江汉平原至洞庭湖区域；秦国在泾渭流域、关中地区。楚国主要有素镜、弦纹镜、山字纹镜、花叶纹镜、曲折雷纹镜、连弧纹镜、连弧龙（凤）纹镜、祥云纹镜、瑞兽纹镜、羽状纹镜、几何纹镜等。秦国主要有素镜、弦纹镜，秦统一后又有龙凤纹镜和狩猎纹镜。三晋地区主要有素镜、瑞兽纹镜、狩猎纹镜。齐国有龙凤纹镜、嵌松石云雷纹多钮镜。巴蜀地区有弦纹镜、羽状纹镜。辽宁朝阳十二台营子属东胡墓出土了云雷纹三钮或四钮的多钮镜。

二、战国铜镜的形制特点

1. 形状

多为圆形，也有少数方形镜。铜镜直径一般100毫米～200毫米（本书所录部分战国铜镜在此常规数值之外）。厚度一般1毫米～8毫米。战国铜镜早期至晚期的一般发展规律是：直径由小到大，厚度由薄到厚。

2. 镜钮

主要有弦纹钮、桥形钮和镂空钮。弦纹钮是战国铜镜的重要特征之一，它的形式为桥形钮背上饰有一至三道凸起的弦纹。镂空钮的上部是圆柱状鼻钮，下部为倒扣置半圆形镂空花纹钮座，这种钮制也是战国所独有的。另外，TJ0073、TJ0065号铜镜分别为龙纹钮和伏兽钮，十分罕见；还有TJ0066号铜镜，桥形钮上饰有类似眼睛的纹饰，首见于战国铜镜镜钮之上。

3. 钮座

战国铜镜除素镜、多钮镜等少数镜类无钮座外，其余皆有钮座。钮座一般为圆形或方形，战国晚期出现了连弧纹钮座。

4. 镜缘

主要有两种形式，一种是平缘，又分素平缘（如TJ0002）和内向连弧纹平缘（如TJ0081、TJ0082）。另一种是素卷缘，又分低卷缘和高卷缘，常见于战国铜镜。

三、战国铜镜的纹饰特点

战国铜镜的纹饰，明显地追求繁缛。纹饰大多布满镜背主题纹饰区，并多采用浅浮雕、罕见的透空雕等技法处理。一般都铸有精细的地纹，主要有云雷纹、羽状纹等。这一时期，一些特殊工艺开始用于镜背纹饰，如彩绘、金银错、复合透雕、镶嵌琉璃（如TJ0004镂空复合龙纹镜，镶嵌的绿松石已脱落）等。

第一节　战国早期龙纹镜

战国时期是中国古代铜镜由稚朴走向成熟的过渡阶段；也是铜镜的铸造中心由北开始向南迁移的重要时期。战国早期的铜镜风格，既继承了早期铜镜（指齐家文化到春秋以前的铜镜）的传统，又有了许多重要的发展，一改早期铜镜纹饰仅用阳线勾勒，构图简朴的手法，精密繁缛的纹饰迅速涌现。从纹饰的表现形式上看，战国早期的铜镜已赶上了青铜器的发展步伐，这为战国铜镜的大发展奠定了基础。TJ0001交龙纹阳燧镜、TJ0002贝纹边饰交龙纹镜、TJ0091瑞兽龙纹小手镜，在纹饰方面均体现出战国早期铜镜的典型特征。如绚纹、贝纹、简单的珠点地纹、粗疏不规则的S形地纹等青铜器上常见的纹饰在这几面铜镜上的表现，说明铜镜大发展、大繁荣的时代还未到来，战国时期创新的纹饰风格还未彻底形成，特有的铜镜纹饰还未真正走向流行趋势，铜镜上的很多纹饰仍借鉴青铜器纹饰来作为装饰图案。但与早期铜镜相比，其在铸造方式、纹饰布局、纹饰内容方面已经发生了本质变化，如勾连缠绕的龙纹、环绕式的布局、纹饰分区的艺术构思等。所以从这几面铜镜上我们依稀可以看到早期铜镜向欣欣向荣的战国铜镜发展过渡的步伐。

相关链接：

　　阳燧是古代先人的取火之器，是中华民族的伟大发明创造，是四千年铜镜文化的重要组成部分。《周礼·秋官·司氏》载："掌以夫燧取明火于日。"夫燧，也即阳燧。在周代宫廷中，还专门设取火官员，称作司氏。这指的就是古人以燧取火的活动。阳燧这种神秘诡异的取火效应，在当时的祭祀场合中产生了极大的宗教色彩。[1]

TJ0001　交龙纹阳燧镜　战国

直径77毫米　厚5毫米　重142克

　　此镜遍布纹饰面上那些"逗号"状的凹槽，在当时是镶嵌绿松石等装饰物的，虽已脱落，但依然可以想象此镜当时雍容华贵的本色及尊贵显赫的地位。这类纹饰的铜镜于1965年山西长治曾有出土[2]，阳燧背部的交龙纹常见于同时期的青铜器，如河南三门峡上村岭M5出土的方罍[3]。

---

[1] 朱启新《古人取火之器》，《中国文化画报》2011年第3期。

[2] 边成修《山西长治分水岭126号墓发掘简报》，《文物》1972年第4期第43页。

[3] 河南省博物馆《河南三门峡市上村岭出土的几件战国铜器》，《文物》1976年第3期第52页。

纹饰亮点：

　　三回首的龙纹勾连交错，体躯作蜷曲状，昭示着战国时期勾连交错、连绵不断、气韵生动的蟠龙纹装饰特征即将程式化。

TJ0002　贝纹边饰交龙纹镜　战国

直径100毫米　厚2毫米　重116克

　　此镜镜钮即为见于春秋战国早期的桥钮，时间略早于战国时期常见的弦纹钮。此镜部分纹饰借鉴了春秋中期末至晚期的青铜器纹饰，如其上的绹纹和贝纹见于洛阳中州路M2717出土的102号鼎①，上海博物馆藏的鸟兽龙纹壶也饰有此种纹饰②。

① 中国科学院考古研究所《洛阳中州路（西工段）》第92页，科学出版社1959年版。
② 中国青铜器全集编辑委员会《中国青铜器全集8》图65，文物出版社1995年版。

TJ0091　瑞兽龙纹小手镜　战国

直径67毫米　厚1毫米　重35克

　　此镜瑞兽纹为三似龙瑞兽及一只鸟头兽身状瑞兽。四只瑞兽的形体显得稚朴可爱，更具卡通造型特征。粗犷豪放的构图体现出人们思想意识的解放，在自由创作的意识下开启了欣欣向荣的铜镜风格新局面。

相关链接：

在美不胜收的战国铜镜中，镂空镶嵌复合镜当属翘楚。它以诡异的纹饰、精湛的铸造技术、高超的复合工艺而格外为世人所重视。"复合"是指镜面和镜背分铸后的合成；"镂空"是指镜背上的纹饰是透空的，复合镜的镜背形式之一。关于透雕纹饰的制作工艺，此前学者多认为乃失蜡法铸造，对此有学者提出了疑义[1]；另有学者通过实验认为，部分青铜器的透雕附件可用泥范铸造[2]；董亚巍先生通过实验研究认为，焊接技术在战国时期已经相当成熟，透雕附件亦可焊接而成[3]。

TJ0018　复合空镂几何纹镶嵌镜　战国
直径105毫米　厚5毫米　重165克

此镜整体纹饰线条流畅连贯，镜钮周围的四个圆形凹槽内原应镶嵌绿松石，整体铸造极尽考究之能事。日本千石唯斯藏有一镜，与此镜工艺、纹饰、尺寸完全相同[4]。

---

[1] 周卫荣等《中国青铜时代不存在失蜡法铸造工艺》，《江汉考古》2006年第2期。
[2] 王金潮《泥范法复原许公宁透空蟠虺纹青铜饰件研究》，《南方文物》2008年第4期。
[3] 董亚巍等《再探曾侯乙尊盘的铸造工艺》，《中原文物》2008年第1期。
[4] 中国青铜器全集编辑委员会《中国青铜器全集16》图16，文物出版社1998年版。

第二节　战国"山"字纹镜

　　"山"字纹镜是楚镜中最独特的镜种，也是最常见的镜种，其出土量占楚镜总数的70%～80%[①]，为战国铜镜中的大类。关于"山"字纹的寓意，清人梁廷枏《藤花亭镜谱》中认为"刻四山形以像四岳，此代形以字"；日本学者驹井和爱在《中国古镜的研究》中也提出，山字在金文中作" "或" "形，秦汉以后与今天的山字几乎没有变化。山在中国古代往往与不动、安静、养物等观念结合在一起。因此在铜镜上使用山的图形表示山字，如同福、寿、喜等字一样，含有强烈的吉祥意味[②]。还有学者认为，"山"字即为自然界中山的代表，表达了古人对山的崇拜[③]；梁上椿认为山字纹"似亦为兽纹之一部所变换"[④]。有学者进一步认为，山字纹镜的寓意与战国时期中山国的"山"字形青铜器一样，是古人通过对山的崇拜以祈求保佑的象征[⑤⑥]。国外学者往往称这种铜镜为"T"或"丁"字纹镜。20世纪80年代以来，国内一些学者提出铜镜上的山字纹是由商周青铜器上的勾连雷纹演变而来（图1）[⑦]，认为山字纹截取了勾连雷纹的基本构图，但作了结构性的改变，成为一种新颖的几何形纹饰[⑧]，这一观点基本上解决了山字纹镜的渊源问题[⑨]。另外，《古镜今照——中国铜镜研究会成员藏镜精粹》一书中所录019号变异四山纹镜[⑩]，"山"字竖笔画中间又伸出一横，显然和"山"字没有任何关系，而为商周青铜器上勾连雷纹的变形（图2）。

图1　商代晚期肉辛方鼎腹部缩饰的勾连雷纹

图2　变异四山纹镜

　　山字纹镜绝大部分为圆形，偶见方形四山镜；钮座有方有圆，钮座外饰羽状地纹；地纹上规律排列三至六个"山"字纹。"山"字有左旋、右旋两种；从"山"字的数量上看，分为三山、四山、五山、六山四种，尤以三山纹镜、六山纹镜为少见，五山纹镜稍多，而四山纹镜数量比其他三者的总和还要多。

① 湖南省博物馆《湖南出土铜镜图录·湖南出土铜镜概述》第7页，文物出版社1960年版。
② 驹井和爱《中国古镜的研究》第73页，岩波书店1953年版。
③ 宋康年《战国山字镜的探析》，《文物鉴定与鉴赏》2011年第9期。
④ 梁上椿《岩窟藏镜（一）》第7页，1940年版。
⑤ 程如峰《从山字纹说楚伐中山》，《江淮论坛》1981年第6期。
⑥ 王峰均《山字镜初探》，《考古与文物》2001年第1期。
⑦ 孔祥星、刘一曼《中国古代铜镜》第35页，文物出版社1984年版。
⑧ 陈佩芬《上海博物馆藏铜镜·概论》第3页，上海书画出版社1987年版。
⑨ 马今洪《上海博物馆藏铜镜综论》第14页，上海书画出版社2005年版。
⑩ 浙江省博物馆《古镜今照——中国铜镜研究会成员藏镜精粹》第41页，文物出版社2012年版。

四山纹镜

本书所录四山纹镜可分四式。

Ⅰ式：地纹为细密的羽状纹，主纹为四山字纹。山字的下边一横均与方钮座四角相对，如
　　　TJ0006、TJ033，山字纹均左旋。

Ⅱ式：钮座四角各伸出一桃形叶片，叶尖微微翘起，并有狭带向上伸展，靠近边缘处再各连
　　　接一个相同的桃形叶片，这样就将镜背分成四等份，山字纹均匀地分布在每一等份内。
　　　四个山字均左旋，每一山字中间一竖顶住镜边，其余两竖之顶端各有向里转折的尖角。
　　　地纹为羽状纹，如TJ0007、TJ0035。

Ⅲ式：地纹与主纹同于上式。不同的是从钮座四角伸出的连贯两桃形叶瓣均与一棒槌形叶片
　　　以植物茎纹相连。山字纹以左旋居多，如TJ0012(b)、TJ0038(ab)、TJ0040、TJ0042，右
　　　旋较少。

Ⅳ式：主纹为右旋四山字纹和四兽相间环列，一兽似犬作缓步轻移状，竖耳垂尾；三兽似鹿，
　　　作回首屈肢状，如本书所录TJ0031(ab)。

TJ0033　**羽状地纹四山镜**　战国

直径112毫米　厚6毫米　重193克

TJ0006　羽状地纹四山镜　战国
直径120毫米　厚5毫米　重220克

TJ0007　花瓣纹四山镜　战国
直径94毫米　厚4毫米　重97克

　　1954年，湖南长沙仰天湖战
国墓M25出土一面铜镜与此镜纹
饰相同，直径116毫米。①

①湖南省博物馆《湖南出土铜镜图录》第39页，文物出版社1960年版。

TJ0035　花瓣纹四山镜　战国
直径123毫米　厚5毫米　重199克

　　1958年10月，鄂州市鄂钢544工地第1号墓出土一面四山镜与此镜纹饰完全相同，直径95毫米。①

① 鄂州市博物馆《鄂州铜镜》第3页图7，中国文学出版社2002年版。

TJ0039(ab) 花叶纹四山镜 战国

直径158毫米 厚5毫米 重241克

TJ0040　花叶纹四山镜　战国

直径165毫米　厚5毫米　重315克

1957年，长沙冬瓜山战国墓M1出土四山镜与此镜纹饰雷同，直径160毫米。[1]

───────────

[1] 湖南省博物馆《湖南出土铜镜图录》第41页，文物出版社1960年版。

相关链接：

高至喜《论楚镜》一文对山字纹镜的断代及发展规律作了这样的论述："先有较小的羽状地纹山字镜，到战国中期开始变化，先在钮座四周加上四叶，再在山字之间加一叶，然后又在山字一侧加一叶，共达十二叶……后来这些令人眼花缭乱的变化，大概始于战国中期后段，延续到战国晚期。[1]"从这个发展规律来看，此镜应为战国中期以后的楚式镜。

TJ0041 花叶纹四山镜 战国[1]

直径185毫米 厚7毫米 重467克

---

[1] 高至喜《论楚镜》，《文物》1991年第5期。

TJ0012(b)　花叶纹四山镜　战国

直径167毫米　厚6毫米　重364克

　　浙江省博物馆编《古镜今照——中国铜镜研究会成员藏镜精粹》015号藏品与此镜纹饰完全相同。[1]

――――――――――

① 浙江省博物馆《古镜今照——中国铜镜研究会成员藏镜精粹》第33页，文物出版社2012年版。

相关链接：

　　同一个镜模上夯制出许多的镜范后，镜范经阴干、焙烧成陶范，再用这些相同的陶范浇铸出许多相同的铜镜，我们把这些尺寸一样、纹饰相同的铜镜称为同模镜。铸镜的作坊将同一模铸出的一批完全相同的铜镜产品投入市场，被卖到千家万户而各自东西南北，再次相遇的机会很小。经过近两千年，这批铜镜中的两面完全相同的同模镜相遇到一处的机会更微乎其微了。[①] 本书所录TJ0042即为两面战国时期的同模镜。

TJ0042　花叶纹四山镜（同模一对）　战国

直径185毫米　厚6毫米　重475克

---

① 徐美华、董子俊《古镜中的同模镜》，《收藏家》2005年第2期。

TJ0042 花叶纹四山镜（同模一对） 战国

直径185毫米 厚6毫米 重480克

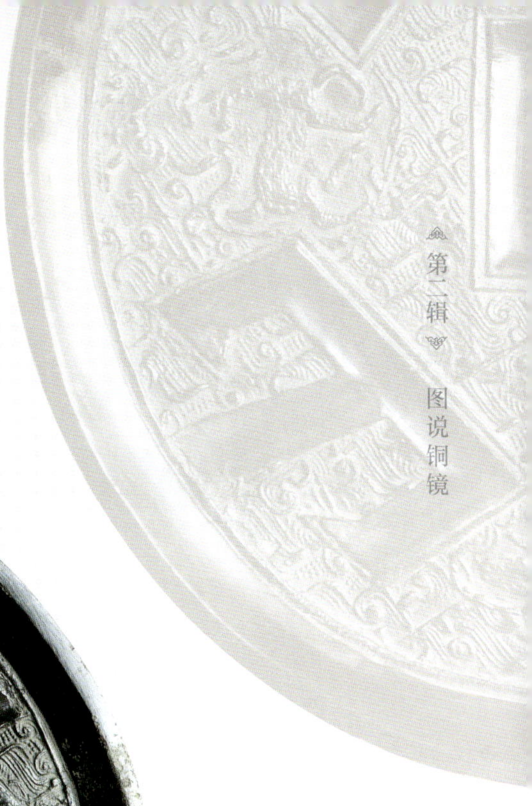

纹饰亮点：
　　此类镜四山四瑞兽的题材稀少。
亮点介绍：
　　四山纹镜以四兽相间的极为少见，为战国时期的大名誉品种。

TJ0031(ab)　四山四瑞兽纹镜　战国

直径165毫米　厚7毫米　重438克

　　此镜纹饰繁缛秀丽，新颖别致，线条纤毫毕现。上海博物馆藏有一面四山四瑞兽纹镜，直径164毫米[1]，唯其圆形钮座与此镜有别。从此镜的纹饰表现上可明显看出，此镜是用印模法（关于印模法本书第70页有论述）印出陶范上的地纹，用范泥条贴出圆弧状凸起的四山纹及镜缘，用兽形印模在陶范上压出四瑞兽纹，待浇铸后就形成凹弧形的四山纹和镜缘，以及凸起的四瑞兽纹，然后再加工磨砺[2]。

---

[1] 中国青铜器全集编辑委员会《中国青铜器全集16》图23，文物出版社1998年版。
[2] 陈佩芬《略论楚镜的铸造技术》，上海博物馆《练形神冶，莹质良工——上海博物馆藏铜镜精品》第31页，上海书画出版社2005年版。

TJ0049KT　花瓣纹五山镜　战国

直径268毫米　厚7毫米

五山纹镜

　　本书所录五山纹镜，地纹均为羽状纹，主题纹饰为五"山"字纹，因比四山纹镜多一"山"字纹，所以在构图上与四山纹镜有别，打破了四山纹镜那种对称的格式，呈环转式排列，如本书所录TJ0044。有的五山纹镜，在钮座外伸出五个翘角花瓣，各山字纹一边的延长线与另一山字纹的底边相接，形成一个围绕钮座的不规则五角星形，五片桃形叶瓣正好对着五角星的内角，如所录TJ0045(b)、TJ0046。本书所录TJ0018花瓣纹五山镜，在主题纹饰五山字纹之间饰有以植物茎纹相连的类似枫叶的纹饰也较为少见。

TJ0044　羽状地纹五山镜　战国

直径120毫米　厚5毫米　重246克

　　1954年长沙月亮山战国墓M15出土的羽状纹地五山镜与此镜纹饰完全相同，直径126毫米。①

---

① 湖南省博物馆《湖南出土铜镜图录》第43页，文物出版社1960年版。

TJ0046　花瓣纹五山镜　战国[1]

直径130毫米　厚6毫米　重288克

故宫博物院藏有一面五山镜与此
镜纹饰完全相同，直径113毫米。[1]

TJ0045(b)　羽状地纹五山镜　战国

直径128毫米　厚5毫米　重233克

---

① 故宫博物院《故宫藏镜》第23页，紫禁城出版社2008年版。

TJ0048　花瓣纹五山镜　战国

直径165毫米　厚5毫米　重331克

1958年湖南常德德山战国墓M7出土一面羽状地纹五山镜与此镜纹饰相同，直径190毫米。①

———————————

① 湖南省博物馆《湖南出土铜镜图录》第44页，文物出版社1960年版。

印模法在战国铜镜上的体现

　　本书所录TJ0020（ab）—1对鸟纹镜和TJ0019（ab）羽鳞纹镜的纹饰上呈现出明显的范线，这突出反映了战国时期在铜镜铸造技术方面的一大进步，即印模法的广泛应用。关于此方法的运用，山西侯马晋国铸铜遗址出土的很多陶模可为例证。在细腻的泥模上用铜质或骨质刻刀雕刻出整个纹饰的一部分，此即印模。再将这段印模翻制出若干块纹饰范，经过拼接，就可得到所需的完整纹饰。这一方法省工省时又便于操作，而且效果很好[1]。这种新技法的出现也是在当时市场激烈竞争的条件下，商家们为降低成本，提高质量，增加效益而进行的技术创新变革。

纹饰亮点：
　　此类羽翅、鳞片、利爪掺杂的纹饰在铜镜上运用较少。

TJ0019(ab)　羽鳞纹镜　战国
直径123毫米　厚5毫米　重235克

　　此类纹饰在铜镜中运用较少，整体给人一种庄重、神秘之感，同类纹饰铜镜可见日本泉屋博物馆的一面方镜[2]；亦可参照《古镜今照——中国铜镜研究会成员藏镜精粹》第10号铜镜。[3]

① 陈佩芬《略论楚镜的铸造技术》，上海博物馆《练形神冶，莹质良工——上海博物馆藏铜镜精品》第31页，上海书画出版社2005年版。
② 泉屋博物馆编《泉屋博古·镜鉴篇》第9页图1，2004年版。
③ 浙江省博物馆编《古镜今照——中国铜镜研究会成员藏镜精粹》第22页，文物出版社2012年版。

纹饰亮点：

　　每一单元格内
两只夸张变形的禽
鸟相对。

TJ0020(ab)　对鸟纹镜　战国

直径120毫米　厚4毫米　重235克

第三节　战国曲折雷纹镜

　　本书所录 TJ0030、TJ0029、TJ0028 三面铜镜，地纹均为羽状纹，主纹以较宽的凹面磬形宽带为栏，交错相叠，形成对称的菱纹或磬形纹，并将镜背分割为若干块，单位空间内或无纹或装饰有花卉纹。目前学术界惯称此类镜为"折叠菱纹镜"，也有学者称之为"方连纹镜"①。还有学者依据此类镜的纹饰表现将其分为"形状式""叠状式"与"框状式"菱纹镜②。我们结合此类镜主题纹饰的综合特征，在此称之为"曲折雷纹镜"。因为此类镜的主题纹饰为凹面磬形宽带，与山字纹一样，是战国时期盛行的曲折雷纹的又一种变体。它来源于青铜器上的勾连雷纹，再根据铜镜圆形的特点，加以改变，在图案设计中，成为与镜型相配的曲折雷纹这种"适合纹饰"。这类纹饰的铜镜也与山字纹镜的时代相当或稍晚。此类纹大体流行于战国晚期③。

战国早期勾连雷纹鼎腹部缩饰勾连雷纹

　　本书所录曲折雷纹镜分为Ⅲ式：

Ⅰ式：地纹为羽状纹，以较宽的凹面磬形宽带为栏，交错相叠，并将镜背分割成若干块，其内填以羽状地纹。中心的一块绕钮饰一朵四瓣花，如 TJ0030。

Ⅱ式：用较宽的凹面磬形宽带为栏，交错相叠，形成对称的菱纹，并将镜背分割为九块，中心和与其相接的四个空间中均饰一朵四瓣花，其余四小空内仅饰一花瓣，如 TJ0029。

Ⅲ式：羽状地纹，主题纹饰为以凹面的磬形宽带交错相叠，形成对称的四菱形格，四菱形格间又有磬形宽带相连贯，如 TJ0028。

①湖南省博物馆《湖南出土铜镜图录·湖南省出土铜镜概述》第8页，文物出版社1960年版。
②邓秋玲《论楚国菱形纹铜镜》，《南方文物》1996年第2期。
③上海博物馆《练形神冶，莹质良工——上海博物馆藏铜镜精品》第84页，上海书画出版社2005年版。

纹饰亮点：
　　此镜仅以磬形凹面宽带交错相叠的纹饰布局在同类镜中极为少见。

TJ0030　对称曲折雷纹镜　战国

直径130毫米　厚7毫米　重292克

TJ0029 对称曲折雷纹花卉纹镜 战国

直径135毫米 厚5毫米 重260克

　　1955年，长沙廖家湾战国墓M38号出土一面与此镜纹饰完全相同的铜镜，直径120毫米[1]；同样纹饰的铜镜在长沙湖桥第25号楚墓亦出土一面[2]。

---

[1] 湖南省博物馆《湖南出土铜镜图录》第46页，文物出版社1960年版。
[2] 高至喜《论楚镜》，《文物》1991年第5期第46页。

TJ0028　曲折雷纹镜　战国

直径113毫米　厚5毫米　重169克

1954年，长沙南门广场M3战国墓出土一面铜镜与此镜纹饰完全相同，直径123毫米。[①]

① 湖南省博物馆《湖南出土铜镜图录》第47页，文物出版社1960年版。

第四节　战国羽状地纹花叶（瓣）纹镜

相关链接：

　　羽状纹是变形兽纹的一种，在春秋晚期和战国早期的青铜器上曾风行一时。这种纹饰作地纹，精细而复杂，能达到纤毫可辨的程度，可见战国铸镜技术之精湛，在地纹的塑造中采用了先进的印模法工艺。[1]

　　本书所录三面羽状地纹花叶（瓣）纹可分三式：

春秋晚期羽翘纹壶腹部缩饰的羽翘纹

Ⅰ式：地纹为凸起羽状纹横竖排列整齐，钮座外方框四边中部各出一桃形叶纹，叶脉纹清晰可见。如TJ0023。

Ⅱ式：地纹为变形羽状纹，结构显松散。花叶纹饰较大，如TJ0026。

Ⅲ式：与Ⅰ式纹饰雷同，只是钮座外方框四边中部伸出的花瓣纹较小，且无清晰的叶脉纹，如TJ0022。

纹饰亮点：

　　以逼真写实的手法将植物纹表现在铜镜纹饰中，此或为较早的实物之一。它与商周时期"叶脉纹镜"在纹饰造型上截然不同，更加写实。

TJ0023　羽状地纹花叶纹镜　战国

直径128毫米　厚6毫米　重267克

　　1954年，长沙月亮山M18战国墓出土一面与此镜纹饰完全相同的铜镜，直径122毫米。[2]

① 湖南省博物馆《湖南出土铜镜图录》第33页，文物出版社1960年版。

② 上海博物馆《练形神冶，莹质良工——上海博物馆藏铜镜精品》第88页，上海书画出版社2005年版。

TJ0026　羽状地纹花叶纹镜　战国

直径88毫米　厚5毫米　重88克

TJ0022　羽状地纹花瓣纹镜　战国

直径99毫米　厚5毫米　重126克

纹饰亮点：

云纹取材于青铜器上的云雷纹（圆形的连续构图，称为"云纹"；方形的连续构图，称为"雷纹"）。云纹镜发现的数量很少，这种以纯云纹装饰铜镜的做法较为罕见，其上的云纹与2008年北京奥运会之祥云火炬上的纹饰极为相似（见左图）。

TJ0027　祥云纹镜　战国
直径140毫米　厚6毫米　重222克

此镜版模精细，细密的云纹纤毫毕现，排列有序，体现了当时铜镜铸造纤美细腻的审美风格。1952年，湖南长沙年嘉湖896号墓出土一面铜镜与此镜纹饰完全相同。[1]

① 湖南省博物馆《湖南出土铜镜图录》第35页，文物出版社1960年版。

第五节　战国花卉纹镜

　　战国时期，植物纹在铜镜纹饰中的广泛运用，开启了铜镜装饰纹样的一种新风尚，在花叶纹镜、花瓣纹镜的基础之上，具有创新意识的铜镜工艺美术大师们又创造出了更为精美、复杂、繁缛、写实的花卉纹镜。战国铜镜纹饰纤美细腻的审美风格在本书所录这两面稀有的花卉纹铜镜中表现得更加淋漓尽致。

纹饰亮点：

　　从钮座四角向外伸出四竹叶状长叶片，方框四边外对应四组花卉纹，花卉纹由凹面形的花蕊和四片桃形叶瓣组成，花蕊部原应镶嵌有松石或其他装饰物，此镜档次之高从此依稀可见。整体纹饰以细密的勾连雷纹为地纹。主纹与地纹皆非常清晰，并形成疏密有致的视觉表现效果。

TJ0025　云雷地纹花卉纹镜　战国

直径103毫米　厚2毫米　重72克

TJ0024 **祥云地纹异版花卉纹镜** 战国

直径105毫米 厚5毫米 重98克

纹饰亮点：

花卉纹的造型极为少见。

亮点介绍：

主题纹饰为四朵极富装饰艺术效果的花叶纹对称分布镜钮四方。花叶呈桃形，花瓣翻卷，两条花蕊细长，上升后向下卷曲。整体花卉造型貌似代表吉祥寓意的羊的造型，卷曲的花瓣巧妙地形成羊的双眼，上卷的花蕊犹如羊卷曲的双角，代表着吉祥寓意。

第六节　战国四蟠纹镜

TJ0011(ab) **羽状地纹四蟠纹镜**　战国

直径166毫米　厚6毫米　重350克

　　1952年，湖南长沙斗笠坡744号战国墓出土一面涂朱砂的兽纹镜，十分罕见，可作参照。^①

---

① 湖南省博物馆《湖南出土铜镜图录》第51页，文物出版社1960年版。

TJ0090　羽状地纹四螭纹镜　战国

直径163毫米　厚6毫米　重315克

南阳市一中436号战国墓出土铜镜与此镜纹饰完全相同。[1]

---

[1] 南阳市文物考古研究所《南阳出土铜镜》第21页图32，文物出版社2010年版。

试论战国四蜼镜

战国时期的四蜼镜皆圆形，弦纹钮，圆钮座，座外一周宽凹面环带。主题纹饰为细密的羽状地纹上四只同形长尾瑞兽，皆长吻，圆睛，仰视上方，双耳后抿，右前爪抓住前一只尾部，左前肢伸至镜缘内侧，左后肢踏于钮座外侧，右后肢与长尾相触。此类纹饰题材的铜镜在战国并不少见，形成了一个特有的铜镜类别。我国学术界长期以来一直称这类铜镜为"战国四兽镜"。那么，这究竟是什么兽呢？管维良先生在《中国古代铜镜史》一书中将这类铜镜称为"四蜼（wěi）镜"[1]，初次提出了对此类铜镜更确切的称谓，即此镜上的兽为'蜼'。本文我们就所掌握的资料对"蜼"这一称谓进行分析。《汉语大词典》中解释：蜼，一种体形较大的长尾猴，黄黑色，尾长数尺。

《山海经》中记载了一种名为蜼的动物。《中山经》鬲山、《海外南经》狄山、《海内西经》昆仑山都有蜼的身影。郭璞注曰："蜼似猕猴，鼻露上向，尾四五尺，头有歧，苍黄色。雨则自悬树，以尾塞鼻孔，或以两指塞之。"

《岭外代答》：深广山中有兽似豹，常仰视，天雨则以尾室鼻，南人呼为倒鼻鳖。捕得则寝处其皮，士夫珍之以藉胡床，今冕服所画蜼是也。夫兽能以尾室鼻御雨，斯亦智矣，其登于三代之服章，厥有由哉！

结合以上所述，我们再来看此类镜上的兽形，似猴，长尾，而且两则资料都注明蜼为黄色，常仰视。结合动物学方面的观点，我们认为文献所描述的应该是动物学中灵长类的长尾猿。那么蜼是不是就是今天我们所说的长尾猿呢？蜼在古人心目中又具有什么样的意义呢？我们以为毫无意义的动物纹饰是不会如此频繁地出现在铜镜上的，因为所有民俗类别中对镜的运用，都是有思想信仰支柱的，那就是相信镜的光明，无所不照的本性，能给人类带来吉祥，驱走一切黑暗妖魅。所以，这类镜必定代表了人们的一种祈求吉祥的愿望。

远古先民与动物朝夕相处，视动物为朋友，对动物的观察也细腻入微。在我们的本土文化中，依稀还能窥见人类与蜼（长尾猿）的亲密关系以及人类对长尾猿的崇敬。长尾猿形体上的特点，暂且不表，重要的是，其鼻上勾，遇雨，便将身躯悬于树枝上，用尾巴将鼻孔塞住。人们在长久的观察中，掌握了长尾猿这一本属于生物性的习性，而且将其移位到人文领域里来，看作是雨水的象征。于是古人只要提到蜼的时候，便知道其所指是雨、祈雨、下雨，而雨水，对于靠天吃饭的农耕社会来说，自是至关重要的。宋代有一位名为罗愿（1136—1184年）的方志学家，撰写了一部《尔雅翼》。他在这部书里说："古者有蜼彝，画蜼于彝，谓之宗彝。又施之象服，夫服器必取象，此等者，非特以其智而已，盖皆有所表焉。夫八卦六子之中，日月星辰可以象指者也，云雷风雨难以象指者也。故画龙以表云，画雉以表雷，画虎以表风，画蜼以表雨。凡此皆形著于此，而义表于彼，非为是物也。"他所说的"形著于此，而义于彼"，就是我们今天所说的"象征"。

---

[1] 管维良《中国铜镜史》第39页，重庆出版社2005年版。

据文献记载，蜼在周代便进入了天子的衣饰和高贵的祭礼。古时的礼器中有宗彝一类。刻有蜼纹的彝器，名曰"蜼彝"，被认为是智慧的象征。《周礼·春官·司尊彝》曰："凡四时之间祀、追享、朝享，裸用虎彝、蜼彝，皆有舟。"郑锷注曰："先儒谓虎者，西方之义兽。蜼似猕猴而大，其鼻上勾，雨则自垂于树，以尾塞鼻，盖兽之智也。……刻以蜼，以其智也。黄氏曰：亦画蜼为饰也，虎彝则画虎也。"在彝器上刻画蜼的形象，以象征智慧，以象征被祭祀的神灵或祖先是智者，想必来源于蜼在遇雨时把尾巴塞到鼻孔里去避雨这一如人甚至超人的智慧。

由此可以看出蜼在铜镜上的出现有其必然性，因为古人赋予了它表达美好愿望的意涵——祈雨。君不见古人为了祈雨而献身，上演过多少有声有色的人间悲剧！由此，进一步引申出"蜼"表征着智慧，这在"国之大事，在戎在祀"崇尚祭祀的社会里具有深刻的影响和社会现实意义。所以它是当时华夏民族看重的神圣崇拜物，甚至是当时或过去的图腾物，足见人们关于蜼的观念和对蜼的重视。自周以来，这些图像的象征性，以及它们背后所遮蔽的文化内涵，对我们现在的人来说，也许并非都能"意会"得到，但在当时的人们来看，却是人人都可以"意会"的，所以，蜼反映在铜镜上是必然的。因为各类民俗中用镜的共同基点是镜有灵性，能驱邪求吉，这是镜与民俗结合并获得巨大发展的根本。镜为什么能够有这种灵性呢？刘艺《镜与中国古代文化》一书中这样阐述："人之所以为人，就是因为人有认识，人类有了认识的能力就会去认识自我，认识他人，并认识社会。而镜正是应人类认识自我的需求而诞生的，人们能看到世界上的山山水水，却看不到自己，镜正能帮助人们观照自身。"可以说，人类认识发展的需要，是镜产生的原动力。然而人类的认识虽然有了发展，能广泛认识一切，包括自我之需要，其认识水平终究还十分低下。人们认识不到物我的绝对差别，于是人及万物都有了灵魂。为了这灵魂信仰，人们于是寻找到巫术来解决物我之间的关系。人们当时所能达到的思维水平，仅仅是巫术思维，在这种思维下观照镜，它既然能助人观照自身，也应能助人照见一切人眼难以看见的事物，如灵魂、妖魔等。因此镜在人们的认识中被神异化了。这造成了人们在社会生活中大量在非照容意义上用镜，并由此形成强大的民俗。所以，所有民俗类别中对镜的运用，骨子里都是有思想信仰支柱的，镜能给人类带来吉祥[1]。"蜼"象征着雨，它与具有灵性的、能给人们带来吉祥的镜子相结合，无疑表达了农耕社会，靠天吃饭时期，人们一个希望雨水充足，庄稼有个好收成的愿望，以及统治者希望五谷丰登，国泰民安的希望；同时"蜼"进一步引申为智慧的象征，表达了人们对智慧的崇拜，祭祀时对祖先或神灵智慧的颂扬，对依靠自身能力和智慧改造自身环境的期望。

所以，综合以上两个方面的讨论，我们认为：

（1）文献所记载的"蜼"的形状与此镜中的瑞兽形态皆具备似猴，长尾，常仰视的特征；

（2）古人赋予"蜼"的意义：祈雨意愿的表达，进一步引申为对智慧的崇拜。

所以，我们以为此类镜纹饰中我们惯称的兽即"蜼"；此镜称之"四蜼镜"，是古人将"祈雨"和"智慧崇拜"的愿望寓情于镜的作品。

---

[1] 刘艺《镜与中国传统文化》，巴蜀书社2004年版。

第七节　战国四瑞兽纹镜

　　本书所录TJ0009(ab)、TJ0008(ab)、TJ0013(ab)，均与四蟠镜纹饰风格类似，主题纹饰用凸线条组成，像国画中的勾勒法，用强而有力的线条勾出图案的主要外形。湖南长沙还出土过更多类型的此类纹饰风格的铜镜[1]。由此可以看出战国时期用这种方式塑造主题纹饰的铜镜纹饰题材变化多端，因而使此类纹饰风格的铜镜显得丰富多彩。另外，用纯熟流利的线条勾出轮廓的勾画方法，也是前所未见的。因此，这是战国镜中的新颖图式[2]。

纹饰亮点：
　　四凤环绕的纹饰在同类镜中极为少见。

TJ0009(ab)　**羽状地纹四凤纹镜**　战国

直径145毫米　厚6毫米　重196克

① 湖南省博物馆《湖南出土铜镜图录》第52、53、54、55页，文物出版社1960年版。
② 上海博物馆《练形神冶，莹质良工——上海博物馆藏铜镜精品》第88页，上海书画出版社2005年版。

纹饰亮点：

　瑞兽长尾
上卷似海鼠状，
兽身饰粟粒纹。

TJ0008(ab)　羽状地纹四瑞兽纹镜　战国

直径140毫米　厚6毫米　重237克

纹饰亮点:

　　变形抽象的兽纹相互勾连的纹饰在此类镜中较为少见。

亮点介绍:

　　主纹为四兽,兽头短耳、四足分别在兽躯的内侧。从整体看是一周勾连的兽纹。四兽的构图用纯熟流利的单线勾出轮廓。

TJ0013(ab)　羽状地纹变形兽纹镜　战国

直径141毫米　厚6毫米　重183克

　　1954年,湖南长沙子弹库M3战国墓出土一面铜镜与此镜纹饰相同,直径144毫米。[1]

---

[1] 湖南省博物馆《湖南出土铜镜图录》第54页,文物出版社1960年版。

第八节　战国蟠龙（凤）纹镜

　　本书所录蟠龙（凤）纹镜即我们惯称的蟠螭纹镜中的一部分。所谓蟠就是缠绕叠压、勾连交错的意思。那么，在此我们为什么不沿用蟠螭纹镜这一我们现已约定俗成的叫法呢？

　　现今意义上的蟠螭纹已绝非仅仅包括无角小龙缠绕叠压、勾连交错的纹饰了。孔祥星先生在《铜镜鉴藏》中说，"所谓蟠螭纹，题材较复杂，大多是指盘曲的龙、蛇、怪兽图案，也包括盘曲的凤鸟、怪禽等"[1]。所以说，现在蟠螭纹已成为战国秦汉时期缠绕叠压、勾连交错的动物纹的代名词了。而在此我们着重介绍的是战国蟠龙（凤）纹镜，若再沿用蟠螭纹镜的名称，就超出了我们的界定范围了。所以，在这种情况下，我们只要清楚地认识到以下两点：一是蟠螭纹镜包括蟠龙纹镜；二是这种蟠龙纹镜的突出特点是龙纹以线条状形式勾勒，且相互缠绕叠压、勾连交错，龙身、翼呈弧形蔓枝状，且铜镜纹饰为主纹与地纹相结合。

　　蟠龙（凤）纹镜是战国晚期的一种新型铜镜，线条的使用与构图方法都与其他镜有所差异。本书所录此类镜的特点是：宽卷缘，主纹变化多样，地纹以云雷纹为主，圆形钮座，除了弦纹钮外，还有刻花鼻钮（TJ0066）或伏兽钮（TJ0073）、龙钮（TJ0065）。主纹环绕布置，龙纹分为四组或三组。蟠龙（凤）纹镜种类很多，有四叶龙纹镜、四叶凤纹镜、四凤纹镜、三凤纹镜、菱纹间隔蟠龙（凤）纹镜等。除了单独的蟠龙（凤）纹镜外，楚地还流行一种龙纹与凤纹缠绕在一起的铜镜（TJ0078）。

TJ0061　蟠龙纹镜　战国

直径142毫米　厚6毫米　重233克

　　1954年，长沙唐家巷M5战国墓出土一面铜镜与此镜纹饰相同，直径140毫米。[2]

---

① 孔祥星、刘一曼《铜镜鉴藏》第13页，吉林科学技术出版社2004年版。
② 湖南省博物馆《湖南出土铜镜图录》第57页，文物出版社1960年版。

纹饰亮点：
　凤鸟双羽翼
勾卷蔓枝花纹。

TJ0076(b)　云雷纹地纹蟠凤纹镜　战国

直径142毫米　厚6毫米　重261克

　　安徽六安出土的一面战国凤鸟纹镜与此镜纹饰基本相同。[1]

————————————

① 安徽省文物考古研究所等《六安出土铜镜》第41页，文物出版社2008年版。

纹饰亮点：

凤鸟双羽翼勾卷着更为繁缛复杂的蔓枝花纹。

TJ0075(b) 蟠凤纹镜　战国

直径140毫米　厚8毫米　重254克

　　以上TJ0076(b)、TJ0075(b)两面铜镜的纹饰将跃动的凤鸟与柔曼的植物枝条及抽象的几何纹巧妙地融为一体，赋予僵硬、机械的几何纹以生命，乍看花团锦簇、美轮美奂，细看则凤鸟、蔓枝、几何纹等有机地融为一体，珠联璧合，丝丝紧扣，体现出一种神秘、诡异的气息。

TJ0086　四蟠龙纹镜　战国

直径185毫米　厚8毫米　重510克

1955年，长沙侯家塘M3战国墓出土一面龙纹镜与此镜纹饰相同，直径142毫米。[1]

①湖南省博物馆《湖南出土铜镜图录》第59页，文物出版社1960年版。

纹饰亮点:
刻花镜钮。

TJ0066　三蟠龙纹镜　战国

直径192毫米　厚6毫米　重425克

TJ0067 三蟠龙纹镜 战国

直径190毫米 厚8毫米 重456克

TJ0069　三蟠龙纹镜　战国

直径190毫米　厚8毫米　重537克

TJ0064 蟠龙纹镜　战国

直径145毫米　厚6毫米　重221克

TJ0063 四蟠龙纹镜　战国

直径145毫米　厚5毫米　重158克

国
有
善
铜

观
映
千
秋
——
广
东
大
观
博
物
馆
青
铜
镜
艺
术
荟
萃

TJ0073 伏兽钮蟠凤纹镜 战国

直径240毫米 厚7毫米 重730克

纹饰亮点：
　　三龙纹与
菱形图案勾连。

TJ0062 菱纹间隔三蟠龙纹镜　战国

直径150毫米　厚6毫米　重206克

纹饰亮点：

伏兽钮；

龙身饰有涡状粟粒纹。

TJ0065 伏兽钮四蟠龙纹镜 战国

直径163毫米 厚5毫米 重307克

此镜与1954年长沙麻园湾M1号战国墓出土的铜镜镜钮相同，主题纹饰雷同，应为同一时期所铸，可作参照。①

———————————

① 湖南省博物馆《湖南出土铜镜图录》第56页，文物出版社1960年版。

TJ0084　菱纹间隔三凤鸟纹镜　战国

直径120毫米　厚6毫米　重122克

TJ0078　菱纹间隔龙凤同体纹镜　战国

直径230毫米　厚8毫米　重708克

纹饰亮点：

龙凤同体。

亮点介绍：

此镜龙凤同体的纹饰造型在战国镜中极为少见，在一定意义上体现了图腾文化的兼容并蓄，反映出一种生动、活泼、自由、舒畅、开放、流动的气息。

第九节　战国云雷纹地连弧纹镜

　　云雷纹地连弧纹镜是战国末期的产物。主纹以凹面八连弧或七连弧为主，个别有六连弧、十连弧或十一连弧等纹样。本书所录为八连弧和七连弧。地纹均为云雷纹，有的较为疏朗，如TJ0058、TJ0085、TJ0056；有的云雷纹极为细密规整，显示出战国铜镜精密铸造的艺术水准，如TJ0060、TJ0059、TJ0057。镜钮均为弦纹钮，圆形钮座，素卷缘。

TJ0060 云雷纹地八连弧纹镜　战国

直径242毫米　厚7毫米　重823克

纹饰亮点：
地纹极为细密规整。

TJ0059　云雷纹地八连弧纹镜　战国

直径225毫米　厚7毫米　重651克

TJ0058 云雷纹地七连弧纹镜 战国

直径202毫米 厚5毫米 重414克

1953年，长沙南门广场M9战国墓出土一面铜镜与此镜纹饰完全相同，直径149毫米。[1]

———————————

[1] 湖南省博物馆《湖南出土铜镜图录》第67页，文物出版社1960年版。

TJ0057 云雷纹地七连弧纹镜 战国

直径188毫米　厚6毫米　重388克

TJ0085　云雷纹地七连弧纹镜　战国

直径170毫米　厚5毫米　重228克

TJ0056　云雷纹地七连弧纹镜　战国

直径148毫米　厚4毫米　重229克

第十节　战国连弧动物纹镜

　　本书所录5面连弧动物纹镜纹饰构成以八、六四面宽带内向连弧纹叠压地纹上的动物纹构成。所录此类铜镜均铸造精良，且各具特色，纹饰独特。通镜纹饰呈三层花纹配置，皆属较少见之佳品。凸线条勾勒的动物，个个栩栩如生，宛若浮雕状凸起，将瑞兽的运动感、骨骼感表现得淋漓尽致，令人叹为观止；凤鸟纹婀娜的身姿，逶迤的长尾，显得轻盈妙曼。整体纹饰均展现了一个开放自由、充满艺术想象力的艺术境界，不由得让人遐想到战国时期文化大发展的背景下，艺术领域大繁荣，工匠们自由想象，随意发挥的艺术风尚，从而造就了如此美轮美奂的艺术经典。

纹饰亮点：
　　①四龙；②四凤；③四虎。
亮点介绍：
　　八连弧内两只伫立回首的凤鸟与两只奔腾跳跃的瑞虎对称分布；连弧纹外分别布置卧地回首的四龙纹和嬉戏跳跃的两只虎纹及两只回首远眺的凤鸟纹。

TJ0054(ab)　八连弧四龙四凤四虎纹镜　战国

直径190毫米　厚6毫米　重407克

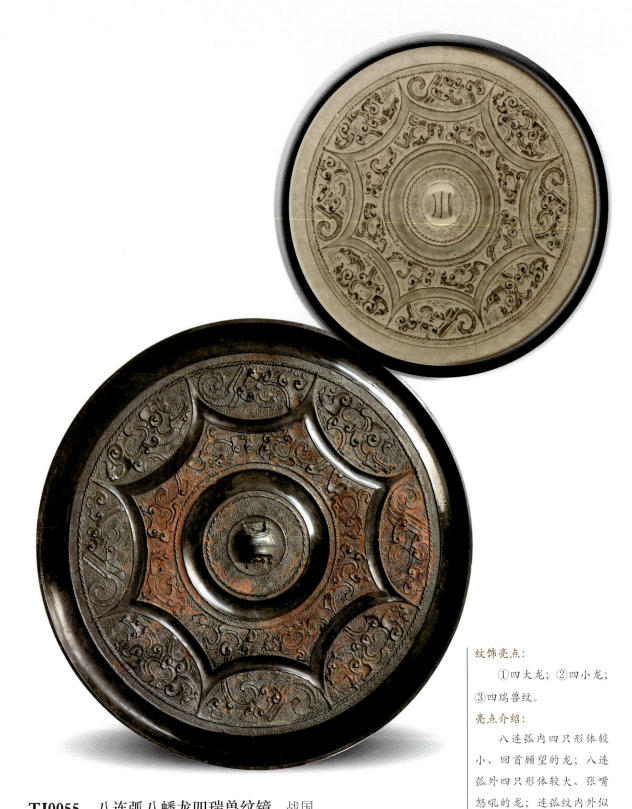

纹饰亮点：

①四大龙；②四小龙；

③四瑞兽纹。

亮点介绍：

八连弧内四只形体较小、回首顾望的龙；八连弧外四只形体较大、张嘴怒吼的龙；连弧纹内外似为身躯蜿蜒、体生毛羽的瑞兽纹。

TJ0055　八连弧八蟠龙四瑞兽纹镜　战国

直径188毫米　厚7毫米　重455克

　　1955年，湖南长沙陈家大山M2战国墓出土一面铜镜与此镜纹饰相同，直径160毫米。[1]

----

①湖南省博物馆《湖南出土铜镜图录》第68页，文物出版社1960年版。

TJ0083　八凤镜　战国

直径284毫米　厚3毫米　重817克

纹饰亮点：

　　八凤鸟纹巧妙配置。

亮点介绍：

　　八连弧外对称布置不同形态的两种凤鸟纹：一种位于八连弧之外，双足伫立，回首梳羽；另一种形体较大，位于连弧纹内外，回首顾望。

TJ0053　八连弧八凤鸟纹镜　战国

直径170毫米　厚6毫米　重324克

TJ0051 八连弧十凤鸟纹镜 战国

直径140毫米 厚4毫米 重179克

纹饰亮点：

十凤鸟纹巧妙配置。

亮点介绍：

八连弧内对称分布两只展翅飞舞的小凤鸟纹；八连弧纹外四只长腿伫立、低首反顾、长尾拖曳的凤鸟纹；连弧纹内外四只冠羽修长、尾部成花卉状作回首远眺的凤鸟纹。

纹饰亮点：

　　①花瓣纹钮座；②花卉纹；③三瑞虎纹。

亮点介绍：

　　钮座为十五花瓣纹；沿钮座外的弦纹圈伸出三朵柿蒂纹花卉；六连弧外三只跳跃奔腾的瑞虎环绕，尾巴上扬至连弧纹内侧；连弧纹内外似为另一种瑞兽纹抑或瑞鸟纹。

TJ0050　六连弧三瑞虎花卉纹镜　战国

直径120毫米　厚5毫米　重105克

第十一节　战国变形龙凤纹镜

　　战国时期的龙凤纹镜是一个比较丰富的铜镜类别。龙、凤纹形象在战国铜镜上的表现变化多端，并随着龙、凤在各自文化领域内的发展演变而不断推陈出新。龙实际上是一种并不存在的动物造型，系多种动物身体特征的结合，而作为铜镜纹饰经过艺术加工后，有的已不辨首尾，有的已成了几何形纹饰。

　　本书所录 TJ0016、TJ0015(ab)、TJ0081 均属于艺术化变形的龙纹镜。菱形身躯变形三龙纹镜，地纹为双线勾连雷纹，双线内外均填以密集的珠点纹。在地纹之上三龙绕钮分离配列，龙头较小，长唇外卷，头上有角，长颈、身躯纠结成菱形，有C字形长尾。其中有的二龙尾之中部有燕形小翼，另一龙尾中部有花苞状饰。三龙的足部弯曲，伫立于凹面形环带外之弦纹圈上（TJ0081），有的伫立于镜缘内侧（TJ0016）。此类镜的龙纹在结构上为追逐式，线条流畅活泼，富有动感。而 TJ0015(ab) 的龙凤纹形象更显华丽多姿，经过艺术处理的龙凤纹形象已经接近花卉忍冬纹造型。

TJ0016　三龙纹镜　战国

直径135毫米　厚3毫米　重166克

纹饰亮点：

　　艺术化造型的变形龙凤纹。

亮点介绍：

　　此镜整体纹饰以细密规整的云雷纹为地纹。两周连弧纹之间的主题纹饰为对称分布的变形龙纹、凤纹环列四方，龙凤形象颇为华丽，变形夸张。整体纹饰布局方式新颖。

TJ0015(ab)　连弧龙凤纹镜　战国

直径145毫米　厚2毫米　重156克

TJ0081　三龙纹镜　战国

直径168毫米　厚2毫米　重315克

1975年，安徽和县西汉墓中出土一面三龙纹镜与此镜纹饰完全相同，直径159毫米。[1]

————————————

[1] 中国青铜器全集编辑委员会《中国青铜器全集16》图11，文物出版社1998年版。

战国晚期的铜镜制造业继续推陈出新，创新图变。以下我们介绍的这几面变形龙凤纹铜镜既继承了战国以来的龙凤纹镜传统风格，又在纹饰内容及布局方式方面有所创新。其中新纹饰的运用（如柿蒂纹、重叠花叶纹、连弧纹镜缘等），内外分区式的纹饰布局方式（如TJ0068、TJ0077、TJ0080），主题纹饰四分法的纹饰配置（如TJ0082、TJ0080）等都又开启了令人耳目一新的铜镜纹饰题材及布局方式的先河。这些新纹饰和布局方式在汉代铜镜纹饰中被广泛应用，其承前启后的角色在中国铜镜发展史上独具一格。

纹饰亮点：

①柿蒂叶纹；②四分法布置主题纹饰；③艺术化造型的变形龙凤纹。

亮点介绍：

龙的身躯作S形卷曲，长尾与从腹部伸出的一条"C"形线条左右对称排列，线条粗壮；凤纹尾羽与一羽翼左右对称排列，艺术效果很强；阔大的柿蒂叶纹也在战国镜中极其少见，其将主题纹饰区四分的布局方式在汉代铜镜纹饰布局中被广泛应用。此镜拟为战国晚期抑或西汉早期的作品。

TJ0082　柿蒂纹龙凤纹镜　战国

直径185毫米　厚3毫米　重376克

纹饰亮点：

①内外分区式布局主题纹饰；②龙身勾连卷曲呈蔓枝状。

亮点介绍：

内外区布置纹饰，内区绕钮四瑞兽环绕。外区龙纹蟠绕，龙身卷曲蜿蜒，几乎难以分辨出身、足、尾。此镜拟为战国晚期抑或西汉早期的作品。

TJ0068 分区式瑞兽蟠龙纹镜　战国

直径192毫米　厚7毫米　重434克

纹饰亮点：
　　①内外分区式布局纹饰；②三龙持弯月形栏。

亮点介绍：
　　内外分区布置纹饰，内区绕钮三瑞兽纹环绕。外区主题纹饰纹为三龙纹。龙头居中下俯，张吻利齿，四爪，卷尾，体躯向上旋，身躯与一弯月形栏相连，龙纠缠于此栏上，此纹样在战国镜中尚属首见。此镜拟为战国晚期抑或西汉早期的作品。

TJ0077　分区式瑞兽三龙持栏纹镜　战国

直径195毫米　厚6毫米　重452克

纹饰亮点：

"惊回首"变形龙纹。

亮点介绍：

　　平王东迁后，周王室内外交困，势衰力微，实际上丧失了天下共主的地位，各诸侯在"尊王攘夷"的旗号下争夺霸权，形成"政由方伯"的局面。结合战国时期群雄割据、诸侯争霸、战争不息的动乱社会，这些"惊回首"而骚动不安的龙纹，似乎折射了这个动乱的社会背景。

TJ0079　四龙纹镜　战国

直径235毫米　厚8毫米　重816克

纹饰亮点：

　　①内外分区式布局纹饰；②四分法布置主题纹饰；③钮外双瑞兽蟠绕；④双翼变形龙纹；⑤重叠二花叶纹。

亮点介绍：

　　内外分区布置纹饰，内区绕钮双瑞兽蟠绕；外区主题纹饰区被四重叠二花叶纹分为四区，叶中填以阴线叶脉纹；龙纹作了艺术化处理，呈浅浮雕，龙头居中作回顾式张吻露齿，体躯及爪向两侧展开，尾细短而前卷，两侧的环形线条代表龙翼，象征飞龙。此镜拟为战国晚期抑或西汉早期的作品。

TJ0080　分区式瑞兽花叶四龙纹镜　战国

直径235毫米　厚5毫米　重905克

　　上海博物馆所藏一面四龙镜龙体造型与此镜完全一样，可作参照。[1]

---

①上海博物馆《练形神冶，莹质良工——上海博物馆藏铜镜精品》第103、104页，上海书画出版社2005年版。

《 繁荣鼎盛　推陈出新 》

（前221—220年）

本书在对两汉铜镜进行分类论述的过程中，对所录每个类型的铜镜，均以学术界对两汉的考古分期为准，介绍了其出现与流行的时期。在此将考古学界建立起的两汉考古分期序列罗列出，以便读者在阅读本书过程中能更好地掌握两汉时期每个类型铜镜的流行时段。

两汉时期重要的考古发掘有：陕西西安两汉墓、河南洛阳烧沟汉墓、湖南长沙两汉墓和广东广州两汉墓。

依据近年来考古学界建立起来的分期序列，将两汉共分为五期：

西汉前期：秦始皇二十六年（前221年）至汉武帝元鼎六年（前111年）；

西汉中期：武帝元封元年（前110年）至元帝、成帝之际（前33年）；

西汉晚期：成帝建始元年（前32年）至东汉建武初年（25年）；

东汉前期：建武初年（25年）至东汉章帝建初元年（75年）；

东汉后期：建初元年（75年）至东汉末年（220年）。

《 南盛北衰　鲜有创新 》

（220—581年）

从三国鼎立到隋朝统一，中国社会进入了动荡时期，战争连绵，分裂割据，阶级矛盾和民族矛盾十分尖锐。这时期的封建经济发展缓慢，只有南方经济持续发展的趋势比较明显。铸镜业作为手工业的一个部门，在南方还比较兴盛。但总的来看，由于市场经济不景气的因素，这个时段对于中国铜镜发展史而言属于一个中衰期。这时期比较流行的镜种为神兽镜、变形四叶纹镜、夔凤纹镜、瑞兽纹镜。该时段铜镜有以下几个特点：（1）铜镜类型集中，创新品种不多；（2）长江下游铸镜业发展迅速，浙江绍兴、湖北鄂城等地，这个时期铜镜铸造业已经达到了极盛时期；（3）对日本铜镜铸造产生了深远的影响，日本古坟时代的三角缘神兽镜，据学者分析很大程度上受当时中国铸镜技术的影响[1]。

---

[1] 王仲殊《关于日本三角缘神兽镜的问题》，《考古》1981年第4期。

第二章　犀利雄浑、浪漫无羁的两汉铜镜

　　两汉时期包括西汉、新莽、东汉，是中国统一多民族封建国家的强盛时期，经济和文化都达到了前所未有的高度，为汉民族文化的形成奠定了坚实的基础。当时陶瓷业的进步和漆器的发展，虽然代替了青铜器皿在人们日常生活中的地位，但青铜范铸工艺并没有衰退，而是更进一步转向了铜镜铸制等方面。因此，两汉时期铜镜铸造业获得了重大发展，迎来了中国铜镜发展史中繁荣鼎盛的新高潮。因为铜镜在市井生活中的普及，市场需求量大增，使这种艺术形式充满了生机。溯及历史，铜镜自产生之日就为贵族阶层所垄断，而秦汉时期生产力的进步、经济的发展，扩大了商品市场的范围，让手工业有了飞速发展，这对铜镜的普及起了很大作用。

　　大约在东汉中期，随着铸镜业的发展，全国形成了几个铸镜中心，皆为离铜矿区较近、交通便利、经济发达的地区，如会稽郡的山阴（今浙江绍兴），江夏郡（今四川广汉北），蜀郡（今四川成都）等。这些地区的铸造工艺极为精湛，许多精美的铜镜就是在这里铸造的。

　　两汉时期铜镜的合金比例是比较稳定的，铜的含量为66%～70%，锡23%～24%，铅4%～6%。汉镜含锡量高，有利于镜表面的抛光。铜镜中加入一定量的铅，是因为铅溶液环流状态良好，有利于热溶液的平均流注，有助于镜面平整，减少气泡，提高铭文和纹饰的清晰度。

　　两汉时期的铜镜纹饰异常丰富，制作精巧，具有很高的艺术性和装饰性，但在不同的时期又各具特色。

　　西汉高祖至文帝、景帝以前，西汉社会处于经济恢复时期，铸镜工艺发展缓慢，很大程度上仍沿用战国铜镜的铸造风格，镜壁单薄，弦纹小钮，纹饰多见变形蟠龙纹，与战国铜镜不同的是汉镜钮座外往往有铭文一周，如"大乐富贵，千秋万岁，宜酒食"等。汉初黄老之学立为统治思想后，对清新自然风格的崇尚、对生活富贵的祈求，随着影响到铜镜时代风格的展现。"文景之治"以后，特别是武帝以后，社会经济有了大幅度的发展，铜镜铸造业显示出繁荣鼎盛的局面，不仅在质量方面有了显著提高，在数量方面也显著增加。这个时期的铜镜镜体渐大，渐厚，镜钮逐渐发展为半圆形。纹饰内容设计显然受到当时帛画、壁画、石刻等艺术的影响，战国铜镜那种抽象、诡谲的纹饰逐渐不复存在，代之而起的是新颖的草叶纹、星云纹等，并用四分法把主题纹饰区分成四等份，构成既对称又连续的装饰风格。同时，在镜背主题纹饰区还出现了圈带式的铭文，内容多为祝福吉祥的韵语。

　　以汉武帝前后为始直到西汉晚期，这一时期的铜镜有五个特点：一是以四乳钉为基点组织主题纹饰的四分法布局方式，即整个铜镜的主题纹饰区分为四区；二是地纹逐渐消失，使主纹更加突出；三是纹饰趋于简化、朴素，如草叶纹等，或仅用圈带铭文作为铜镜的装饰题材；四是铭文逐渐成为铜镜纹饰的组成部分；五是在装饰图案上内向连弧纹被广泛采用，四叶纹钮座

逐渐发展为柿蒂纹钮座。

西汉晚期至王莽建立新朝后，社会动荡，加之谶纬五行思想的盛行，人们希望以宗教幻想摆脱现实苦难。因此，西王母、东王公、四神、天禄辟邪等神人神兽皆入铜镜纹饰，这种风格一直延续到东汉晚期。此时铜镜纹饰内容愈益丰富，表现手法比以前更加细腻工整。瑞兽禽鸟博局纹镜在新莽时期颇为流行，T、L、V纹间往往穿插青龙、白虎、朱雀、玄武等鸟兽图案，构图巧妙，生动活泼。以圆与方的对比，形成旋转奔驰、活泼生动的优美图案结构，表现在铜镜上的神人神兽端庄安详、亲近自然，表达了人们对神灵世界的羡慕和对美好生活的向往；在铜镜铭文方面，这时出现了十二地支铭和较长的七言韵语，铭文内容丰富，排列灵活；这时期的铜镜开始注重镜缘的装饰，几何纹、流云纹、华丽的动物纹圈带等多见于边缘纹饰区。

东汉时期，铜镜铸制工艺表现出一种不断革新、不断提高的趋势。特别是东汉中晚期，是汉代铜镜发展的另一个重要时期。此时的铜镜有两个特征：一是铜镜纹饰题材广泛，纹饰结构复杂，以神兽镜、画像镜为主；二是高浮雕技法的产生和"轴对称"的纹饰布局方式的应用，以龙虎纹镜和夔凤纹镜表现最为明显。另外，这个时期纪年、纪氏、纪地铭文及宣传铜镜的铭辞大为盛行。在纹饰表现技法上，多采用减地平雕和高浮雕来表现物像纹饰。神兽镜和画像镜为当时的创新镜种，画像不事细节与修饰，以粗线条和大轮廓以及高度的形体夸张，表现出古拙奔放的艺术风格。这时铜镜铭文接近书写文字，字体多为小篆间杂汉隶。

两汉铜镜的形制呈现两个特点：一是较战国铜镜厚重，一般均为圆形；二是除西汉初期少数铜镜仍沿用战国时期的弦纹钮外，多数为半圆钮，这种钮制后来成为铜镜镜钮的基本形式。东汉时期，铜镜的圆钮逐渐发展为半球形钮。另外，还有一些特例：如星云纹镜的镜钮，均为博山形钮，四川出土的草叶纹镜上常铸一种伏兽钮；钮座此时趋于多样化，除圆、方钮座外，还以连珠纹、连弧纹、柿蒂纹等纹饰作为钮座；除西汉初期仍有卷边镜缘外，其余均为宽厚的外缘，并逐渐呈斜坡状。

第一节 西汉早期蟠龙纹镜

　　西汉早期的蟠龙纹镜保留了战国此类铜镜的许多特征，其为楚镜与汉镜交替阶段的产物，主体保持了楚镜的风格，如胎质较薄，外缘高卷，弦纹钮，钮座周围环绕瑞兽纹等。与战国时期同类镜的区别主要有两个方面：一是蟠龙纹的表现手法一改单一凸线条式的表现方式，而采用了双线或三线式构图方式，如TJ0110；二是内圈多配置铭文圈带，如TJ0108。

　　本书所录西汉早期蟠龙纹镜可分五式：

Ⅰ式： 双瑞兽纹环绕镜钮，外围铭文圈带一周。主纹为四组双线或三线勾勒的蟠龙纹，中间以四方配置的火焰形叶纹图案相隔，螭头居中而甚小，体躯作复杂的蟠旋虬结状，如TJ0104、TJ0108。

Ⅱ式： 双兽头钮，绕钮双瑞兽环绕。主题纹饰为双圈铭文圈带和三火焰状叶纹间隔三条身躯蔓延的蟠龙纹，龙纹身体一侧各一条漫卷的花枝纹，纹饰皆用三线勾勒而成，如TJ0110。

Ⅲ式： 两周窄凸棱将镜背主题纹饰区分为内外两区，每区饰勾连交错连绵不断的蟠龙纹各一周，如TJ0105。

Ⅳ式： 镜钮为龟钮，主题纹饰为粗凸线勾勒而成的三蟠龙纹间隔菱纹，内向连弧纹缘，如TJ0109。

Ⅴ式： 主题纹饰区被一周带四花瓣纹的凹面圈带分为内外两区，内区对称分布四条回首反顾的蟠龙纹，外区对称的四组相同图案，均为一直立行走的猿纹，两前肢各抓一条小蟠龙，如TJ0111。

TJ0104　伏兽钮"大乐未央"铭蟠龙纹镜　战国晚期—西汉早期

直径140毫米　厚7毫米　重242克

铭文内容："大乐未央，长相思，慎毋相忘"。

　　1956年，湖南长沙子弹库M41西汉墓出土一镜与此镜纹饰相同，直径180毫米。[3]

① 李学勤《古文字学初阶》第六部分"金文的形形色色（下）"，中华书局1985年版。
② 韩秋实《"寿县汉初蟠螭纹镜'大乐'避刘长讳"说献疑——兼与李学勤先生商榷》，《聊城大学学报（社会科学版）》2011年第2期。
③ 湖南省博物馆《湖南出土铜镜图录》第72页，文物出版社1960年版。

TJ0108　"大乐贵富"铭四叶间隔蟠龙纹镜　战国晚期—西汉早期

直径234毫米　厚10毫米　重1245克

铭文内容："大乐贵富，千秋万岁，宜酒食"。

　　1955年，湖南长沙燕子嘴17号墓出土一面大乐富贵蟠龙纹镜与此镜纹饰完全相同，直径143毫米。[1]

　　1956年，长沙燕子嘴3号墓出土一面同样纹饰的铜镜，直径187毫米。[2]

---

[1] 中国青铜器全集编辑委员会《中国青铜器全集16》图38，文物出版社1998年版。
[2] 湖南省博物馆《湖南出土铜镜图录》第73页，文物出版社1960年版。

TJ0110 "精白""昭明"铭四叶间隔蟠龙纹镜 战国晚期—西汉早期

直径185毫米 厚8毫米 重426克

铭文内容：

内圈："内清质以昭明，光辉象夫日月。心忽扬而愿忠，然壅塞而不泄"。

外圈："洁清白而事君，怨阴欢之弇明。焕玄锡而流泽，恐疏远而日忘，
怀靡美之穷皑，外承欢之可悦。慕窈窕于灵泉，愿永思而毋绝"。

纹饰亮点：

西汉早期铜镜纹饰中的双圈铭文圈带极为少见。

亮点介绍：

此镜铸造精良，纹饰内容及布局在西汉早期铜镜中极为少见，以铭文圈带作为装饰主题的纹饰设计风格逐渐显露，同时以铭文内容赞美铜镜本身及托物言志的意义也逐渐在铜镜纹饰中表现出来。李学勤先生《海外访古记（五）》中记载：英国布里斯托市收藏一西汉早期双圈铭文蟠螭纹镜，其铭内圈曰"内清质以昭明，光辉象夫日月。心葱（忽）"，外圈曰"扬而愿忠，然壅塞而不泄。怀糜（靡）美之穷皑，外承欢之可说。慕穾兆之灵景，愿永思而毋绝"[1]。镜铭共四十八字，被认为是较晚的昭明镜和精白镜铭之祖[2]。台湾林素清先生曾撰《两汉镜铭所见古语研究》，对出土汉代镜铭做了较详细的搜罗和分类。其认为常见昭明镜完整的铭文是：内清质以昭明，光辉象夫日月。心忽扬而愿忠，然壅塞而不泄。精白镜铭文是：洁清白而事君，怨阴欢之弇明。焕玄锡而流泽，恐志疏（或作疏远）而日忘，慎（或作怀）靡美之穷皑，外承欢之可说。慕窈窕于灵泉（或作景），愿永思而毋绝[3]。由此可见，本书所录TJ0110两则铭文皆内容完整无缺，共七十二字铭文，一字不差。由此，恐说英国布里斯托市所藏西汉早期双圈铭文蟠螭纹镜为较晚的昭明镜和精白镜铭之祖，稍显牵强了。英国所藏之镜，不完整的铭文内容应是节选自完整的铭文内容，其铭文圈带作为装饰性纹饰的意味已然很明显了。因此，我们以为本书所录此镜年代应该早于英国所藏双圈铭文蟠螭纹镜。

① 李学勤《海外访古记（五）》，《文博》1987年第4期。

② 汪春泓《从铜镜铭文蠡测汉代诗学》，《文学遗产》2004年第4期。

③ 林素清《两汉镜铭所见古语研究》，《汉代文学与思想学术研讨会论文集》，台北文史哲出版社1991年版。

纹饰亮点:
双圈蟠龙纹。

TJ0105 双圈蟠龙纹镜 西汉早期

直径98毫米 厚6毫米 重82克

纹饰亮点：

　　龟形镜钮。

亮点介绍：

　　此镜非常形象的灵龟钮、凸起的连弧纹镜缘、厚重的镜体，均充分展现了汉镜华美精致、气势凛然的风格。

TJ0109 　伏兽钮菱形间隔蟠龙纹镜　西汉早期

直径140毫米　厚3毫米　重314克

纹饰亮点：

四猿抓持小蟠龙。

TJ0111　四猿十二蟠龙花瓣纹镜　战国晚期—西汉早期

直径172毫米　厚6毫米　重377克

　　河北满城西汉中山靖王刘胜妻窦绾汉墓出土一面铜镜与此镜纹饰相同①。带有猿纹的铜镜在西汉考古发掘中还在湖南汨罗②、河南南阳③有出土；上海博物馆亦藏有一面四猿纹镜④。此镜上的四花卉纹在西汉早期铜镜上偶有发现，有观点认为此为战国时期桃形或心形花瓣纹的孑遗⑤。

①中国社会科学院考古研究所、河北省文物管理处《满城汉墓发掘报告》第262页，文物出版社1980年版。
②孔祥星、刘一曼《中国铜镜图典》第179页，文物出版社1992年版。
③南阳市文物考古研究所《南阳出土铜镜》第40页图371，文物出版社2010年版。
④上海博物馆《练形神冶，莹质良工——上海博物馆藏铜镜精品》第124页，上海书画出版社2005年版。
⑤西安市文物保护考古所《西安文物精华·铜镜》第8页，世界图书出版公司2008年版。

第二节　西汉雷纹镜

雷纹是青铜器上的一种纹饰，即以连续的方折回旋形线条构成的几何图案。在战国时期，此纹饰经常与云纹结合出现，称为云雷纹，常用作铜镜地纹，在战国云雷纹镜中也作为主纹饰出现。以云纹作为铜镜装饰图案的铜镜战国时期已有出现，如本书所录TJ0027战国祥云纹镜。单纯以雷纹作为主题纹饰的铜镜，西汉早期有见，因其图案类似席纹花，我们习称为"席纹镜"。这种纹饰在早期的陶器纹饰上经常可见（附图）。

TJ0107　雷纹镜　西汉早期

直径185毫米　厚7毫米　重765克

TJ0106　雷纹镜　西汉早期

直径139毫米　厚4毫米　重288克

第三节 汉代四乳四虺纹镜

北京大葆台汉墓出土的一面四乳四虺纹镜，是目前考古出土所见最早的这类铜镜，时代为武帝太始三年（前94年）[1]；对西安地区出土资料的研究表明，这类铜镜的流行年代为西汉中晚期（宣元时期）至新莽时期[2]；对广州地区出土资料的研究表明，此类镜西汉后期及至东汉前期的墓葬中均有出土。由此可知，四乳四虺镜从汉武帝时期一直延续到东汉前期[3]。此类镜均圆形、圆钮、圆钮座，还有四叶纹钮座、连珠纹钮座。座外四虺纹及四个带圆座或柿蒂纹座的乳钉。四虺成钩形躯体，两端同形，虺的腹背两侧多有禽鸟及其他动物纹，以禽鸟居多。

虺为一种早期的龙，以爬虫类、蛇为原型想象出来的一种并不存在的动物。"虺五百年化为蛟，蛟千年化为龙"，人们认为虺是龙的幼年期。《字汇》：虺，蛇属，细颈大头，色如绶文，大者长七八尺。这种纹饰曾出现在西周末期至东周的青铜器装饰上。

TJ0159　四乳四虺禽鸟纹镜　汉代

直径103毫米　厚5毫米　重199克

---

① 北京市古墓发掘办公室《大葆台西汉木椁墓发掘简报》，《文物》1977年第6期。
② 程林泉、韩国河《长安汉镜》第83页，陕西人民出版社2002年版。
③ 孔祥星、刘一曼《中国古代铜镜》第74页，文物出版社1984年版。

TJ0161　四乳四虺四龙纹镜　汉代

直径130毫米　厚7毫米　重445克

纹饰亮点：

①四龙；②兔子。

亮点介绍：

此镜纹饰中的两条龙周身完整表现出来，另两条只显露前半身，似乎表现了龙在空翔翔，后半身掩映于云层中。由此，我们以为有研究者提出目前惯称的"四乳四虺纹镜"应为"四乳云气纹镜"，"S"虺纹应为双勾云纹这一说法是值得肯定的①。此镜或为此说提供了又一例证。

　　《烧沟汉墓》刊布的十七面四乳四虺纹镜中有两面饰有虎头和兔子，与博局纹镜及东汉五铢钱同出②，为这类纹饰内容比较复杂的四乳四虺纹镜的流行年代提供了难得的参考资料，可判定此类四乳四虺纹镜的年代下限可至东汉早期。此类镜比较少见，在陕西西安③、浙江④等地也有出土。

① 朱军强《"四乳云气纹镜"的命名及背景考——重新审视"四乳四虺纹镜"的命名》，《中国铜镜》2012年第1期。

② 孔祥星、刘一曼《中国古代铜镜》第73页，文物出版社1984年版。

③ 程林泉、韩国河《长安汉镜》第86页，陕西人民出版社2002年版。

④ 浙江省博物馆《浙江省博物馆典藏大系·越地范金》第128页，浙江古籍出版社2009年版。

纹饰亮点：

①四神与禽鸟嬉戏；②兔子；③九尾狐；④花瓣纹乳钉座；⑤仙鹤。

相关链接：

四神纹饰在四乳四虺纹镜中极为少见。四神代表四方神灵，在汉代的壁画、帛画、瓦当、印章和画像石上，经常有所反映。关于四神的内容在《三辅黄图》中记载为"苍龙、白虎、朱雀、玄武"。

最早记载九尾狐的文献是《山海经》，仅为对某一动物的描述。至汉代时期，随着谶纬学说的发展，九尾狐成为一种祥瑞的象征，如：东汉赵晔《吴越春秋》中记载大禹遇白狐九尾娶涂山女的神话，表达了对多子及后代兴旺的向往；东汉班固《白虎通·封禅》载"（王）德至鸟兽，则凤皇翔，鸾鸟舞，麒麟臻，狐九尾，白雉降，白鹿见……"。这表明九尾狐与凤凰、麒麟、白鹿、白兔、白鸟等一样，均为祥瑞之物。至唐宋后，九尾狐则成为奸诈妖媚的代称。①

TJ0173　四乳四虺四神瑞兽禽鸟纹镜　汉代

直径183毫米　厚7毫米　重1015克

---

① 许净瞳《论古典文献中九尾狐形象之流变》，《中国海洋大学学报（社会科学版）》2011年第5期。

纹饰亮点：
　　①四神；②熊
罴；③翔鸟。

TJ0172　四乳四虺四神瑞兽禽鸟纹镜　汉代

直径175毫米　厚7毫米　重822克

第四节　汉代草叶纹镜

汉初提倡黄老之学，"清静无为"的思想深入人心；至文景时期，社会思想已从战国时期崇尚鬼怪的幻想中脱离，开始真正领悟来自生活中的现实乐趣。在这种时代背景下，以大自然的花叶、草叶等元素组合成的草叶纹清新雅致，在此时期逐渐盛行[1]。草叶纹镜是西汉早、中期出现的新纹饰镜种，其大致年代是在汉文帝前后到汉武帝或者汉昭帝时期。

草叶纹镜以镜背装饰的草叶纹而得名。镜背纹饰以草叶形纹为主，常见的有八叶、四叶，有的间有四乳、蟠龙、瑞兽或规矩纹等。镜钮皆为圆钮，多为柿蒂纹钮座，亦有伏兽钮等。钮或钮座外一般以大方格铭文带围绕，有的仅有方格，无铭文。边缘大多饰有连弧纹，以十六连弧纹居多。草叶纹的形状犹如麦穗，以至于有的研究者认为其就是麦穗纹，体现的是一种农业思想，并且认为，西汉早中期的重农政策，努力发展农业生产的历史史实与草叶纹（麦穗纹）镜流行的年代相吻合，因此，草叶纹正好体现了这一思想[2]。

本书所录草叶纹镜可分为两式：

Ⅰ式：钮座外方格内配置铭文。方格四角均向外伸出一株双叶花枝，方格四边外中部，分别饰有一枚乳钉，每乳钉左右各有一草叶形纹饰，如TJ0114、TJ0124。

Ⅱ式：方格四边中部向外伸出一T形纹，与其相对的是L形纹，方格四角对向为V形纹。规矩纹空间填置草叶纹，如TJ0113。

纹饰亮点：
　　①四虎纹；②博局纹。
亮点介绍：
　　虎的形象生动逼真，颇显活泼可爱，有别于汉代常见威武凶猛态势的白虎造型。

TJ0113　四虎草叶纹镜　汉代
直径160毫米　厚4毫米　重336克

铭文内容："久不相见，长毋相忘"。

---

[1] 程林泉、韩国河《长安汉镜》第67页，陕西人民出版社2002年版。
[2] 何富生《百镜解读》，百花文艺出版社2007年版。

TJ0114 "日有熹"铭草叶纹镜 汉代

直径183毫米 厚5毫米 重649克

铭文内容:"日有熹,宜酒食,长贵富,乐毋事"。

1953年西安东郊红庆村第64号汉墓出土一面草叶纹镜与此镜纹饰风格类似。[①]

① 陕西省文物管理委员会《陕西省出土铜镜》第19页,文物出版社1959年版。

TJ0124 "日有熹" 铭草叶纹镜 汉代

直径163毫米 厚4毫米 重466克

铭文内容："日有熹，长贵富，宜酒食，乐毋事"。

1952年陕西咸阳出土一面草叶纹镜与此镜风格类似[1]。另外，此类草叶纹镜出土范围比较广泛，除陕西外，广州西汉早期墓[2]、四川成都羊子山汉墓[3]、安徽寿县均有出土，唯铭文与镜钮有所差异。

[1] 中国青铜器全集编辑委员会《中国青铜器全集16》图54，文物出版社1998年版。

[2] 广州市文物管理委员会、广州市博物馆《广州汉墓（上）》第154页，文物出版社1981年版。

[3] 四川省博物馆、重庆市博物馆《四川省出土铜镜》图13、14、15、18、19、21，文物出版社1960年版。

第五节 汉代星云纹镜

星云纹镜始见于武帝时期，在西汉中期盛行，西汉晚期仍有存在，新莽时期消失①。多为连峰钮，钮座外为内向十六连弧纹，主题纹饰为数目不等的小乳钉，用曲线相连，其形状很像天文星象图，故习称星云纹。星云纹图案分为四组，其间有乳钉四枚，乳钉外均围以连珠纹。边缘亦作内向十六连弧纹，与钮座外的连弧纹相对应。

本书所录另有四乳四龙纹镜和四乳变形龙纹镜，龙的身躯上都饰以凸起的乳钉纹。这类纹饰的铜镜较星云纹镜少见，但与星云纹镜应有渊源关系，其流行时期与星云纹镜部分重合，但起始年代应略早，加之二者纹饰构图相近，由此可认为此类变形龙纹镜与星云纹镜之间存在先后的传承关系。

纹饰亮点：
    ①仰首兽钮；②变形龙纹的体躯上饰有乳钉状的关节。

亮点介绍：
    此镜镜钮为一仰天的熊状瑞兽，四肢蟠绕于身体周围；主题纹饰为体躯上饰有众多乳突状的四变形龙纹，从龙口中的獠牙、盘曲的身姿来看，其形象应来源于战国时期的蟠龙纹。有学者通过对考古资料的分析，认为此类镜流行于文景至武昭宣时期，并指出这种镜在西汉中期被星云纹镜所取代。换言之，汉代蟠龙纹镜的早期类型应是星云纹镜的前身②。

TJ0117 仰首兽钮四乳四龙纹镜 汉代

直径170毫米 厚6毫米 重621克

陕西西安北郊徐家湾第9号汉墓出土一面铜镜与此镜纹饰相当。③

① 徐征《略论西汉星云纹镜》，《四川教育学院学报》第25卷，2009年第4期。
② 程林泉、韩国河《长安汉镜》第69页，陕西人民出版社2002年版。
③ 陕西省文物管理委员会《陕西省出土铜镜》图版12，文物出版社1959年版。

纹饰亮点：
　　变形龙纹。

TJ0116　**四乳变形龙纹镜**　汉代

直径125毫米　厚4毫米　重282克

TJ0119　星云纹镜　汉代

直径178毫米　厚8毫米　重777克

纹饰亮点：

①乳钉尖锐锋利；②连接乳钉的曲线更显曲回连贯。

上海博物馆所藏一面星云镜与此镜纹饰风格相当。①

---

① 上海博物馆《练形神冶，莹质良工——上海博物馆藏铜镜精品》第132页，上海书画出版社2005年版。

纹饰亮点：

　乳钉尖锐

锋利。

TJ0120　星云纹镜　汉代

直径180毫米　厚7毫米　重791克

此镜纹饰与TJ0119相比，依稀可见龙的部分身体特征，但已表现出了极强的星云纹特征。因此，此镜应稍早于上镜。

纹饰亮点：
　①钮座上的三角形、圆形凹槽；
　②纹饰区域大面积留白。

亮点介绍：
　此镜圆钮座上均匀地分布着一圈三角形和圆形的凹槽，原来应镶嵌有装饰物；主题纹饰区被带连珠纹乳座的四乳钉分为四区，每区只有两枚小乳丁，周围大面积留白区域，从而表现出一种清新疏朗的视觉效果。

TJ0118　乳钉纹镜　汉代

直径132毫米　厚7毫米　重420克

第六节　汉代圈带铭文镜

　　圈带铭文镜主要流行于西汉中晚期。西汉中期前后铭文逐渐成为铜镜纹饰的组成部分。在连弧纹镜中，圈带铭文开始处于主纹的地位，如TJ0141、TJ0142。另有圈带铭文与云雷纹圈带共同组成主题纹饰的镜类，如TJ0137。重圈铭文镜则完全以铭文为主题纹饰，如TJ0100、TJ0148（b）、TJ0147、TJ0130（b）、TJ0153、TJ0150、TJ0152、TJ0154、TJ0149。圈带铭文镜多作圆形，镜背中心为钮座区，最外面的一圈为边缘区。铭文圈带被置于钮座区和边缘区之间，铭文的字句有长短之别，其直接影响着铭文的排布方式。

　　圈带铭文镜的镜铭一般为三言、四言、六言、七言结构的韵文，用词不乏华丽者，读起来朗朗上口，通俗易记。内容与当时社会的现实生活密切相关，或寄托情感，或表达对生活美满的向往，或祝颂社稷安定，或祈祷万事吉祥。此时制镜者专用于促销产品的广告在铜镜铭文中也不断涌现。铭文字体排布夸张舒展，疏密有度，点画得宜，张弛有度，韵味十足，其书法之精妙，足令现代人汗颜！另外，省略偏旁、少笔画、通假字普遍、盛行减字减句等现象在圈带铭文镜中表现得亦较为明显。

TJ0141 "铜华"铭单圈铭文镜 汉代

直径188毫米 厚7毫米 重1137克

铭文内容："涑（冶）治铜华清而明，以之为镜因宜文章，延年而益寿去不羊（祥），与天无极，而日月光，长（乐）未央"。

铭文解释：由于汉代铜镜铸造业的大发展，铜镜在日常生活中的使用越来越普及，生产的商品化程度越来越明显，于是一些赞美铜镜质量和效用，类似广告宣传语的铭文内容不断涌现，从可窥汉代铜镜市场商业竞争中广告宣传意识在铜镜上的社会表现。以TJ0141为例，"涑（冶）治铜华清而明，以之为镜因宜文章"显然是在宣扬所铸铜镜的原材料优良，便于精美的纹饰在镜上的表现，以溢美之词来夸耀铜镜的工艺精良；"延年而益寿去不羊（祥），与天无极，而日月光，长（乐）未央"意为以镜护佑享用此镜的人，延年益寿，辟除一切不祥之兆，与天地同辉，与日月同在，欢乐不尽。这里强调的是以镜祈福的特殊用意。秦末农民战争埋葬了暴秦王朝，代之而起的西汉帝国统治者刘邦集团，吸取了历史的教训，实行了休养生息、无为而治的政策，残破的封建经济迅速恢复和发展起来，出现了像"文景之治"那样繁盛的局面。随着经济的增长，被秦末农民大起义严重打击的地主阶级的经济实力也日益增强，此时的社会富裕阶层"日有熹，月有富"，天天有喜庆，月月进财富，过着"居必安，无忧患"的怡然自得的日子，成天"乐毋事，宜酒食"，并且还有"美人会，琴瑟侍"，这种生活成为当时社会富裕阶层着力追求的目标。因此，"与天无极而日月光，长（乐）未央"一语即出，道出了很多人的心声，期望长久的享受欢乐不尽的富家生活情态。可见，当时的铜镜制造者已经具有了很强的广告意识，充分把握了消费群体的心理需求，从而进行质量和特性方面的大力宣传。一般认为，迄今为止，我国也是世界上现存最早的商业广告实物，是现藏于中国历史博物馆的北宋时期"济南刘家功夫针铺"广告铜版。现在看来，这一记录可以提前至中国汉代，这一时期铸造的铜镜铭文中，业已带有明显的广告意识，笔者认为，这类铜镜才应该算作世界上最早的商业广告实物。而且，随着汉代铜镜的逐渐发展，在西汉晚期到东汉时期，铜镜铭文中的广告意识更加明显，后面将要介绍的"丹阳"镜即属于此。

TJ0142　"清白"铭单圈铭文镜　汉代

直径178毫米　厚7毫米　重743克

铭文内容："洁清白事君，怨驩(欢)之弇明，玄锡之流泽，恐疏之日忘，美人，外承可，□景，永不绝"。

TJ0139 "佳人何伤"铭单圈铭文镜 汉代

直径109毫米 厚3毫米 重181克

铭文内容："清浪铜华以为明竟（镜）。清光明，长乐未央，佳
人何伤，毋相忘"。

TJ0128(b) "昭明"铭单圈铭文镜 汉代

直径118毫米 厚8毫米 重138克

铭文内容："内而清而以而昭而明而光而事而夫而日而月
而今"。

TJ0091 "日光"铭单圈铭文镜 汉代

直径78毫米 厚4毫米 重110克

铭文内容:"见日之光,天下大明"。

铭文解释:这则铭文为汉代常见的镜铭之一。内容一方面表明了镜子反光性能好,另一方面也体现了铜镜具有辟邪功能的"文化内涵"。铭文意为内敛日光的精华,天下一切透彻,驱散黑暗中的妖魅。镜子具有灵性,能驱邪求吉,镇压妖魅。古人认为镜既然能助人观照自身,也应能助人照见一切人眼难以看见的事物,如灵魂、妖魔等。"世上万物久炼成精者,都有本事假托人形以迷惑人,惟不能易镜中真形",所以在镜子的灵性之下,普天之下,一切大明,妖魔鬼怪尽现原形。

TJ0138 "昭明"铭单圈铭文镜 汉代

直径111毫米 厚5毫米 重226克

铭文内容:"内清质以昭明,光辉象夫日月,心忽扬而忠,然雍塞而不泄"。

TJ0134/TJ0135 "久不相见"铭单圈铭文小手镜一对　汉代

直径55毫米　厚2毫米　重35/36克

铭文内容："久不相见，长毋相忘"。

纹饰亮点：
　　铭文字体较大，且为反书。

TJ0137 云雷纹"铜华"铭文镜　汉代

直径117毫米　厚4毫米　重146克

铭文内容："精冶铜华以为镜，昭察衣服观容貌，丝组杂以为信，清光乎宜"。

　　与此镜铭文内容基本相同的铜镜见于陕西西安[1]、湖南长沙[2]，皆非反书铭文字体。《中国铜镜图典》中收录一面铜华云雷纹铭带镜[3]，与此镜铭文内容及纹饰组合完全一样，但铭文字体非反书。

① 西安市文物保护考古所《西安铜镜精华·铜镜》第30页，世界图书出版公司2008年版。
② 湖南省博物馆《湖南出土铜镜图录》第79页，文物出版社1960年版。
③ 孔祥星、刘一曼《中国铜镜图典》第238、239页，文物出版社1992年版。

TJ0140 "日有熹"铭单圈铭文镜 汉代

直径152毫米 厚6毫米 重518克

铭文内容:"日有熹,月有福,乐毋事,宜酒食,居必安,毋忧患,竽瑟侍,心欢,乐已茂,固常然"。

1953年,西安东郊灞桥第4号汉墓出土一面铜镜与此镜纹饰风格类似,直径164毫米。[①]

———————————

① 陕西省文物管理委员会《陕西省出土铜镜》第41页图版31,文物出版社1959年版。

TJ0143　"精白"铭单圈铭文镜　战国

直径178毫米　厚6毫米　重532克

铭文内容："洁精白而事君，窹欢之弇明，彼玄锡之泽，恐疏远日忘，慎美之穷皑，承欢之可悦，慕窈之菫景，毋绝"。

　　此镜铭文字体铸造精美，字峰爽利，浑穆秀丽，突出了简洁刚毅的书写风格，体现了汉代缪篆文字流畅华丽的韵律。

TJ0145 云雷纹"精白"铭文镜 **汉代**

直径183毫米 厚6毫米 重801克

铭文内容："洁精而事君，窥欢之弇明，彼玄锡之泽，恐疏远日忘，慎美之穷皑，承欢之可悦，慕窕之菫景，思不
愿之绝"。

纹饰亮点：

禽鸟啄鱼。

TJ0144 禽鸟食鱼纹"日有熹"单圈铭文镜 汉代

直径178毫米 厚6毫米 重746克

铭文内容："日有熹，月有福，乐毋事，常得意，美人会，竽瑟侍，贾市程，万物平，老复丁，死复生，醉不知醒"。

铭文解释：从此镜铭文中我们可以清楚地看到汉代社会在长久安定、经济发展及富裕阶层出现后，普遍追求享乐安逸的社会心态，其产生的社会根源在上文TJ0141号镜"铭文解释"中已有所简述。镜铭中频繁出现的此类享乐观念的铭文，反映了汉代社会盛期一往流行的社会心理——享乐主义。汉代社会上下音乐歌舞的盛行以及铜镜制作的盛典，与上述社会心理是直接相关的。

　　此镜铭文字体夸张舒展，疏密有度，点画得宜，字体优美，且铭文内容完整，三字一句，读来朗朗上口，表达了当时社会，人们普遍追求享乐安逸的社会心态。

154

纹饰亮点:
　　铭文字体
较大。

TJ0146 　大字版"清白"铭单圈铭文镜　汉代

直径177毫米　厚6毫米　重704克

铭文内容:"洁清质而事君,愿欢之弇明,彼玄锡之流泽,志远而日忘,靡美"。

相关链接:

　　有研究者撰文对这段"清白铭"进行了逐句解读，认为"清白铭"是隐晦地纪念直臣"晁错"的一篇文章。该文对"清白铭"解释如下：忠心耿耿任劳任怨侍文景两代君王，只可惜性格刻深结怨他人命舛遭殃，做人像用玄锡磨拭铜镜才流布恩德，忧虑忠魂远去会忘却社稷安稳危亡，胸前华服不能掩盖忠臣的清廉人品，朝堂之上博取欢心只使人感到忧伤，众人羡慕他的修长身材与灵动身影，期盼百姓都会永远怀念并世代流芳。文章称，昭明镜与清白镜同时流行于西汉中后期，而铭文都是以表现"错虽不终，世衰其忠"（《汉书·晁错传》）为主旨。昭明镜铭文"内清质以昭明，光辉象夫日月，心忽穆而愿忠，然壅塞而不徵（泄）"——品质高尚赤胆忠心清白坦荡，忠贞不贰，形象崇高，日月同光，耿直尽忠，祸福倚伏，深微难言，君臣不和，沟通阻塞横遭祸殃。这像一篇记叙短文，如一幅大致轮廓的写意画，较为曲折隐晦地道出了晁错之死的悲剧和冤案，表达了同情和缅怀之意。而清白镜铭则是对昭明镜铭作了细化与补充，它像一篇抒情散文，如一幅细部勾勒的工笔画，描绘了主人公的形象，展现了他的品格，歌颂了他的功绩，抒发了百姓崇敬、怀念的感情。较之昭明镜铭，清白镜铭有叙述，有描写，有抒情，文学手法更丰富，迫近事件更直接，呼唤人物更大胆，抒发感情也更强烈。利用铭文为直臣晁错冤案鼓与呼，如果说昭明镜是滥觞逶迤，清白镜则是水流汩汩。两者联袂呼应，互为印证，珠联璧合，相得益彰，是不可多得的西汉佳作①。此为一说。晁错（前200—前154年），西汉文帝时的智囊人物，汉族，颍川（今河南禹县城南晁喜铺）人。汉文帝时，晁错因文才出众任太常掌故，后历任太子舍人、博士、太子家令（太子老师）、贤文学。在教导太子中受理深刻，辩才非凡，被太子刘启（即后来的景帝）尊为"智囊"。晁错为人刚直，在政见上与群臣又每每不合，引起众臣嫉恨。又加之晁错的"削藩"主张，引起了诸侯不满。景帝优柔寡断未能采纳，于景帝三年（前154年），终于酿成了"七国之乱"。诸侯以"请诛晁错，以清君侧"为名，威逼景帝。景帝无奈，曰："吾不爱一人而谢天下"，腰斩晁错于长安东市。时晁错46岁。

TJ0100 "精白""昭明"铭双圈铭文镜 汉代

直径178毫米 厚6毫米 重708克

铭文内容： 内圈"内清质以昭明，光辉象夫日月，心忽扬而愿忠，然壅塞而不泄"；

　　　　　外圈"洁精白而事君，怨阴欢之弇明，彼玄锡之流，恐疏而日忘，慎靡美之穷皑，外承欢之可悦，慕窈窕之灵景，愿永思毋绝乎"。

---

① 王纲怀《珠联璧合，相得益彰——西汉清白镜铭文释考兼说与昭明镜铭文的关联》，《中国文物报》2011年7月6日第8版。

TJ0148(b) "清白""昭明"铭双圈铭文镜　汉代

直径175毫米　厚7毫米　重658克

铭文内容：内圈"内清以昭明，光之象夫日月，心忽扬而忠之，然雍塞不泄"；

　　　　　外圈"洁清白而事君，窈欢之弇明，玄锡之流泽，恐疏而日忘，美之，外承可悦，永思毋绝"。

TJ0147 "清白""昭明"铭双圈铭文镜　汉代

直径165毫米　厚7毫米　重466克

铭文内容：内圈"内清之而以昭而明，光而象夫日月，而心忽扬而忠，塞而不泄"；

外圈"洁清白而事君，窓欢之弇明，彼玄而流泽，志而疏日忘，美人，外承可悦，永思而毋绝"。

TJ0130(b) "精白""昭明"铭双圈铭文镜 汉代

直径155毫米 厚5毫米 重492克

铭文内容：内圈"内清质以昭明，光辉象夫日月，心忽扬而愿忠，然雍塞不泄"；

外圈"洁清白而事君，窈阴欢之弈明，彼玄锡之流泽，而日忘，慎靡美之穷皓，外承欢之可悦，慕窈窕

于灵景，愿永思而毋绝"。

 1953年，西安东郊红庆村第20号汉墓出土一面双圈铭文镜与此镜纹饰风格相同，直径155

毫米。[1]

———————————

[1] 陕西省文物管理委员会《陕西省出土铜镜》第33页图版23，文物出版社1959年版。

TJ0153　"皎光""宜佳人"铭双圈铭文镜　汉代

直径180毫米　厚6毫米　重696克

铭文内容：内圈"清浪铅华以为镜，昭察衣服观容貌，丝组杂以为信，清光乎宜佳人"；

外圈"如皎光而耀美，挟佳都而无间，慷欢察而性宁，志存神而不迁，得并观而不弃，精昭折而伴君"。

TJ0150　"清白""昭明"铭双圈铭文镜　*汉代*

直径180毫米　厚7毫米　重817克

铭文内容：内圈"内清质以昭明，光辉象夫日月，心忽扬，不泄"；

外圈"洁清而事君，志欢弇明，彼玄锡之泽，迢疏远日忘，天之□□，慕愿绝"。

TJ0152 "精白""清华"铭双圈铭文镜 汉代

直径180毫米　厚7毫米　重722克

铭文内容：内圈"冶清华，精皎白，坤惠芳，承嘉泽，结彻愿，安彼信，耀流光，付佳人"；

外圈"洁精白而事君，慇污欢之弅明，彼玄锡之流泽，恐疏远而日忘，怀气之美穷皵，外承欢之可说，慕窈窕之灵景，愿永思而毋绝"。

此镜书法艺术点画精妙，布局和谐，婉转舒展，韵味十足。铭文共计七十二字，内容完整。内区铭文内容未见著录，辞藻华丽，是为仅见。

TJ0154 "清白""昭明"铭双圈铭文镜 汉代

直径180毫米 厚7毫米 重807克

铭文内容：内圈"内清以昭明，光辉象夫日月，心忽扬而愿忠，然雍塞泄"；

外圈"洁清而事君，志欢弇明，彼玄锡之泽，迢疏远日忘，□天之□□，承欢之可说，慕景，愿思毋"。

　　此镜字体婉转舒展，张弛有度，点画得宜，韵味十足。其书法艺术之精妙，足令现代人汗颜，当为具有深厚书法造诣的书家所写。字形之硕大，字体之优美，甚为罕见。

TJ0149 云雷纹"铜华"铭文镜 汉代

直径180毫米 厚5毫米 重649克

铭文内容："清浪铅华以为镜，昭察衣服观容貌，丝组杂以为信，清光乎宜佳人"。

第七节　汉代乳钉瑞兽禽鸟纹镜

四神、禽鸟、瑞兽等装饰于铜镜，是西汉晚期开始出现的重要变化，并在相当长的一段时期内影响了铜镜的纹饰题材。乳钉瑞兽禽鸟纹镜主题纹饰装饰有各种瑞兽和禽鸟，并设置三至八或九枚乳钉。纹饰环绕镜钮，形成一圈狭长的纹饰带。此类镜主要流行于西汉晚期到东汉中晚期。

本书所录乳钉瑞兽禽鸟纹镜按照乳钉个数可分为四乳瑞兽禽鸟纹镜、五乳瑞兽禽鸟纹镜、六乳瑞兽禽鸟纹镜、七乳瑞兽禽鸟纹镜、八乳瑞兽禽鸟纹镜。

四乳瑞兽禽鸟纹镜主要特征是钮座外四乳钉间环绕着瑞兽、禽鸟、四神等。其中大部分为素宽平缘，另有三角锯齿纹或双线波折纹边缘。本书所录还有艺术化造型的几何纹边饰（TJ0180）。四乳瑞兽禽鸟纹镜比五至八乳瑞兽禽鸟纹镜出现更早。洛阳出土的铜镜中，这类镜出于西汉晚期墓，广州地区则出在西汉晚期、东汉前期墓葬中。所以，此类镜的时间应为西汉晚期及以后[1]。

本书所录五乳到八乳瑞兽禽鸟纹镜统称为多乳瑞兽禽鸟纹镜，主要流行于东汉中晚期。此类镜一般为圆钮座或四叶纹钮座。钮座外五至八乳不等，以七乳最多。乳钉间饰以瑞兽禽鸟纹或四神纹。边缘纹饰以三角锯齿纹、双线波折纹、双线流云纹居多，偶有素宽平缘。本书所录还有艺术化造型的缠枝忍冬纹边饰（TJ0292）、四神纹边饰（TJ0277〔b〕）、六龙纹边饰（TJ0289〔b〕）、动物纹边饰（TJ0282）。本书所录多乳瑞兽禽鸟纹镜按照所饰瑞兽禽鸟配置的情况可分为多乳四神瑞兽禽鸟纹镜、多乳禽鸟纹镜、多乳瑞兽纹镜。

多乳四神瑞兽禽鸟纹镜一般为圆形，圆钮，圆钮座；钮座外一般环绕八个或九个小乳钉，内区以七乳居多，间以四神、羽人及瑞兽纹，有的在主题纹饰外或内还环绕一圈铭文带，如TJ0306、TJ0308、TJ0280、TJ0311、TJ0301（b）等；边缘纹饰一般为三角锯齿纹、双线流云纹，本书所录还有艺术化造型缠枝忍冬纹（TJ0292）、四神纹边饰（TJ0277〔b〕）和动物纹边饰（TJ0282、TJ0135）。

多乳禽鸟纹镜为乳钉间配置同形的禽鸟，如五乳五禽（TJ0330）、六乳六禽（TJ0316）。其中不少禽鸟呈雏鸡形态。边缘一般为三角锯齿纹或双线流云纹。

多乳瑞兽纹镜为乳钉间配置各种形象生动活泼的瑞兽、羽人等，如TJ0291、TJ0289（b）、TJ0276、TJ0281、TJ0310、TJ0283等。这类镜中七乳瑞兽纹镜纹饰繁复，刻画精致，有的主题纹饰以外装饰有铭文圈带，如TJ0304。

---

[1] 孔祥星、刘一曼《中国古代铜镜》第74页，文物出版社1984年版。

TJ0125 "家常富贵"铭禽鸟几何纹镜 汉代

直径95毫米 厚5毫米 重203克

铭文内容："家常富贵"。

此镜纹饰中火焰形叶纹与"Ω"几何纹相对配置。其中寓意，还需进一步研究探讨。

纹饰亮点：
① 火焰形叶纹；② 禽鸟；③ "Ω"几何纹。

TJ0160 四乳瑞兽纹镜 汉代

直径115毫米 厚5毫米 重321克

纹饰亮点：
四瑞兽形态各异，均为带翼神兽。

TJ0165 "长乐未央"四乳龙虎纹镜 汉代

直径140毫米 厚7毫米 重595克

铭文内容:"长乐未央"。

TJ0162　四乳龙虎纹镜　汉代

直径140毫米　厚6毫米　重541克

1956年，西安南郊第二工业学校发掘的汉墓里出土一面铜镜与此镜纹饰相同，直径120毫米。[1]

---

[1] 陕西省文物管理委员会《陕西省出土铜镜》第66页，文物出版社1959年版。

TJ0164 四乳禽鸟龙虎纹镜 汉代

直径142毫米 厚6毫米 重520克

纹饰亮点：

　　每只瑞兽尾部皆饰有一只双足伫立的长尾尖喙禽鸟纹，且龙虎背部上方饰有一个三角形几何纹。

纹饰亮点：
①动物之间巧妙地搭配，或仰坐，或直立，姿态各异，从而显得此镜整体纹饰动感十足；②钮座下压玄武。

TJ0166　玄武钮座四乳四神瑞兽纹镜　汉代

直径142毫米　厚7毫米　重611克

安徽寿县出土的一面六乳瑞兽纹镜，钮下亦压有一只玄武，龟首、龟尾、四爪、蛇头、蛇尾在钮周围巧妙配置[1]，与此镜有异曲同工之妙。

---

[1] 安徽省考古研究所《六安出土铜镜》第120页，文物出版社2008年版。

纹饰亮点：
瑞兽身
姿颇显华丽
多姿。

TJ0178 柿蒂纹钮座四乳四神瑞兽纹镜 汉代

直径190毫米 厚6毫米 重991克

TJ0179　柿蒂纹钮座四乳瑞兽纹镜　汉代

直径192毫米　厚7毫米　重1110克

TJ0174(b)　四乳瑞兽纹镜　汉代

直径190毫米　厚7毫米　重1053克

纹饰亮点：

　　龙、虎身上做特殊的"锡汞齐"处理，从而显得龙虎形象银光灿灿，与其他动物形成一种明暗有别的视觉效果，突出了主体纹饰。

TJ0170(b) "长宜子孙"铭四乳瑞兽纹镜　汉代

直径165毫米　厚6毫米　重699克

铭文内容:"长宜子孙"。

　　1953年,西安东郊红庆村第八十号汉墓出土一面铜镜与此镜纹饰风格相同,直径187毫米。①

①陕西省文物管理委员会《陕西省出土铜镜》第67页,文物出版社1959年版。

纹饰亮点:

　　纹饰内容繁缛复杂,瑞兽纹之间以S形云纹填充。

亮点介绍:

　　此镜繁缛的纹饰内容显示出一种铺天盖地、满幅而来的视觉感受。纹饰将画面塞得满满的,几乎不留空白。相较于后代文人们青睐的空灵美,它更使人感到饱满实在、单纯洗练,呈现出汉代中华本土的艺术审美传统。

TJ0180　柿蒂纹钮座四乳瑞兽纹镜　汉代

直径190毫米　厚8毫米　重1015克

　　1955年,西安东郊红庆村发掘的汉墓里出土一面铜镜与此镜纹饰风格相当,直径188毫米。①

① 陕西省文物管理委员会《陕西省出土铜镜》第70页,文物出版社1959年版。

TJ0177　柿蒂纹钮座四乳四神瑞兽纹镜　汉代

直径190毫米　厚5毫米　重851克

TJ0168　三线锯齿纹四乳四神瑞兽纹镜　汉代

直径157毫米　厚6毫米　重656克

纹饰亮点：

　　①内区三线锯齿纹；

②瑞兽形态更显华丽多姿。

亮点介绍：

　　此镜瑞兽的造型更显生动活泼，刻意追求身体细节的精雕细琢，从而显得整体纹饰更接近艺术化、生活化。

纹饰亮点：

①瑞兽禽鸟纹与铭文圈带共同构成主题纹饰；②瑞兽禽鸟种类繁多。

亮点介绍：

此镜纹饰布局令人耳目一新，将主题纹饰区分为铭文圈带区和瑞兽纹饰圈带区，从而显得新颖别致，使整体布局张弛有度。

TJ0176 "铅华"铭文圈带四乳瑞兽纹镜 汉代

直径188毫米 厚7毫米 重1008克

铭文内容："涷（冶）治铅华清而明，以为镜宜文章，延年益寿辟去不羊（祥），与天无极，长乐未央"。

铭文解释：文章，指错杂的色彩或花纹；长乐未央，意为欢乐不尽。汉代长乐古瓦上有"长乐未央"四字，如右图（见冯云鹏《金石索·石索六》）。"长乐未央"瓦当，在传统图案中较为常见。

汉代"长乐未央"瓦当

纹饰亮点：

①凤鸟纹的形态极为华丽；②纹饰布局新颖别致。

亮点介绍：

此镜凤鸟纹尾羽比较夸张，几近花卉造型；布局方式为八只凤鸟曲颈昂首，同向缓步轻移。此类纹饰铜镜殊为罕见。

TJ0171 四乳八凤纹镜 汉代

直径167毫米 厚6毫米 重538克

1956年，湖南长沙黄土岭M51汉墓里出土一面四乳瑞兽禽鸟纹镜，其中凤鸟的造型与此镜完全相同，可作参照[1]。

---

[1] 湖南省博物馆《湖南出土铜镜图录》第85页，文物出版社1960年5月版。

TJ0314　四乳四凤鸟纹镜　汉代

直径98毫米　厚6毫米　重200克

　　1975年6月，鄂州市鄂钢医院建设工地汉墓出土一面四乳飞鸟纹镜与此镜纹饰风格相同，直径101毫米。[①]

TJ0330　五乳禽鸟纹镜　汉代

直径108毫米　厚6毫米　重237克

纹饰亮点：

　　五乳钉间隔五禽鸟。

---

① 鄂州市博物馆《鄂州铜镜》第13页图29，中国文学出版社2002年版。

纹饰亮点：
①双圈铭文；
②六乳六禽。

TJ0316　双圈铭文六乳禽鸟纹镜　汉代
直径150毫米　厚5毫米　重328克

　　1983年，九江县（今九江市柴桑区）沙河蔡家洼水库东晋墓出土一面六乳六禽铭文镜，主题纹饰为浅浮雕六禽，禽似雏鸡，间饰六乳钉。从镜的纹饰、铭文来看，该镜虽然出土于东晋墓葬，但应是东汉镜。[1]

① 吴水存《九江出土铜镜·九江出土铜镜概论》第4页图版5，文物出版社1993年版。

TJ0286 七乳瑞兽纹镜 汉代

直径188毫米 厚6毫米 重903克

TJ0290 "宜子孙"七乳瑞兽纹镜 汉代

直径188毫米 厚7毫米 重963克

TJ0288(b) 羽人舞蹈奏乐七乳瑞兽纹镜 汉代

直径190毫米 厚6毫米 重852克

纹饰亮点：

羽人弹琴、击铙、舞蹈。

亮点介绍：

羽人鼓琴纹在汉代艺术品上出现有着特定的意义。《资治通鉴》之《汉纪》五十八载："（建安十五年）朝廷遣南阳张津为交州刺史。津好鬼神事，常著绛帕头，鼓琴，烧香，读道书，云可以助化。"[1] 又如《后汉书·仲长统传》载："弹《南风》之雅操，发清商之妙曲……不受当时之责，永保性命之期。如是，则可以凌霄汉，出宇宙之外矣。"[2] 汉代画像石、画像砖中有西王母旁有羽人弹琴的图案[3]。刘艺《镜与中国传统文化》中结合古代文献认为：铜镜中无论是操琴、抚琴、鼓琴，还是听琴者，其目的是想借助琴的"神力化去不死"，成为可以凌霄汉的仙人[4]。羽人击铙的纹饰在汉代画像石中也多见[5]，此镜纹饰中一羽人跳跃舞蹈中一手持椎，另一手持铙，铙最早见于商代，其最初功能为军中传播号令之用，汉代沿用，但主要作为乐舞中的打击乐器[6]。关于羽人鼓乐舞蹈的形象，有学者结合古文献研究认为：所谓羽人舞蹈，实际上就是引导人们升仙[7]。

相关链接：

关于中国羽人的最早记载见于屈原《楚辞·远游》："闻至贵而遂徂兮，忽乎吾将行。仍羽人于丹丘兮，留不死之旧乡。朝濯发于汤谷兮，夕晞余身兮九阳。吸飞泉之微液兮，怀琬琰之华英……载营魄而登霞兮，掩浮云而上征。命天阍其开关兮，掩浮云而上征。命天阍其开关兮，排阊阖而望予。"沈海龙《汉代画像中羽人形象的文化溯源》中写道"中国的羽人形象应该是发端于上古先民对鸟的图腾崇拜，经三代，越春秋，再到战国秦汉的历史演进，其间经历了各种社会思想观念的影响，但是它终究经受住了历史的变迁，飞进了秦汉，成为一个不再是原生态的却是地道的中国精灵。"[8]

---

[1]《资治通鉴》卷六十六，第5册，第2105页，中华书局1976年版。

[2]《后汉书》卷四十九，列传第三十九，第6册，第1644页，中华书局1965年版。

[3] 龚廷万等《巴蜀汉代画像集》图376，文物出版社1998年版。

[4] 刘艺《镜与中国传统文化》第188页，巴蜀书社2004年版。

[5] 山东省博物馆等《山东汉画像石选集》图365，齐鲁书社1982年版。

[6] 深圳博物馆等《镜涵春秋——青峰泉、三镜堂藏中国古代铜镜》第139页，文物出版社2012年版。

[7]《〈楚辞〉门外话"羽人"——关于羽人缘起、信仰及图像传播等》，《中国楚辞学（第14辑）——2007年浙江杭州屈原及术研讨会论文集》第236～237页，学苑出版社2011年版。

[8] 沈海龙《汉代画像中羽人形象的文化溯源》，《黑龙江史志》2009年第18期。

纹饰亮点：

　　艺术化造型的四神纹边饰。

亮点介绍：

　　以剔地平雕技法塑造的青龙、白虎、朱雀、玄武纹环绕一周作为边缘纹饰。

TJ0277(b)　　四神纹边饰七乳瑞兽纹镜　　汉代

直径130毫米　厚4毫米　重389克

纹饰亮点：

①羽人捧芝草；②黄羊。

亮点介绍：

关于"羽人"的渊源在上文 TJ0288(b)"相关链接"中我们作了简略的说明。在此，我们将对其寓意作更进一步探讨。东汉王逸注："人得道生毛，羽毛也。"《山海经·海外南经》载："羽民国在其东南，其为人长头，身生羽。"可见，在古人心目中，羽人为有翼的不死仙人。在西汉晚期确立了以西王母为核心的神仙体系后，羽人成为附属于西王母的次一级仙人，这在汉代众多画像石、画像砖上均可见到。《淮南子·览冥训》载："羿请不死之药于西王母，姮娥窃以奔月。"这表明西王母是掌管不死之药的神仙，而作为西王母侍仙的羽人，手捧仙草赐予欲"羽化登仙"之人，当在情理之中[1]，此镜中羽人捧芝草即属于此。《镜涵春秋——青峰泉、三镜堂藏中国古代铜镜》069 号"尚方佳竟"四神禽兽博局纹镜的介绍说："此镜纹饰中，与朱雀相配的为一独角羊。罗振玉《古镜图录》中收录了一件铜镜，绘有一羽人骑坐呈向前奔驰状的独角兽，侧有榜题铭文为'黄羊'[2]，与此镜上的独角羊相似，所以此兽似可称为'黄羊'。"《后汉书·阴识传》载："宣帝时，阴子方者……家有黄羊，因以祀之。自是已后，暴至巨富，田有七百余顷，与马仆隶，比于邦君。"可见黄羊在汉代是祥瑞的象征[3]。而仔细观察本书所录 TJ0291 镜上独角瑞兽的形象，也极似《古镜图录》中带有"黄羊"榜题的瑞兽纹，所以，此镜中的独角瑞兽形象我们亦称为"黄羊"。

TJ0291　七乳瑞兽纹镜　汉代

直径190毫米　厚6毫米　重922克

---

①深圳博物馆等《镜涵春秋——青峰泉、三镜堂藏中国古代铜镜》第125页，文物出版社2012年版。

②李新城《东汉铜镜铭文整理与研究》第271页，博士学位论文，华东师范大学2006年。

③深圳博物馆等《镜涵春秋——青峰泉、三镜堂藏中国古代铜镜》第125页，文物出版社2012年版。

纹饰亮点:
　　艺术化造型的六龙纹边饰。
亮点介绍:
　　以剔地平雕技法塑造的同形六龙纹环绕一周作为边缘纹饰。

TJ0289(b)　六龙纹边饰七乳瑞兽纹镜　汉代

直径190毫米　厚7毫米　重886克

TJ0282　动物纹边饰七乳瑞兽纹镜　汉代

直径185毫米　厚7毫米　重866克

　　1956年，西安东郊高楼村第一号汉墓出土一面铜镜与此镜纹饰风格相同，直径187毫米。[1]

---

[1] 陕西省文物管理委员会《陕西省出土铜镜》第69页，文物出版社1959年版。

纹饰亮点：
①瑞兽身上做特殊的"锡汞齐"处理；②青龙持灵芝。

TJ0285　"青龙持灵芝"七乳瑞兽纹镜　汉代

直径188毫米　厚6毫米　重599克

上海博物馆藏有一面鸟兽纹镜与此镜纹饰风格及布局方式相当，直径183毫米。①

① 上海博物馆《练形神冶，莹质良工——上海博物馆藏铜镜精品》第162、163页，上海书画出版社2005年版。

纹饰亮点:
　艺术化造型
的动物纹边饰。

TJ0135　七乳瑞兽纹镜　汉代
直径163毫米　厚5毫米　重647克

纹饰亮点：

　　羽人俯身采芝草或捧仙药。

亮点介绍：

　　此镜纹饰中有羽人俯身采芝草的纹饰。我们在上文TJ0291号镜"亮点解释"中已述：羽人有替西王母赐予不死药之职责，灵芝即为不死之药之一，采灵芝应也为羽人的职责。

TJ0287 "羽人采灵芝"七乳瑞兽纹镜　汉代

直径190毫米　厚6毫米　重990克

纹饰亮点：

①双凤鸟环绕乳钉座；②十二枚乳钉环绕钮座；③缠枝忍冬纹边饰。

亮点介绍：

此镜七乳钉被装饰的格外别致，圆形乳座与其外的单线弦纹圈之间皆为艺术化造型的双凤鸟纹环绕，与繁缛的主题纹饰相映衬，从而使得整体纹饰显得异常华丽。

七乳瑞兽禽鸟纹镜一般镜钮座周围围以七或九乳钉，以九乳钉居多，所见还有八乳钉的，而此镜十二乳钉，极为少见。

TJ0292　七乳瑞兽纹镜　汉代

直径210毫米　厚5毫米　重1035克

纹饰亮点
羽人骑鹿。

TJ0367 "羽人骑鹿"七乳瑞兽纹镜　汉代

直径215毫米　厚6毫米　重1095克

纹饰亮点：

①羽人骑兽；
②羽人舞蹈；③羽人戏龙；④青龙头部正前方一弦纹圈内饰阳乌鸟，以示太阳；白虎头部正前方一弦纹圈内饰蟾蜍，以示月亮。

亮点介绍：

此镜纹饰中羽人形象有三个之多，通过现实和神、人与兽同台之画面，极有气魄地展示了一个五彩缤纷、琳琅满目的世界，这个世界是有意或无意作为人的本质的对象化，作为人的有机或非有机的躯体而表现。李泽厚在《美的历程》中说："现实和神、人与兽同台是人对客观世界的征服，这才是汉代艺术的真正主题。"①

TJ0306 "尚方御竟"铭七乳瑞兽纹镜 汉代

直径183毫米 厚5毫米 重730克

铭文内容："尚方御竟真大好，上有仙人不知老，渴饮玉泉饥食枣，浮游天下遨四海，徘徊名山采芝草，寿如金石为国保，乐未央宜侯王兮"。

相关链接：

"尚方"为古代制办和掌管宫廷饮食器物的宫署。秦置，属少府。汉末分中、左、右三尚方。秦、汉少府所属有尚方令及丞，令秩六百石，掌制造供御刀剑等珍贵器物。《通典》谓汉末分为中、左、右。而出土文物表明，武帝时已有中尚方，所造多钟、鼎、壶等用器，宣帝初已有右尚方，三尚方之分至晚始于武帝时。《史记·绛侯周勃世家》："条侯子为父买工官尚方甲楯五百被可以葬者。"司马贞索隐："工官即尚方之工，所作物属尚方，故云工官尚方。"东汉时期民间铸镜亦有伪托"尚方"之铭的。根据所见实物资料观察可知，"尚方作竟"铭博局纹镜制造良莠不齐，而带有"尚方御镜"铭、"尚方佳竟"铭的铜镜皆质地精良，工艺精湛。此镜纹饰繁缛华丽，细节勾画一丝不苟，当为尚方官署所制。

"尚方御镜"铭文一般情况下在博局纹镜中出现较多，与七乳瑞兽禽鸟纹饰组合出现的极为少见。

---

① 李泽厚《美的历程》第121页，第四章《楚汉浪漫主义》，天津社会科学出版社2001年版。

TJ0276 七乳羽人瑞兽凤鸟纹镜 汉代

直径118毫米 厚7毫米 重386克

TJ0278(b) 七乳羽人瑞兽纹镜 汉代

直径140毫米 厚6毫米 重480克

TJO304 "㳙言"铭七乳瑞兽纹镜 汉代

直径160毫米 厚6毫米 重535克

纹饰亮点:

柿蒂纹钮座。

亮点介绍:

这种于博局
纹镜中常见的柿
蒂纹钮座极少在
七乳瑞兽禽鸟纹
镜中出现, 由此
我们以为此镜应
与上述博局纹镜
年代相当。

铭文内容:"㳙言之始自有纪, 湅冶铜锡去其滓, 辟除不祥宜古市, 长保二亲利孙子"。

铭文解释: 贾、古本一字。《荀子》"君子不如贾人", 杨注曰"贾与古同"。"古市"即"贾市", 即买卖、交易。《管子·七臣七主》:"主好本, 则民好垦草莱; 主好货, 则人贾市。"《史记·大宛列传》:"其兵弱, 畏战。善贾市。"张正见《前有一樽酒行》:"为吏当高迁, 贾市得万倍。"汉焦赣《易林·艮之师》:"北山有枣, 使叔寿考; 东领多栗, 宜行贾市。""宜古市"即有利于商业买卖活动。从此镜铭文"宜古市"我们似乎可以联想到当时铜镜交易市场已经走向了规模化、产业化, 流通环节似乎已经出现了生产商和销售商的分化。作为生产商的铜镜作坊在铸出的铜镜上除了标榜铜镜质量优良的宣传广告外, 也标明"宜古市", 即在市场上易于销售, 这无疑是面对铜镜销售商的广告宣传。另外, 对此铭文内容我们还可以进行这样的考虑, 当时的铜镜作坊做出的诸如此镜这样精美的铜镜是面向特定人群的, 即从事商品买卖的商人。虽然汉代社会初期提倡"重农抑商", 但是惠帝及文、景之时, 实行"开关梁, 驰山泽之禁", 大力推行"休养生息"政策, 社会经济得到迅速恢复发展, 此时商品经济快速发展起来, 到汉武帝时出现了繁荣景象。汉代商品经济的快速发展, 其原因是多方面的, 主要有以下四点: (1) 社会生产力的进步是汉代社会经济(包括商品经济)快速发展的前提条件; (2) 汉初"黄老政治"与"休养生息"政策, 为汉代商品经济的快速发展提供了强有力的政策保障; (3) 社会消费需求的扩大, 是汉代社会经济特别是商品经济快速发展的内在动力; (4) 秦汉时期统一多民族国家的政治格局, 为汉代商品经济的发展提供了良好的社会环境。从而产生了相当一部分的从事商业活动的商人, 而这些人无疑逐渐成为社会富裕阶层, 他们是铜镜这种奢侈品的主要购买群体。所以, 铜镜作坊充分把握客户的心理需求, 从而在铜镜上标明"辟去不祥宜古市", 意为使用此镜可以辟去一切不祥之兆, 有利于从事商品买卖的商人的商业活动。对于此镜铭文的解读此或为一说。

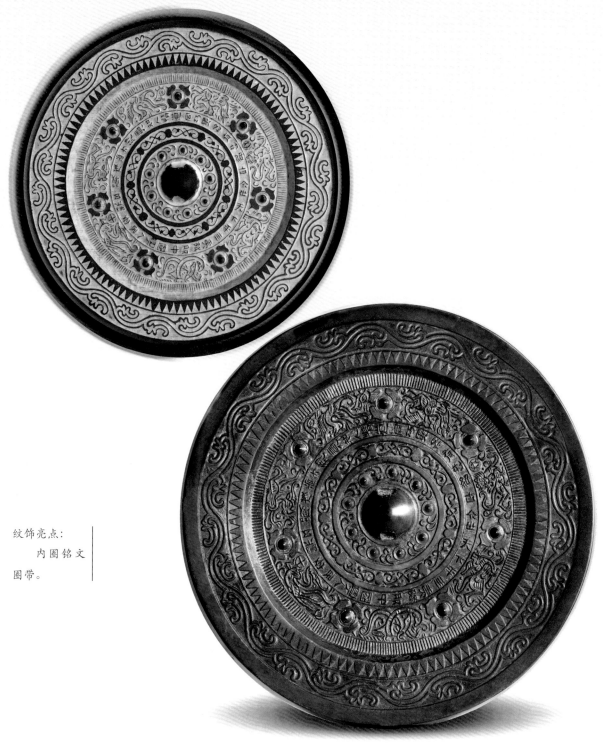

纹饰亮点：
　　内圈铭文
圈带。

TJ0308 "四夷降服中国宁"铭七乳瑞兽纹镜　汉代

直径188毫米　厚7毫米　重882克

铭文内容："尚方御镜知人情，道同巧异各有荆，维古今世天下平，四夷降服中国宁，人民安乐五谷成"。

　　此镜铭文内容极为少见，目前所见铜镜著录均未见记载。前文已述，"尚方御镜"铭文与七乳瑞兽禽鸟组合极为少见，而此镜如此罕见的"尚方御镜"铭文与七乳瑞兽禽鸟纹组合，更显其弥足珍贵。

纹饰亮点：
    内圈铭文
圈带。

TJ0280 "涑石峰下之菁"铭七乳瑞兽纹镜　汉代

直径145毫米　厚4毫米　重382克

铭文内容："涑石峰下之菁，见乃已知人情，心志后乐长生"。

纹饰亮点：

①羽人舞蹈；②青龙吹笙；③角王鼓瑟；④白虎击铙。

此镜纹饰亮点介绍可参照上文TJ0288(b)所述。

相关链接：

张宏林先生经过翔实的考证认为"角王巨虚"镜应铸制于西汉末至王莽时期。角王、巨虚应是与青龙、白虎等祥瑞的瑞兽一样是具有祛邪恶，降祥瑞的瑞兽。①

TJ0311 "角王巨虚"铭七乳瑞兽纹镜 汉代

直径213毫米 厚6毫米 重1013克

铭文内容： "角王巨虚日后喜，昭此明镜诚快意，上有龙虎四时宜，长保二亲乐毋事，子孙顺息家富戳，予天无极受大福"。

此镜纹饰与《镜涵春秋——青峰泉、三镜堂藏中国古代铜镜》所录86号"尚方佳竟"七乳神人禽兽纹镜纹饰内容相当，其中有青龙鼓瑟、羽人奏琴、羽人击铙、羽人舞蹈的纹饰。作者经过分析认为该镜纹饰内容表现出古人对歌舞升平的美好生活的向往，还体现出古人"羽化登仙"的祈望②。此镜纹饰表现寓意亦如此。

---

① 张宏林、冯谋泰《角王巨虚铭文镜及其铸制时期》，《收藏家》2009年第1期。

② 深圳博物馆等《镜涵春秋——青峰泉、三镜堂藏中国古代铜镜》第139页，文物出版社2012年版。

TJ0301(b) "七子九孙"铭七乳瑞兽纹镜　汉代

直径204毫米　厚8毫米　重988克

铭文内容："尚方作竟真大巧，上有山人不知（老），渴饮玉泉饥食枣，七子九孙长相保兮"。

相关链接：

　　西汉中期以后，铭文占据了重要位置，有的甚至取代了纹饰。这时铭文的字体笔书，除尚方镜中能保持整齐划一外，一般铜镜则一反汉初谨严不苟的作风，出现了代用字、简笔字及句中缺字等现象。这种状况之所以能被社会习俗接受，是因为简字、代字在当时大众生活中已广为流传，故凡遇到笔画较繁或文字较生涩的字，多以简字来代替，如最习见的"山"代"仙"，"古"代"贾"，"守"代"兽"，"次"代"饮"，"周"代"雕"，"羊"代"祥"等。

纹饰亮点：
　　①羽人持芝草；
　②孔子羊。

亮点介绍：

　　《古镜今照——中国铜镜研究会成员藏镜精粹》一书中录有一面"胡人养之"铭七乳瑞兽纹镜，其中一组纹饰为一卧地的羊，旁边榜题"孔子羊"①，此镜上羊的纹饰与其完全相同。所以，此镜上的羊亦应为"孔子羊"。

TJ0293(b) "羽人持芝"七乳瑞兽纹镜　汉代

直径175毫米　厚5毫米　重686克

---

① 浙江省博物馆《古镜今照——中国铜镜研究会成员藏镜精粹》第216、217页图106，文物出版社2012年版。

纹饰亮点：
艺术化造型的三凤鸟环绕组成纹饰圈带。

亮点介绍：
内区艺术化造型的三凤鸟纹环绕一周组成纹饰圈带。凤鸟以粗线条、大轮廓的构图方式表现，从而与外区瑞兽纹细线条、精雕细琢的构图形成疏密有致、清新活泼的视觉效果。

TJ0281　"三凤环绕"纹饰圈带八乳瑞兽纹镜　汉代

直径160毫米　厚4毫米　重586克

纹饰亮点：
①内圈铭文圈带；②四只动物身上及铭文圈带做特殊的"锡汞齐"处理；③铭文字体类王莽时期的悬针篆。

TJ0310　"涑石峰下之菁"铭八乳瑞兽纹镜　汉代

直径190毫米　厚7毫米　重954克

铭文内容："内而光明而青，涑石峰下之菁，见乃已佳人情，而长生心中分"。

TJ0283 "将军令尹民日行"铭八乳瑞兽纹镜 汉代

直径188毫米　厚5毫米　重900克

铭文内容：　"虏胡真灭见青黄，然（单）于举土列侯王，将军令尹民户行，诸生万舍在北方，郊祀星宿并共皇，子孙复有明堂"。

铭文介绍：　这则铭文中的部分内容，与当时的礼乐文明有着密切的关系。铭文中的"青黄""郊祀"等内容，则承载着礼乐文化方面的一些重要信息，与当时的礼乐文明具有密不可分的关系。《汉书·礼乐志》载："郊祀歌十九章，其诗曰：'练时日，候有望……灵安留，吟青黄'。"颜师古注："青黄，谓四时之乐也"。由此可见"青黄"是四时的庆贺之乐。而镜铭中的"虏胡真灭见青黄"，意在说明由于战争的消失，人们又能重新听到四时之乐的愉快情景[①]

① 张宏林《规矩镜中的礼乐文明》，《天天商报》2011年2月11日。

第八节　汉代瑞兽禽鸟博局纹镜

博局纹是汉代铜镜较多见的一种纹饰。以前国内和日本学者称之为"规矩纹"，原因是认为镜上的TLV形符号为规（圆规）、矩（直尺）的象征；欧美学者则习称"TLV纹"。但是较多的研究者则认为铜镜上这种纹饰与六博图纹有关或来源于六博，日本学者中山平次郎、中国学者杨联陞等均持此说[1]。20世纪70年代末，熊传新根据马王堆等地出土的六博的格道图案与铜镜上的T、L、V纹比较，认为铜镜上的十二个曲道（即所谓规矩纹）的排列组合是固定的、有规律的，与博局的曲道相同，如果把铜镜图案叠放在博局图案之上，则两种图案完全吻合，因此提出此类镜可称之为博局纹镜[2]。另有学者从博局纹铜镜的产生、发展和消失的过程来分析，认为其与博戏的存在、发展以及兴衰紧紧地联系在一起。博局纹铜镜约产生于秦汉之际，全盛于西汉，消失于两晋南北朝之间。也就是说，它诞生于博戏盛行之时，消失于博戏衰落之日[3]。从目前的考古发现看，自战国中期前段至东汉早期，均有六博棋局出土，其棋盘上的T、L、V形符号及布局与博局纹镜相同[4]。六博棋的出现远远早于博局纹镜，因此博局纹镜的纹饰应当来源于六博棋局。另外，深圳博物馆藏有一件"仙人止博"七乳神人神兽纹镜，其中描绘有两仙人对坐博局两侧，向空中掷起一骰子，棋盘亦与博局纹镜相似，纹侧有榜题铭为"仙人止博"[5]。此镜亦可为博局纹镜与六博棋局间渊源关系的一例明证。中国国家博物馆所藏"四神规矩纹镜"拓本铭文中出现了"刻具博局去不羊"的词句，则是最直接、最有力的证据了[6]。

六博，又作陆博，是中国古代一种掷采行棋的博戏类游戏，在汉代极为盛行。《西京杂记》卷下《陆博术》："许博昌，安陵人也、善陆博，窦婴好之，常与居处。其术曰：'方畔揭道张，张畔捐道方；张究屈玄高，高玄屈究张。'三辅儿童皆诵之。"善博者在社会上受人尊敬，西汉王朝还专门设有博待诏官。博具这时还常被用作嫁妆和随葬品，甚至人们在举行祭祀时，也张设博局。《汉书·五行志》："哀帝建平四年，'京师郡国民聚会里巷仟佰，设张博具，歌舞祠西王母'"。可见当时"六博"已渗透到了社会生活的很多方面，因此汉代将"博局"纹表现在铜镜纹饰上也就不足为奇了。

---

① 孔祥星、刘一曼《中国古代铜镜》第81页，文物出版社1984年版。

② 熊传新《谈马王堆三号西汉墓出土的陆博》，《文物》1979年第4期。

③ 傅举有《论秦汉时期的博具、博戏兼及博局纹镜》，《考古学报》1986年第1期。

④ 黄儒宣《六博棋局的演变》，《中原文物》2010年第1期。

⑤ 蔡明、黄诗金《深圳博物馆藏青铜器精品赏析》，《文博》2010年第4期。

⑥ 周铮《规矩镜应改称博局镜》，《考古》1987年第12期。

博局纹镜是汉代最为流行的铜镜种类之一。在西汉早中期的蟠龙纹镜和草叶纹镜上，就有T、L、V形博局纹符号[1]，如陕西眉县出土的西汉初至文景时期的博局蟠龙草叶纹镜[2]、河北中山靖王墓出土的西汉早中期的博局蟠龙纹镜[3]、陕西岐山出土的西汉中期博局草叶纹镜[4]等。但此类博局纹镜数量相对较少，在西汉早中期尚未成为流行镜式。西汉晚期开始出现以四神为主纹饰的禽兽博局纹镜，一直流行至东汉中期[5]。简化瑞兽禽鸟博局纹镜主要流行于东汉中、晚期[6]，这种简化的瑞兽禽鸟博局纹镜在本书中我们称之为"规矩纹镜"，V纹为规，L纹为矩。如本书所录TJ0206，因为其已不具备中心方框、四方十二曲道的博局纹基本特征，所以我们推测规矩纹镜为博局纹镜发展到一定阶段的产物。

为了便于区分本书所录数量较多的瑞兽禽鸟博局纹镜，我们根据主题纹饰区的布局方式，以乳钉个数为准，分为八乳瑞兽禽鸟博局纹镜、四乳瑞兽禽鸟博局纹镜、无乳瑞兽禽鸟博局纹镜三类。

以下对于本书所录瑞兽禽鸟博局纹镜以纹饰布局方式（即八乳、四乳、无乳）为序来进行介绍，每一类大致可分为三式：

Ⅰ式：四神瑞兽禽鸟博局纹镜。在博局纹截成的界格内，青龙、白虎、朱雀、玄武各据一方，并配有禽鸟、走兽、羽人等。纹饰外有的环绕一周铭文带。边缘纹饰复杂，以三角锯齿纹、流云纹为主。此类镜在本书所录八乳瑞兽禽鸟纹镜中比例较大。

Ⅱ式：瑞兽禽鸟博局纹镜纹饰与Ⅰ式大致相同。但内容不是四神配列四方，而是形态各异的禽、兽、羽人。有的包括四神中的两三种神兽。

Ⅲ式：云气博局纹镜。纹饰中禽兽图案换成了简略的线条纹和云气纹，一般没有铭文带。

① 深圳博物馆等《镜涵春秋——青峰泉、三镜堂藏中国古代铜镜》第87页，文物出版社2012年版。
② 刘军社《陕西眉县长兴汉墓发掘报告》，《文博》1989年第1期。
③ 孔祥星、刘一曼《中国古代铜镜》图版二○—2，文物出版社1984年版。
④ 庞文龙《岐山县帖家河出土的汉代铜器》，《考古与文物》1992年第4期。
⑤ 陈静《汉代两京地区出土博局纹镜浅析》第68～69页，郑州大学2006年硕士学位论文。
⑥ 孔祥星、刘一曼《中国古代铜镜》第80页，文物出版社1984年版。

八乳瑞兽禽鸟博局纹镜

纹饰亮点：

　　羽人戏禽鸟。

亮点介绍：

　　在瑞兽禽鸟博局纹镜中，羽人如无处不在的小精灵，或嬉，或舞，或对弈，或侍神，或翻腾飞跃，是得道升仙之人。此镜纹饰中一个羽人在持芝逗戏一只小禽鸟，表示了在仙境的世界中，羽人"徘徊名山采芝草"，快乐无比，永无忧愁的境界，表现了人们对于"羽化升仙"的向往。

TJ0230(b) "尚方作竟" 铭四神瑞兽博局纹镜　汉代

直径165毫米　厚6毫米　重536克

铭文内容："尚方作竟真大好，上有仙人不知老，渴饮玉泉饥食枣，浮游天下遨四海，徘徊名山采芝草，如天保。"

　　1973年，湖北鄂州市八一钢铁厂汉墓出土一面铜镜与此镜纹饰相同，直径160毫米。[1]

① 鄂州市博物馆《鄂州铜镜》第8页图19，中国文学出版社2002年版。

纹饰亮点:
　　玄武表现形
象为龟蛇分体。

TJ0227(b) "尚方佳竟"铭四神瑞兽博局纹镜　汉代

直径165毫米　厚4毫米　重571克

铭文内容:"尚方作竟真大好,上有仙人不知老,渴饮玉泉饥食枣,寿如石。"

铭文解释:"玉泉"意与"礼泉"同,即甜美的泉水,传说经常饮用有利于长生。汉代镜铭中"渴饮玉泉饥食枣"
　　　　　常见。道家养生和神仙学说也将其释作口中津液或者玉浆,都是可以长生成仙的妙药;"饥食枣",在求
　　　　　仙的人看来,枣是有特殊功效的食物,是仙人的食物。《史记·孝武本纪》:"少君言于上曰'臣尝游海
　　　　　上,见安期生,食巨枣大如瓜。安期生倦者,通蓬莱中,合则见人,不合则隐。'"

纹饰亮点:

①羽人骑鹿;
②羽人舞蹈。

TJ0203(b) "王氏作竟"铭四神瑞兽博局纹镜 汉代

直径140毫米 厚4毫米 重394克

铭文内容:"王氏作竟真大好,上有仙人不知老,渴饮玉泉饥食枣,浮游天下遨四海,徘徊名山采草芝,大利兮"。

相关链接：

东汉中期以后，铜镜铭文在表现各种意义之外，往往加上铸镜的纪年或纪氏铭文或纪名铭文。纪氏铭常见的有：王氏、刘氏、李氏、龙氏、驺氏、朱氏、袁氏、阴氏、程氏、吕氏、许氏、史氏、秦氏、石氏等；纪名铭文又分人名、爵名、铸镜机构名，如：周仲、会稽师鲍、师郑豫、公孙家、张兴、吴郡赵忠、吴将军、尚方、右尚方、上方、青羊、青盖、青胜、三羊等。

TJ0229(b) "阴氏作竟"铭四神瑞兽博局纹镜　汉代

直径162毫米　厚4毫米　重526克

铭文内容："（阴）氏作竟真大巧，上有仙人不知老，渴饮玉泉饥食枣，宜官秩受"。

纹饰亮点：

①羽人戏龙；②瑞兽纹饰间大面积的留白区域以云气纹填充。

亮点介绍：

我们以为这里的羽人与龙配合出现，至少表现了两方面的含义：一方面，羽人即是汉人头脑中的仙人，它是道教形成期关于神仙世界的主观臆想，是道家所追求和宣传的超越时空和宇宙的、能够长生不老的人。因而，羽人在汉镜上多有出现。而龙又是古人心目中沟通天地神灵的一种祥瑞之物。因而，龙与羽人的配合出现，就表达了一种人们渴望借助龙的神力得道升天的神仙观念；另一方面，汉代出现了不少"人与龙"的空前少见的新题材，主要表现为人与龙嬉戏、共处、同乐，虽很简拙古朴，却相当生动，富有真实性的装饰美感。这似乎表明：龙人共处，展示了人的自信与力量。从中恰可揭示这时的神龙已由被崇拜的祖神偶像，变为人可奴役的"畜龙""役龙"，反衬出人的自信自主、自力自强，更显示了人的威力而足可战胜一切艰险，飞向美好世界的"人定胜天"的意志力量与坚强信念，从而，显示出自然文化转向人文文化新发展的标志之一。

TJ0249(b) "作佳竟"铭四神瑞兽博局纹镜　汉代

直径192毫米　厚5毫米　重870克

铭文内容："作佳竟哉真大好，上有仙人不知老，渴饮玉泉饥食枣，浮游天下遨四海，寿如金石为国保"。

纹饰亮点：

①羽人对坐吹箫奏乐；②仙人骑兽；③青龙、白虎身旁各有一弦纹圈，其内一为阳乌鸟，一为蟾蜍。

亮点介绍：

此镜弦纹圈和其中的三足乌是天上太阳的象征图案。汉王充《论衡·说日》载："日中有三足乌。"《楚辞·天问》王逸注引《淮南子》曰："尧命羿仰射十日，中其九日，日中九乌皆死，坠其羽翼。"可见日中神禽三足乌，即指日之精也；弦纹圈和其中的蟾蜍是天上月亮的象征图案。《淮南子·说林训》云："月照天下，蚀于詹诸（蟾蜍）。"月中蟾蜍，即指食月之凶物月之精也。三足乌象征太阳的图案和象征东方的青龙图案排列方位一致，刻绘有蟾蜍象征月亮的图案和象征西方的白虎图案排列方位相一致。

TJ0261(b) "尚方作镜"铭四神瑞兽博局纹镜 汉代

直径204毫米 厚5毫米 重772克

铭文内容："尚方作竟大毋伤，巧工刻之成文章，左龙右虎辟不羊，朱鸟玄武顺阴阳，子孙备俱居中央"。

纹饰亮点：

　　缠枝花卉纹边饰。

相关链接：

　　"汉有善铜出丹阳"，标明铜镜原料铜的产地。"丹阳"指汉代的丹阳郡，是汉代最有名的铜矿所在地。西汉还在丹阳设立官署专职管理。《汉书·食货志》："金有三等，黄金为上，白金为中，赤铜为下。"孟康注："白金，银也。赤金，丹阳铜也。"关于丹阳铜产地现在的确切位置至今说法不一，王仲舒认为是安徽宣城①、裘忱耀认为是安徽当涂县②、魏嵩山认为分布于丹阳郡所辖的今属苏浙皖交界的茅山、天目山及九华山区③。

TJ0213(b) "汉有善铜"铭四神瑞兽博局纹镜 汉代

直径140毫米　厚5毫米　重440克

铭文内容："汉有善铜出丹阳，和以银锡清且明，左"。

　　1956年，湖南长沙杨家湾M42号汉代墓葬所出博局纹镜与此镜纹饰布局及边缘纹饰相同，直径166毫米④。

① 王仲舒《汉代物质文化略论》，《考古通讯》1956年第6期。

② 裘忱耀《汉代著名产铜地丹阳考》，《历史研究》1957年第2期。

③ 魏嵩山《西汉丹阳铜产地新考》，《安徽大学学报（社会科学版）》1979年第3期。

④ 湖南省博物馆《湖南出土铜镜图录》第93页，文物出版社1960年版。

TJ0274(b) 四神瑞兽博局纹镜 汉代

直径135毫米 厚5毫米 重443克

TJ0226(b) "上大山"铭变形凤鸟博局纹镜 汉代

直径155毫米 厚6毫米 重620克

铭文内容："上大山，见神人，食玉英，饮礼泉，
驾蜚龙，乘浮云，宜（子）孙"。

纹饰亮点：
变形凤鸟纹
尾部皆呈花卉状。

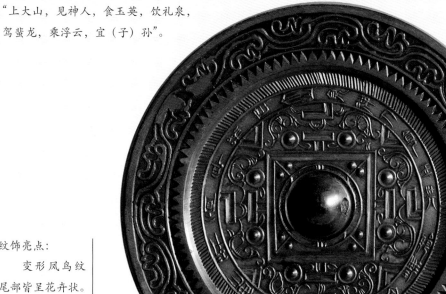

TJ0183(b) 云气博局纹镜 汉代

直径112毫米 厚4毫米 重269克

纹饰亮点：

　　凹面方框内切一双线弦纹圈，圈内为八枚小乳钉。

TJ0233　"汉有善铜出丹阳"铭四神瑞兽博局纹镜　汉代

直径165毫米　厚5毫米　重666克

铭文内容："汉有善铜出丹阳，和以银锡清且明，左龙右虎主四彭，八字九孙治中央，乐未央"。

　　1954年，湖南长沙杜家坡M1汉墓出土一面铜镜与此镜纹饰风格相同，直径190毫米。[①]

---

① 湖南省博物馆《湖南出土铜镜图录》第92页，文物出版社1960年版。

TJ0232　"作佳竟哉真大好"铭四神瑞兽博局纹镜　汉代

直径165毫米　厚5毫米　重588克

铭文内容："作佳竟哉真大好，上有仙人不知老，渴饮玉泉饥食枣，浮游天下遨四海，寿蔽金石"。

TJ0238　"羽人戏龙"四神瑞兽博局纹镜　汉代

直径165毫米　厚5毫米　重699克

纹饰亮点：
①相邻两区的一左一右两只瑞兽隔V纹相互呼应；②瑞兽的尾巴皆呈类似花枝的艺术化造型。

亮点介绍：
此镜瑞兽的配置别具一格，相邻两区的两只瑞兽隔V纹互为一组，即羽人戏青龙，白虎与颈生毛羽的独角瑞兽，朱雀与鸾鸟，玄武与九尾狐。

纹饰亮点：

　　相邻两区一左一右两只瑞兽隔V纹相互呼应。

TJ0235　"统德玄道"铭瑞兽博局纹镜　汉代

直径165毫米　厚6毫米　重581克

铭文内容："尚方作竞佳且好，明如日月光天下，左右（有）青龙右有白虎，统德序道，朱爵玄武，曾年益寿，长宜孙子今"。

铭文介绍：此镜铭文中"统德序道"四字铭文常见于汉代半圆方枚神兽镜铭文中，在博局纹镜铭文中尚属首见。

TJ0225 **"逢得时年获嘉德"铭四神瑞兽博局纹镜** 汉代

直径168毫米 厚5毫米 重677克

铭文内容："新铜冶竟子孙息，多贺君家受大福，位至公卿有禄食，逢得时年获嘉德，传之后世乐无极"。

铭文解释：逢得时年，幸运得遇好的时代；嘉德，美好的品德和行为。《礼记·中庸》诗曰："嘉乐君子，宪宪令德。宜民宜人，受禄于天。保佑命之，自天申之。"嘉，美也、幸福、吉祥，如《汉书·宣帝纪》："蒙获嘉瑞，赐兹祉福"。宪，显明也。德，道德或品行，如《荀子·非十二子》："不知则问，不能则学，虽能必让，然后为德"。

江苏扬州出土的一面博局纹镜上的铭文与此镜铭文内容相同。①

①《扬州出土的汉代铭文铜镜》，《文物》1985年第10期。

TJ0246 "上有仙人持芝草"铭瑞兽云气博局纹镜 汉代

直径188毫米 厚6毫米 重935克

纹饰亮点:
　　主题纹饰为艺术化造型的云气纹。

铭文内容:"柒言之纪从竟始,涷怡（冶）铜锡去其宰,上有仙人持芝草,寿如山石不知老,八子十二孙有（孝),长保二亲利父兄"。

铭文介绍:汉简中常见汉人喜用"柒"代替"七",又易形讹为"来"字、"采"字。[1]此可证镜铭中"柒言"即"七言"。日本学者内野雄一郎认为"柒言之纪从镜始"这一句是说铭文作者认为七言诗始于镜铭,七言镜铭中的七言是后世七言诗的雏形[2]。对照先秦时期《诗经》和《楚辞》中出现的七言句,以及两汉时期流传的七言歌谣,如汉成帝时的《上郡歌》,从完整意义上讲,汉镜七言铭文就是七言古诗。有学者研究认为,"汉代铜镜铭文七言诗作为完整的七言诗体的存在,有力地证明'七言体诗歌在两汉时期已有了快速的发展'这一事实。两汉是七言体诗歌的成型期。"[3]七言诗起源何时久有争议,但两汉以来七言韵文大量出现并日趋成熟是不争之实,除汉乐府《郊祀歌》中的七言诗句、张衡《思玄赋》系词与《四愁诗》七言诗外,早有论者注意到汉镜铭文中随处可见的七言诗珍贵材料,如胡淑芳《汉代铜镜铭文中的七言诗》。"柒（七）言之纪从竟（镜）始""柒言之始自有纪"等七言韵文铭辞在两汉镜铭中的大量出现,正是七言诗在社会生活中广为流播并对镜铭制作产生深刻影响的印证。而此镜铭文"柒言之纪从竟始"的诗句更直白地说明了:以七言作为句子表达形式,正是从汉镜铭文开始的,七言铭文的出现就是七言古诗的开始;而且"纪"意为规则、规矩、法则、准则。"柒言之纪从镜始"即是说七言诗这种体裁的规则、法则已经确立了,这是从铜镜铭文的内容开始规范化的。诗歌的流传,非常需要借助音乐的力量,并通过采诗制度保存下来,《诗经》就是周代太师所采的民歌（包括歌词）的总集。汉代七言古诗流传下来的数量极少,且都不同程度存在争议,与汉代的采诗关系极大。"七言歌谣在汉时不曾有一首被采入乐府,没有音乐的力量来帮助它传播,自然难于普遍。"[4]因为乐府没有采集像汉镜七言铭文这样的古诗,造成后世汉代七言古诗传世文本的缺失,只能出现在铜镜这样的文物上。

① 逯钦立《先秦汉魏晋南北朝诗·汉诗》卷四第145页,中华书局1983年版。
② 内野雄一郎《汉魏碑文金文镜铭索引》第8页。
③ 陈直《文史考古论丛》第93页,天津古籍出版社1998年版。
④ 褚斌杰《中国古代文体学》第157页,台湾学生书局1991年修订增补版。

纹饰亮点：

羽人骑兽。

TJ0167 "杜氏作竟"铭四神瑞兽博局纹镜 汉代

直径202毫米 厚8毫米 重1028克

铭文内容："杜氏作竟四夷服，多贺新家人民息，胡虏殄灭天下复，风雨时节五谷熟，长保二亲受大福，传告后世子孙力，官位高"。

铭文介绍：此镜铭文反映了浓厚的国家意识。"新家"即"国家"，新莽政权建立的新朝。"新家"反映了汉人明确地认识到国家是一种以君主拥有为基本形式并保有人民的"君国"。可见在汉代，国家已被人们十分自觉拥有和认同。正如"四夷服""胡虏殄灭"所示，汉代一般民众对国家认同意识乃至大一统意识的增强，这恐怕与来自四面的少数民族国家的进扰与威胁及与此相关的大汉民族对周边蛮夷的征服与藐视有直接的关系。此镜铭文虽然提供的文字有限，但作为一种浓缩反映，对了解我国古代以汉民族为中心的国家意识的形成与发展有着特殊的价值。

纹饰亮点:

羽人对坐奏乐。

TJ0262 "新有善铜出丹阳"铭四神瑞兽博局纹镜 汉代

直径206毫米 厚6毫米 重1032克

铭文内容:"新有善铜出丹阳,涷冶铜锡清而,巧工刻之成文章,左龙右虎辟不羊,朱鸟玄武顺阴阳,子孙备具居中央,长保二亲乐富昌,寿蔽金石如侯王"。

铭文介绍:"子孙备具居中央,长保二亲乐富昌,寿蔽金石如侯王"反映了汉代重要的家庭观念。从铭文中我们可以清晰地了解到汉代家庭观念中的两个重要方面:一为保护双亲,一为大利子孙。此铭文反映了人们期望子孙番昌治中央,双亲乐富如侯王,寿蔽金石的愿望。汉代以"孝"治天下作为社会上下共同的基本伦理观念也在铭文中得到了充分的体现。

纹饰亮点：

羽人骑兽。

TJ0269 "伯氏佳竟真大好"铭四神瑞兽博局纹镜 汉代

直径211毫米 厚5毫米 重985克

铭文内容："伯氏佳竟真大好，上有仙人不知老，渴饮玉泉饥食枣，浮游天下遨四海，左龙右虎辟除道，徘徊名山采芝草，寿如金石为天保"。

铭文介绍：这则铭文完整地表现了汉代人们神仙幻想的基本内容，也是最通俗、最直接的神仙传说，呈现了人们日常生活中的神仙观念与幻想。这对于我们了解汉代社会流行的宗教、神仙意识的反映具有特殊的意义，对于汉代神仙思想的反映具有直接、鲜明、直观的效果。

纹饰亮点：

①羽人对奏吹箫；②龙鸟嬉戏；③仙人骑鹿；④禽鸟啄鱼；⑤羽人持芝。

亮点介绍：

"鸟啄鱼"的图像在汉画像石上时有发现。据研究者考证，画像石上的"鸟啄鱼"纹饰有着非常深厚的文化内涵。首先它表达了图腾崇拜的观念；其次表达了丰稔、繁多的意义；再者"鸟啄鱼"图像还表现了阴阳交合的寓意，因此被赋予了生殖崇拜的文化内涵，子孙蕃息观念的表达[①]。我们认为，在汉代社会祈求子孙番昌的思想全面向铜镜纹饰和铭文渗透的背景下，"鸟啄鱼"在铜镜纹饰上的反映，亦应与汉代人这一愿望相吻合。

TJ0271 "新有善铜出丹阳"铭四神瑞兽禽鸟博局纹镜 汉代

直径230毫米 厚5毫米 重1119克

铭文内容："新有善铜出丹阳，湅冶铜锡清而明，尚方御镜大毋伤，巧工刻之成文章，左龙右虎辟不羊，朱鸟玄武顺阴阳，子孙备具居中央，长保二亲宜侯王"。

---

① 刘立光《汉画像"鸟啄鱼"图像研究》，《中国汉画学会第十三届年会论文集》2011年。

纹饰亮点：

　　① 羽人骑鹿；

　　②羽人持芝。

亮点介绍：

　　汉代铜镜纹饰中"羽人持芝草"的纹饰经常可以见到。曹植在《灵芝篇》中说："灵芝生玉地，朱草被洛滨。"王充《论衡·道虚篇》："服金玉之精，食紫芝之英，食精身轻，故能成仙。"葛洪《神仙传·彭祖传》："或食元气，或食芝草。"也就是说，紫芝、灵芝、朱草等都是仙药，不仅人想要得到，就连神仙也想得到它，这也是道教服食思想对羽化观念影响的表现。

TJ0267 "未氏明竟快人意"铭四神瑞兽博局纹镜　汉代

直径211毫米　厚5毫米　重985克

铭文内容："未（朱）氏明竟快人意，上有龙虎四时宜，长保二亲宜酒食，君宜官秩家大富，乐未央，贵富昌，与君相保未巨（渠）央分"。(铭文逆时针旋读)

铭文介绍："未渠央"亦作"未遽央"，意为未能仓猝即尽。陶潜《杂诗》之三："严霜结野草，枯瘁未遽央。"又如"莫遣儿辈觉，此乐未渠央。"那么，此镜铭文"乐未央，贵富昌，与君相保未渠央"意思即为欢乐不尽，富贵安昌，在君主的护佑下，这种美好的、幸福的生活不会很快没有的。

TJ0265 "尚方御竟"铭四神瑞兽禽鸟博局纹镜 汉代

直径210毫米　厚6毫米　重946克

铭文内容："尚方御镜大毋伤，巧工刻之成文章，左龙右虎辟不羊，朱鸟玄武顺阴阳，子孙备具居中央，长保二亲乐富昌，寿蔽金石如侯王"。

铭文介绍："御"指对帝王所作所为及所用物的敬称，"尚方"是秦时朝廷所设的"少府"所属机构，汉时沿用。因此，"尚方御镜"是朝廷尚方机构参与铜镜铸制的实物资料，它在中国铜镜发展史上具有独特的地位。尚方御镜的纹饰配置相对统一、图案排列较为规范，是尚方镜的官方标准形制。诸如此镜纹饰繁缛华丽，设计布局巧妙，内容信息众多却无塞窒之感；铭文工整，字数与笔画完整；铜质纯正精良。

相关链接：张宏林在《从绍兴传世的尚方御镜试探新朝山阴的尚方铸镜作坊》一文中说："尚方御镜中的铭文有着非常明显的商品宣传色彩。'尚方御镜大毋伤''尚方御镜真大好''汉（新）有善（吉）铜出丹阳，涷冶银锡清而明'等，分明是在夸耀尚方御镜的品质。"尚方制作的器物原本只供皇室和宫廷使用，怎能成为百姓任意购买的商品呢？对于这一疑问，如果联系王莽革汉立新、推行新政中的经济改革政策来看，也就有了答案。王莽时期的"错刀连

纹饰亮点：
①羽人奏乐舞蹈；②羽人骑兽。

所嵌错的一点点黄金在内，重约二十八九公分（公分即克），一枚当五铢（1铢约为0.8克）钱五千枚，等于五铢钱贬值成七百一十分之一以下（不计黄金）[1]"。而"当时的金价是一斤万钱[2]"，也就是说，只要二枚"错刀"就能兑换一斤黄金。以铸钱的铜材为原料铸制一面直径为一尺（汉尺，即23.1厘米）的尚方御镜重量为1200克左右，约合1500铢。试想合计重约70铢的二枚错刀要兑换民间的一斤黄金，那么重达1500铢的一面同为在尚方的监督和管理之下所做的"尚方御镜"到底可以兑换多少黄金，搜刮多少民间的多少财富呢？尚方御镜作为商品出售民间，这或许是王莽统治时期所特有的现象。"尚方铭、纪氏铭、善铜铭的出现，标志着铜镜生产商品化程度的加深。"所以，历来史学家多认为王莽在推行新政过程中所实施的币制改革实际上是一场为以聚敛财富为目的的疯狂劫掠。当然对于新朝政府来说，出台这样的经济举措，虽然并未成功，而且造成社会经济大混乱，终于激起了绿林赤眉农民大起义[3]，但在当时看来无疑对增加国家财政收入起到了一定的作用。从此我们也可以看出，是市场这双无形的手在推动着铜镜的发展。到了汉代随着社会生产力的大发展，市场也随之繁荣起来。汉代社会不仅王公贵族们能按照自己的喜好购买纹饰精美铜镜，更多社会富裕阶层也可以消费铜镜了。为了取得市场份额，更多精美的镜子也就被专业的作镜世家造了出来，并且标注上自己能叫响的品牌，比如"王氏作镜""师氏作镜"等，都是当时的著名品牌。除此以外，"某某作镜四夷服"等广告词也出现在铜镜铭文中。在这种市场条件下，作为"尚方"的中央机构部门也迅速参与到铜镜商业竞争领域来，希望以良好的铜镜品质、严格规范的管理，打造"尚方御（作）镜"的品牌效应，赢得足够的市场份额，以增加政府收入。所以，我们所见的"尚方御镜"皆比较精致。尚方御镜的纹饰配置相对统一、图案排列较为规范，当时应是有统一规制的。

① 彭信威《中国货币史》第172页，上海人民出版社1958年版。
② 彭信威《中国货币史》第172页，上海人民出版社1958年版。
③ 张宏林《从绍兴传世的尚方御镜试探新朝山阴的尚方铸镜作坊》，《东方博物》2009年第1期。

纹饰亮点：
①羽人持芝；②羽人逗雏鸟。

TJ0250 "王氏昭竟四夷服"铭四神瑞兽博局纹镜　汉代

直径190毫米　厚5毫米　重800克

铭文内容："王氏昭竟四夷服，多贺新家人民息，风雨时节五谷熟，长保二亲子孙力，传告后世乐无极"。

铭文介绍："王氏""新家"即新朝（9—23年），帝王莽，西汉元帝王皇后的侄子。生于前45年。汉成帝时，王氏一家皆为侯，王莽善于钻营，逐渐把持朝政。9年，王莽自立为帝，国号"新"，史称"新朝"，年号为"始建国"。

纹饰亮点：

①羽人骑鹿；

②羽人吹箫。

TJ0247 "尚方作竟"铭四神瑞兽博局纹镜　汉代

直径185毫米　厚5毫米　重811克

铭文内容："尚方作竟真大好，上有仙人不知老，渴饮玉泉饥食枣，浮游天下遨四海，寿如金石为国保，乐未央分"。

纹饰亮点：

①羽人骑兽戏禽鸟；

②直立行走的瑞兽持灵芝。

TJ0248 "尚方作竟"铭四神瑞兽博局纹镜　汉代

直径185毫米　厚5毫米　重793克

铭文内容："尚方作竟真大好，上有仙人不知老，渴饮玉泉饥食枣，浮游天下遨四海，寿如金石为国保兮"。

纹饰亮点：

①羽人戏龙；②羽
人持芝逗禽鸟；③羽人
骑兽。

TJ0258　"尚方御竟大毋伤"铭四神瑞兽博局纹镜　汉代

直径185毫米　厚5毫米　重811克

铭文内容："尚方御镜大毋伤，左龙右虎辟不祥，朱鸟玄武顺阴阳，子孙备具居中央，长保二亲乐富昌，寿蔽金石
如侯王"。

铭文解释："毋伤"即无所伤害。

纹饰亮点：
　　羽人伏地戏
青龙。

TJ0253 "昭是明镜"铭四神瑞兽博局纹镜 汉代

直径193毫米 厚6毫米 重1045克

铭文内容："昭是明镜成意，上有龙虎四时宜，长葆二亲乐毋事，子孙多，皆家大富"。

纹饰亮点：

跪地羽人。

TJ0251 "作此镜真大好"铭四神瑞兽博局纹镜 汉代

直径185毫米 厚5毫米 912克

铭文内容："作此镜真大好，上有神鲜（仙）不知老，渴饮玉泉饥食枣，浮游天下遨四海，寿蔽金石为国保"。

233

纹饰亮点：

　　羽人伏地捧芝草。

TJ0255　"羽人伏地捧芝草"四神瑞兽博局纹镜　汉代

直径188毫米　厚6毫米　重923克

纹饰亮点：

羽人持芝草。

TJ0256 "羽人持芝草"四神瑞兽博局纹镜 汉代

直径175毫米 厚5毫米 重763克

纹饰亮点：

跪地羽人。

TJ0260 "昭是明竟铜去宰"铭四神瑞兽博局纹镜 汉代

直径189毫米 厚6毫米 重845克

铭文内容："昭是明镜铜去宰，左龙右虎得天菁，朱爵玄武法列星，八子十二孙居安宁，长宜酒食，乐长生兮"。

236

TJ0242 "八子十二孙治中央"铭四神瑞兽博局纹镜 汉代

直径186毫米 厚6毫米 重971克

铭文内容:"新有善铜出阳,和以银锡清且,左龙右白虎主四彭,八子十二孙治中央"。

TJ0216　"善佳竟"铭云气博局纹镜　汉代

直径153毫米　厚5毫米　重631克

铭文内容："善佳竟真大好，上有仙人持芝草，渴饮"。

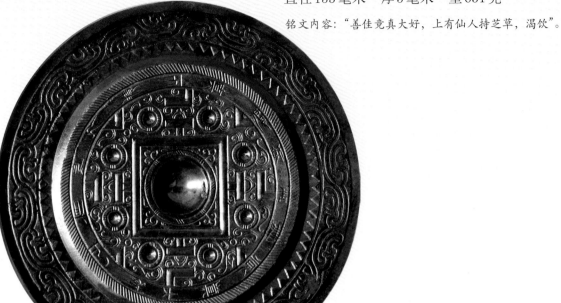

TJ0264　"上大山"铭四神瑞兽博局纹镜　汉代

直径143毫米　厚5毫米　重505克

铭文内容："上大山，见神人，食玉英，饮礼泉，驾蚩龙，乘浮云，宜官秩，保子孙"。

相关链接：汉代铜镜铭文里最吸引人的是它们对汉代社会流行的宗教、神仙意识的反映。画像石、乐府诗和辞赋中都有这方面的内容。镜铭的反映虽然较为简单、朴素，但其鲜明、直观的效果却超过前者，可以说极其整体地浓缩、呈现了汉代人日常意识中的神仙观念与幻想。同时，更重要的是其上大量的铭文，充分展示了对于阴阳五行的信仰、对于神仙世界的追求等内容，这样的思想在汉代人意识中占有重要的地位。此镜铭文"上大山，见神人，食玉英，饮礼泉，驾蚩龙，乘浮云"就非常具体、鲜明、直观地阐明了人们日常意识的神仙生活内容。

纹饰亮点：

①羽人伏地持芝；②玄武为龟蛇分体。

TJ0207　"尚方佳竟"铭四神瑞兽博局纹镜　汉代
直径140毫米　厚5毫米　重432克

铭文内容："尚方佳竟真大好，
　　　　　上有仙人不知老，
　　　　　渴饮玉泉饥食枣，
　　　　　浮游天下遨四海，
　　　　　寿如金石之兮"。

TJ0185(b)　几何菱纹博局镜　汉代
直径100毫米　厚4毫米　重153克

　　1953年，河南洛阳1号工区1028A西汉晚期墓出土一镜与此镜纹饰风格相当，直径100毫米[①]。

纹饰亮点：
　　规整的几何纹与博局纹巧妙地组合，形成新颖别致的艺术效果。

① 洛阳市文物管理委员会《洛阳出土古镜》图67，文物出版社1959年版。

TJ0212(b) "尚方御竟"铭四神瑞兽博局纹镜　汉代

直径139毫米　厚4毫米　重427克

铭文内容："尚方御竟真大好，上有仙人不知老，
渴饮玉泉饥食枣，浮游天下遨四海，寿
如金石为天保兮"。

TJ0196　"尚方作竟"铭瑞兽博局纹镜　汉代

直径128毫米　厚4毫米　重314克

铭文内容："尚方作竟真大巧，
上有仙人不知老，
渴饮玉泉饥食枣，
浮游天下遨四海"。

TJ0202 "尚方佳竟"铭四神瑞兽博局纹镜 汉代

直径138毫米　厚5毫米　重438克

铭文内容："尚方佳竟真大好，上有仙人不知老，渴饮玉泉饥食枣，浮游天下遨四海，寿蔽（比）金石如国保兮"。

铭文解释："寿蔽金石"指生命像山石一样长久，为颂祝长寿的吉祥语。

纹饰亮点：
　①羽人逗禽鸟；
②羽人跪地持芝；
③羽人骑兽。

TJ0239 动物纹边饰"羽人骑兽"瑞兽博局纹镜 汉代

直径165毫米　厚5毫米　重763克

纹饰亮点：
　①四面方框内切一双线弦纹圈，圈内为九枚小乳钉；②羽人骑兽；③动物纹和变形缠枝花卉纹及变形云纹组成艺术化造型的动物纹边饰。

亮点介绍：
　有研究者通过综合比对，认为新莽铜镜在边缘纹饰风格上，突破了传统的锯齿纹、双线流云纹及水波纹等图案造型，大胆地采用带有祥龙瑞凤、珍禽异兽等动物纹作为镜缘装饰图案[①]。可见此镜当为新莽时期或新莽稍后博局纹镜的典型代表。

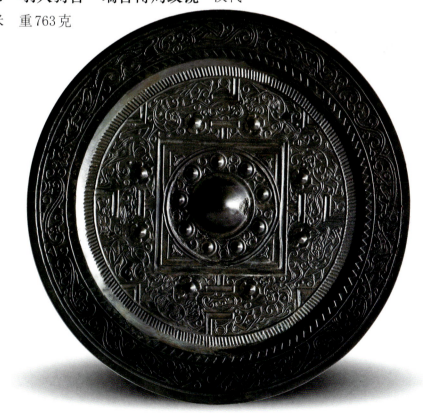

①陈静《汉代两京地区出土博局纹镜浅析》第79页，郑州大学2006年硕士学位论文。

纹饰亮点：

艺术化造型的缠枝花卉纹边饰。

TJ0245　缠枝花卉纹边饰四神瑞兽博局纹镜　汉代

直径188毫米　厚7毫米　重980克

纹饰亮点：
　　艺术化造型的
缠枝花卉纹边饰。

TJ0220　缠枝纹边饰"七言"铭四神瑞兽博局纹镜　汉代

直径167毫米　厚5毫米　重721克

铭文内容："泰言之纪从镜始，苍龙居左虎在右，辟去不祥宜古市，长保二亲利孙子兮。"

　　1954年，陕西宝鸡市李家崖14号汉墓出土一面规矩镜与此镜边缘纹饰雷同，直径192毫米，可作参照。[1]

―――――――――――

①陕西省文物管理委员《陕西省出土铜镜》第55页，文物出版社1959年版。

纹饰亮点：
①艺术化造型的凤鸟纹边饰；②羽人御龙；③凹面方框内切一双线弦纹圈，圈内为九枚小乳钉。

TJ0237　凤鸟纹边饰瑞兽博局纹镜　汉代

直径166毫米　厚5毫米　重601克

四乳瑞兽博局纹镜

TJ0193(b) 缠枝花卉纹边饰四乳瑞兽博局纹镜 汉代

直径116毫米 厚4毫米 重254克

纹饰亮点：

　①缠枝花卉纹边饰；

②玄武造型为龟蛇分体。

TJ0199(b) "羽人戏龙"四乳瑞兽博局纹镜 汉代

直径131毫米 厚5毫米 重412克

纹饰亮点：

　羽人戏龙。

TJ0186(b) 四乳瑞兽禽鸟博局纹镜 汉代

直径128毫米 厚5毫米 重348克

纹饰亮点：
　　每只瑞兽尾部均配置有一只小禽鸟。

TJ0187(b) 四乳瑞兽博局纹镜 汉代

直径128毫米 厚5毫米 重328克

TJ0197(b)　四乳瑞兽博局纹镜　汉代

直径131毫米　厚5毫米　重424克

纹饰亮点：

　　①羽人御龙；②白虎的形体特征极为鲜明。

亮点介绍：

　　此镜纹饰布局疏密有致，且动物形象灵动自然，整体纹饰的艺术风格和美学基调逐渐摆脱了诡异而充满神秘色彩的氛围，愉快、乐观、积极、开朗的气息比较明显。这种艺术风格的出现与汉代美学的发展息息相关。

TJ0191(b)　变形动物纹边饰四乳瑞兽博局纹镜　汉代

直径116毫米　厚4毫米　重285克

纹饰亮点：

　　艺术化造型的变形动物纹边饰。

TJ0192　四乳瑞兽博局纹镜　汉代

直径116毫米　厚5毫米　重294克

TJ0211　"新有善铜"铭四乳瑞兽博局纹镜　汉代

直径141毫米　厚5毫米　重556克

铭文内容："新有善铜出丹阳，和以银锡清且明，左龙右虎四"。

　　此镜边缘纹饰中，有一鱼周身被一条蛇所缠绕的图案，目前还不知其意，尚需进一步考证。

纹饰亮点：

　　羽人御龙、朱雀、羽人逐白虎、岐状角瑞兽、长冠凤鸟、鱼蛇缠绕等纹饰共同构成艺术化造型的动物纹边饰。

TJ0204　四神纹边饰四乳瑞兽博局纹镜　汉代

直径143毫米　厚5毫米　重425克

纹饰亮点：

①羽人持芝；②大弯角的神羊
（即獬豸）；③白鹿；④青龙、白虎、
朱雀、玄武艺术化造型的四神纹边饰。

亮点介绍：

《论衡》：獬豸"一角之羊也，性
知有罪。皋陶治狱，其罪疑者，令羊
触之，有罪则触，无罪则不触。故皋
陶敬羊"。皋陶决狱明白，执法公正。

遇到曲直难断的情况，便放出独
角神羊，獬豸顶触的，一准是有罪之
人。在中国古代的法律文化中，獬豸
一向被视为公平正义的象征，自古以
来被认为是驱害辟邪的吉祥瑞物。

白鹿是《山海经》所述的一种神
兽，传说仙人、隐士多骑白鹿。古时
以为白鹿祥瑞。《山海经·西山经·西
次四经》："又北百二十里，曰上申之
山，上无草木，而多硌石，下多榛楛，
兽多白鹿……"

TJ0205　四神瑞兽博局纹镜　汉代

直径139毫米　厚5毫米　重475克

TJ0215 "七言"铭四乳瑞兽博局纹镜　汉代

直径141毫米　厚5毫米　重421克

铭文内容："泰言之纪从镜始，苍龙在左白虎右，长葆二亲利古市，传告后世乐毋极。"

纹饰亮点：

由奔腾的大独角瑞兽、三朵双勾云纹、三组变形缠枝花卉纹、羽人伏地逗引小瑞兽、鱼纹共同构成艺术化造型的边饰。

亮点介绍：

此镜边缘纹饰中的独角兽，形象不同于獬豸，它是古代神话传说中一种头顶正中长有一支单角的动物。在中国神话中，独角兽是一种吉祥之物。它只有在履行重要使命时才出现。它的出现被人们视为美好时代的象征。另外，此镜边缘纹饰中的鱼，也为带有祥瑞意义之物。山东嘉祥武梁祠的天井石上绘有二十幅祥瑞图，其中第二幅上绘有白鱼的图案与此镜鱼纹极为相似，其旁铭文曰："白鱼，武王渡孟津，入于王舟。"[1]《史记·周本纪》载："（武王）东观兵，至于孟津……武王渡河，中流，白鱼跃入王舟，武王俯取以祭。"周武王伐纣，历来被儒家视为正义之举，故白鱼跃入王舟亦成为天降祥瑞[2]。

TJ0198　动物纹边饰四乳瑞兽博局纹镜　汉代

直径131毫米　厚4毫米　重376克

纹饰亮点：

九尾狐、头生长歧状角奋蹄疾驰的独角瑞兽、飞翔的鸢鸟、变形瑞兽纹与一条弧线及小珠点纹构成的相同纹饰共三组，构成艺术化造型的边饰。

亮点介绍：

九尾狐，中国的神话生物。《南山经》云："青丘之山，有兽焉，其状如狐而九尾。"《海外东经》云："青丘国在其北，其狐四足九尾。"《大荒东经》亦云："有青丘之国，有狐九尾。"

① 信立祥《汉代画像石综合研究》第165页，文物出版社2000年版。

② 深圳博物馆等《镜涵春秋——青峰泉、三镜堂藏中国古代铜镜》第131页，文物出版社2012年版。

TJ0195　四乳四神瑞兽博局纹镜　汉代

直径118毫米　厚5毫米　重327克

　　1955年，陕西宝鸡斗鸡台第2号汉墓出土一面铜镜与此镜纹饰风格相同，直径119毫米。[①]

纹饰亮点：

　　①羽人持芝；②动物纹饰异常华丽，重视身体细节的精雕细琢。

TJ0206　四乳瑞兽规矩纹镜　汉代

直径135毫米　厚5毫米　重427克

纹饰亮点：
　　①八乳钉外环绕双线弦纹圈；②相比较博局纹镜，此镜为纹饰布局比较少见的规矩纹镜。
相关链接：
　　关于博局纹镜的发展，《镜涵春秋——青峰泉、三镜堂藏中国古代铜镜》一书中提出了一个新颖的观点，笔者以为颇有意义。文中说，古代纹饰研究应该包括纹饰来源与纹饰新内涵两个方面。汉代画像石、画像砖中有伏羲女娲持规矩的形象，其中的矩为曲尺状，与L、V形符号相近，四川省博物馆收藏的一件画像砖，女娲所持即为曲尺状的矩。因此六博棋局中的T、L、V形符号是否有"规矩"含义，值得深入探讨。有学者指出，博局除了娱乐性质外，还可作为一种祭祀仪式。如《汉书·五行志》载："（建平四年）其夏，京师郡国民聚会里巷阡陌，设张博局，歌舞祠西王母。"汉镜铭文中亦有"刻娄（镂）博具去不羊（祥）"之句[②]。另外，在汉代画像石、画像砖上，在西王母之侧绘有羽人博戏的图案[③]，似乎暗指博戏有着某种神化功能。因此，西汉中期的博局蟠螭纹镜与博局草叶纹镜，可能是对博局图案的纯粹模仿；至西汉晚期后，兴起的四神、神人禽兽博局纹镜，有可能赋予了五行谶纬的新内涵。[④]那么结合本书所录TJ0206这面镜子，博局图案中间为一大方框，而此镜中心为一弦纹圈，其已不具备博局图案的基本特征，由此，我们以为这或许就是赋予了五行谶纬内涵的一类铜镜，与博局图纹并无关系。

---

①陕西省文物管理委员会《陕西省出土铜镜》第54页，文物出版社1959年版。
②程林泉、韩国河《长安汉镜》第139页，陕西人民出版社2002年版。
③龚廷万等《巴蜀汉代画像集》图377，文物出版社1998年版。
④深圳博物馆等《镜涵春秋——青峰泉、三镜堂藏中国古代铜镜》第93页，文物出版社2012年版。

TJ0184　几何纹边饰四神瑞兽博局纹镜　汉代

直径120毫米　厚5毫米　重304克

此镜几何纹边饰较为少见，本书所录
TJ0119四乳瑞兽禽鸟纹镜边饰与此镜完全相
同，可作参照。

纹饰亮点：

①动物纹饰异常华
丽，重视身体细节的精雕
细琢；②几何纹边饰。

TJ0208　分区式"日有熹"铭云气博局纹镜　汉代

直径146毫米　厚5毫米　重483克

铭文内容："日有熹，月有富，乐毋事，长宜酒食，
居常□安，毋有忧患，芋瑟侍，心志事，
乐已分"。

铭文解释：这则铭文反映了富豪阶层的享乐观念，
以富贵乐逸为主题。汉乐府古辞中也常
常描写饮酒作乐的场面，参合考察，可
以清晰地看到汉代社会在长久安定、经
济发展以及富裕阶层出现以后普遍追求
享乐安逸的社会心态。汉代社会上下音
乐歌舞的盛行以及铜镜制作的典盛，与
人们的社会心理是相关联的。

纹饰亮点：

①三分区式纹饰布局；
②艺术化造型的云气纹。

此镜内、中、外三分区式布局纹饰的构
图方式极为少见，《中国铜镜图典》收录一
面博局纹铜镜纹饰布局方式与此镜雷同。[1]

①孔祥星、刘一曼《中国铜镜图典》第284页，文物出版社1997年版。

无乳瑞兽博局纹镜

TJ0210 "长宜子孙"铭四神瑞兽博局纹镜 汉代

直径147毫米 厚4毫米 重405克

纹饰亮点:

①纹饰空间内的留白部分填以云气纹;②羽人伏地持灵芝。

TJ0218 素缘"铅华"铭四神兽博瑞局纹镜 汉代

直径163毫米 厚5毫米 重561克

铭文内容:"涷冶铅华清而明,以之为镜宜文章,延年益寿去不祥,如日"。

纹饰亮点:

方框内四方配置铭文。

亮点介绍:

此镜方框内四方排列铭文在博局纹镜的纹饰布局中极为少见,另外素缘的博局纹镜亦较为稀少。

纹饰亮点：

①凹面方框外套一弦纹方框，其内饰28组菱形重叠的几何纹；②动物形象异常华丽。

亮点介绍：

此镜方框外套一弦纹方框，其被线条纹分割成28个等分的小方格，格内饰菱形重叠的几何纹。这种纹饰内容及布局方式在博局纹镜中首见。另外，此镜动物形象异常华丽，青龙、长尾回首瑞兽、白虎、白鹿等都有别于常见的威严、充满诡异色彩的瑞兽形象，显得生机盎然，饱含活力。其次，上文已述素缘的博局纹镜较为少见。

TJ0217 素缘"羽人持芝舞蹈"瑞兽博局纹镜　汉代

直径160毫米　厚5毫米　重587克

TJ0181(b) 瑞兽博局纹镜　汉代

直径98毫米　厚4毫米　重184克

TJ0182(b) 瑞兽博局纹镜　汉代

直径108毫米　厚4毫米　重214克

纹饰亮点：

①乳钉和部分动物身上作了特殊的"锡汞齐"处理；②大面积平整的地张留白以云气纹填补；③四神及艺术化处理的缠枝花卉纹构成边缘纹饰；④两组羽人持芝的纹饰。

亮点介绍：

此镜主题纹饰瑞兽禽鸟以外有大部分的留白区域内，聪明的铜镜艺术大师们在这里填以应景的云气纹，从而使得整体画面显得和谐统一，又富有浓厚的装饰意味，他们还不懂得后代讲究的以虚当实、计白当黑之类的规律，而让纹饰铺天盖地，满幅而来，把画面塞得满满的，几乎不留空白。现在看来这相比于后代文人们喜爱的空灵的美，它更使人感到饱满和实在，单纯洗练，呈现出中华本土的艺术审美传统。

TJ0268　四神花卉纹边饰四神瑞兽博局纹镜　汉代

直径212毫米　厚5毫米　重1065克

纹饰亮点：

①羽人骑兽；②羽人持芝；③羽人逐龙。

TJ0263 "尚方御镜大毋伤"铭四神瑞兽博局纹镜　汉代

直径210毫米　厚5毫米　重1028克

铭文内容："尚方御镜大毋伤，左龙右虎辟不祥，朱鸟玄武顺阴阳，子孙备具居中央，长保二亲乐富昌，寿蔽金石如侯王"。

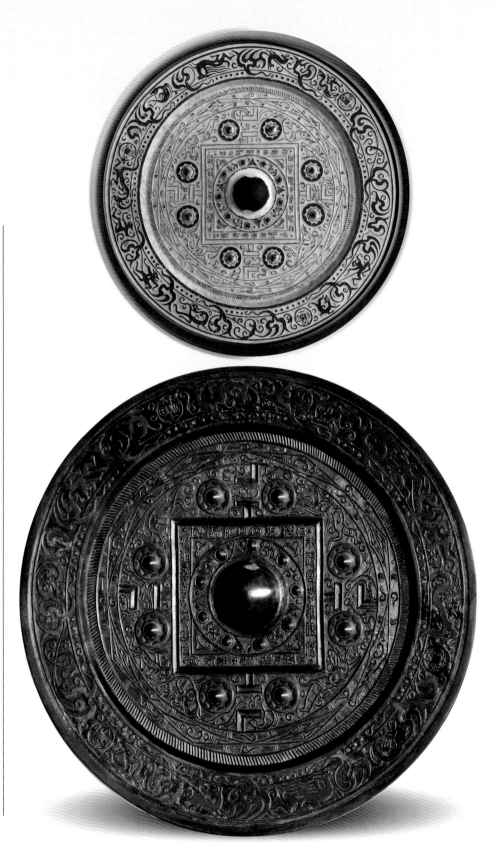

纹饰亮点：

①环绕钮座一单线弦纹圈，其内九乳钉环绕；②凹面方框内四方排列铭文；③羽人抚兽；④羽人逗小瑞兽；⑤禽鸟啄灵芝；⑥主题纹饰外为菱形几何纹圈带；⑦边缘纹饰异常华丽，有羽人训独角兽、直立奔腾跳跃的瑞兽、回首的青龙、缠枝花卉、大泉五十钱纹、后蹄扬起的犬状瑞兽、四肢张开直立跳跃的瑞兽、双勾云纹、仙鹤低首觅食、犬状瑞兽、体生毛羽的独角兽、飞翔翻卷的凤鸟。

相关链接：

王莽时期的货币"泉五十"铸行时间虽然仅有13年，但其却是王莽新朝通行货币中流通时间最长、铸量最大的货币。

TJ0270 "观容貌"铭瑞兽博局纹镜　汉代

直径223毫米　厚7毫米　重1200克

铭文内容："昭容貌，身万全，象衣服，好可观，君宜官秩葆子，朱爵宫武顺阴阳，八子九孙治中央"。

纹饰亮点：

　　三分区式纹饰布局。

亮点介绍：

　　此镜三分区的纹饰布局技法充分体现了博局纹镜发展到一定阶段，在纹饰设计方面追求标新立异的成果。其设计思路可谓推陈出新，既不失传统的因素，又在艺术欣赏角度让人耳目一新。

TJ0252　分区式"新兴辟雍建明堂"铭瑞兽云气博局纹镜　汉代

直径188毫米　厚5毫米　重795克

铭文内容："新兴辟雍建明堂，龙右虎辟不分祥，□□万舍在北方，□□真□□，八字九孙"。

铭文解析：这则铭文记载了王莽时期在汉长安城南郊修建辟雍明堂的事实。从铭文的"新兴""辟雍""明堂"等字可知，此镜应铸造于王莽篡汉建立新朝之后，是为庆祝王莽重建辟雍、明堂两大皇家建筑物的特制镜。陕西西安出土一面铜镜与此镜铭文内容大体相同[1]。

---

① 程林泉、韩国河《长安汉镜》第24页，陕西人民出版社2004年版。

纹饰亮点：

①一体型类似鸵鸟的禽鸟纹与羽人隔芝草相对；②羽人伏地持芝草；③L、V纹叠压于铭文圈带之上。

亮点介绍：

博局纹镜中L、V纹叠压于铭文圈带之上的布局方式较为少见，类似铜镜鲜有发现。

TJ0234　"作佳竟哉真大好"铭瑞兽博局纹镜　汉代

直径168毫米　厚5毫米　重640克

铭文内容："作佳竟哉真大好，上有仙人不知老，渴饮玉泉饥食枣"。

纹饰亮点:

　　羽人戏青龙、回首的长尾朱雀、拖着艺术化造型尾巴的白虎、匍匐的小瑞兽和玄武，这几组纹饰都间隔一组艺术化造型的缠枝花卉纹，从而构成华丽的边缘纹饰。

TJ0240　"逢得时年获嘉德"铭四神瑞兽博局纹镜　汉代

直径167毫米　厚6毫米　重675克

铭文内容："新银(或雕)冶竟子孙息，多贺君家受大福，位至公卿修禄食，逢得时年获嘉德，传之后世乐无极，大吉"。

铭文解析：从这则铭文中，我们可以看出它比较清晰地反映了新朝利用铜镜铭文来宣扬其巩固政权的政治意图，"君家"即国家，对"君家"具有认同意识，并期望国家"受大福"即可位至公卿，享受俸禄，国家和人民在幸运的年份里才会有恩赐，这对我们认识镜铭在当时的文学功能是有启示性的，镜铭不仅是普通人的意识及心理愿望的反映，有时也被利用为国家及政治的宣传工具。

纹饰亮点：

①三分区式纹饰布局；②艺术化造型的云气纹；③獬豸（头生长角，用力拼抵的动物纹饰，一种代表正义的瑞兽）。

亮点介绍：

此类博局纹镜多圈带的纹饰布局技法充分体现了博局纹镜发展到一定阶段，在纹饰设计方面追求标新立异的成果。其设计思路可谓推陈出新，既不失传统的因素，又在艺术欣赏角度令人耳目一新。创新的作品，必然有优秀的工艺大师的参与，此类镜无论在纹饰设计还是铸造技艺方面都表现了非凡的功力。

TJ0231 "上大山"铭四神瑞兽云气博局纹镜 汉代

直径168毫米 厚5毫米 重683克

铭文内容："上大山，见神人，食玉英，饮礼泉，驾蜚龙，乘浮云，君宜官秩，保子孙"。

纹饰亮点：

①三分区式纹饰布局；②内区极度抽象的瑞兽纹；③外区四神等瑞兽配置在L、V纹之间，隔V纹两两相对；④正面瑞虎；⑤铭文字体为悬针篆。

亮点介绍：

此镜铭文书体古朴典雅，雄强浑厚，笔画凝重，其庄重典雅的书法在铜镜铭文中可谓颇具特色，堪称优秀的绘画作品与精湛的书法合二为一之经典。

相关链接：

悬针篆顾名思义，笔画纤细，宛若悬挂的针，主要见于新朝王莽钱币，为中国古代钱币铭文的书写风格之一。

TJ0236　"昭容貌"铭四神瑞兽博局纹镜　汉代

直径170毫米　厚5毫米　重703克

铭文内容："昭容貌，身万全，象衣服，好可观，宜佳人，心意欢，长虞志，固常然，葆子孙"。

纹饰亮点：

①分区式纹饰布局；②内区八只同形的凤鸟纹对称分布；③方框内侧与边缘纹饰皆为单线波折纹间隔几何线条纹。

亮点介绍：

此镜整体纹饰构图用短斜线纹圈带隔开，多区布置繁多且形象生动、刻画细微、线条流畅的瑞兽图案，构图技巧相当成熟，不失为一件难得的铜镜艺术精品。

TJ0222　分区式四神瑞兽鸾鸟博局纹镜　汉代

直径168毫米　厚6毫米　重597克

河南洛阳新莽墓出土一面铜镜，纹饰布局与此镜雷同。[1]

---

①孔祥星、刘一曼《中国铜镜图典》第306页，文物出版社1997年版。

纹饰亮点：
　　①菱形纹间隔
云气纹组成的纹饰
圈带；②羽人持芝；
③羽人骑兽。

TJ0266(b)　几何纹圈带四神瑞兽博局纹镜　汉代

直径212毫米　厚5毫米　重959克

纹饰亮点：

　　①西王母；②羽人舞蹈。

相关链接：

　　博局纹镜中带有西王母图案的较为少见。《镜涵春秋——青峰泉、三镜堂藏中国古代铜镜》一书中关于西王母作了这样的分析：

　　《山海经·西山经》载："又西三百五十里，曰玉山，是西王母所居也。西王母其状如人，豹尾，虎齿而善啸，蓬发戴胜，是司天之厉及五残。"可见早期的西王母是一位令人毛骨悚然的可怕凶神。西汉司马相如《大人赋》云："吾乃今日睹西王母，暠然白首，戴胜而穴处兮，亦幸有三足乌为之使。""大人"为"仙人"之意，此时西王母已由可怕之神变为了敬爱的仙人。据《汉书·哀帝纪》载："（建平四年春）民又会聚祠西王母，或夜持火上屋，击鼓号呼相惊恐。"另据《汉书·五行志》载："（建平四年）其夏，京师郡国民聚会里巷阡陌，设张博具，歌舞祠西王母。"这表明在西汉晚期西王母成为当时人们的信仰。有学者认为，以西王母为核心的神仙体系，是在西汉晚期社会矛盾日益激化、无望的穷苦大众希望从宗教幻想中摆脱现实苦难的大背景下，在群众性的造仙运动中完成的。在这场运动中，西王母由一个可怕的神仙改造成为受人膜拜的仙人[1]。也正是从这个时候开始，西王母的形象才出现于铜镜、画像石、画像砖与陶器等器物上[2]。博局纹镜中带有西王母形象的铜镜还见于故宫博物院收藏的博局神人渔猎鸟兽纹镜[3]及管维良《中国铜镜史》中收录的一面西王母画纹带博局四神镜[4]。

TJ0224(b)　四神瑞兽博局纹镜　汉代

直径170毫米　厚4毫米　重693克

---

① 信立祥《汉代画像石综合研究》第143～156页，文物出版社2000年版。

② 深圳博物馆等《镜涵春秋——青峰泉、三镜堂藏中国古代铜镜》第167页，文物出版社2012年版。

③ 故宫博物院《故宫收藏铜镜》第52页，紫禁城出版社2007年版。

④ 管维良《中国铜镜史》第90页图144-3，重庆出版社2006年版。

纹饰亮点：

①西王母与青鸟；②大歧状角瑞兽（白鹿）；③由鱼蛇缠绕、獬豸、独角兽、羽人持杖、青龙回首、白虎奔腾、蹲坐于地的似犬小瑞兽、奔腾的长歧状角瑞兽等共同组成艺术化造型的边缘纹饰。

亮点介绍：

青鸟，神话传说中为西王母取食传信的神鸟。《山海经·西山经》："又西二百二十里，日三危之山，三青鸟居之。"郭璞注："三青鸟主为西王母取食者，别自栖息于此山也。"《山海经》又载："西王母梯几而戴胜仗，其南有三青鸟，为西王母取食，在昆仑山虚北。"又《艺文类聚》卷九一引旧题汉班固《汉武故事》："七月七日，上（汉武帝）于承华殿斋，正中，忽有一青鸟从西方来，集殿前。上问东方朔，朔曰：'此西王母欲来也。'有顷，王母至，有两青鸟如乌，侠侍王母旁。"后遂以"青鸟"为信使的代称。

TJ0223 "汉有善铜"铭瑞兽博局纹镜 汉代

直径160毫米　厚6毫米　重689克

铭文内容："汉有善铜出丹阳，和以银锡清且明，左龙右虎主四彭，朱爵玄武"。

纹饰亮点：

①凹面方框内四方排列铭文；②大面积平整的地张留白以云气纹填补；③羽人戏龙；④羽人御虎；⑤羽人逗引朱雀。

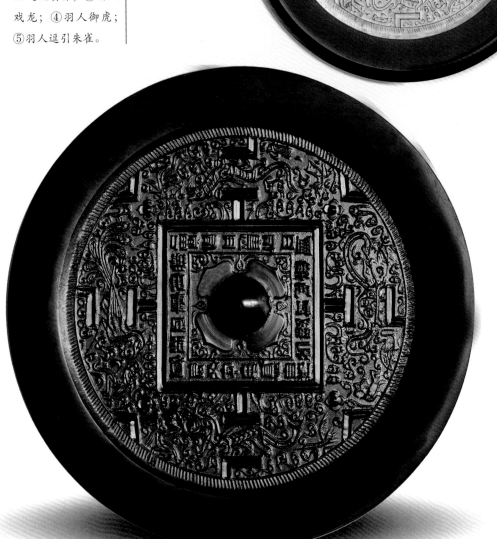

TJ0259　素缘"日有熹"铭四神瑞兽博局纹镜　汉代

直径188毫米　厚5毫米　重828克

铭文内容："日有熹，月有富，乐毋事，宜酒食，居必安，毋忧患，芋瑟侍，心志欢"。

纹饰亮点：

①凹面方框内四方排列铭文；②大面积平整的地张留白以云气纹填补；③羽人戏龙；④羽人持灵芝；⑤羽人逗引凤鸟；⑥单线波折纹边饰。

TJ0272 "铅华"铭四乳四神瑞兽博局纹镜 汉代

直径234毫米 厚5毫米 重1098克

铭文内容："湅冶铅华清而明，以之为镜宜文章，延年益寿去不祥，与天无极如日之光"。

纹饰亮点：

①羽人吹箫；②羽人舞蹈；③羽人骑兽。

TJ0241 "尚方佳竟"铭四神瑞兽博局纹镜 汉代

直径184毫米 厚6毫米 重871克

铭文内容："尚方佳竟真大好，上有仙人不知老，渴饮玉泉饥食枣，浮游天下遨四海，寿蔽金石如国保兮，宜侯王"。

纹饰亮点：

①羽人俯首采芝；②白虎与仰卧于地的独角兽、奋蹄疾驰的獬豸、双犄角的瑞兽、长角小瑞兽、回首的青龙、疾驰的白虎、体生毛羽的独角兽，其间间隔抽象的凤鸟纹共同构成艺术化造型的华丽边饰。

TJ0257 "汉有善铜出丹阳"铭四神瑞兽博局纹镜　汉代

直径184毫米　厚6毫米　重871克

铭文内容："汉有善铜出丹阳，和以银锡清且明，左龙右虎主四彭，八字九孙治中央"。

纹饰亮点：

①青龙与鸟头兽身状瑞兽身旁各配置"大泉五十"钱纹一枚；②菱形纹间隔云气纹组成的纹饰圈带；③盘旋身躯的龙纹、凤鸟纹、羽人戏鹿纹、羽人御龙纹、凤鸟哺育纹等共同构成异常华丽的边缘纹饰。

亮点介绍：

从此镜"大泉五十"钱纹及纹饰风格来看，此镜为典型新莽时期铜镜。西汉末年王莽篡政，建立新朝，随之对货币制度进行了多次改革，虽然都以失败而告终，但却留下了一批制作精良的钱币精品，其中最著名的就是"六泉十布"。在铸镜方面基本还是继承与发扬了西汉时期的风格，纹饰表现手法仍然是以阳线勾勒轮廓为主，但工艺更加细腻工整。雄浑的造型与古朴稚拙手法糅合，有明显的复古倾向。王莽篡汉逆历史潮流大搞复古倒退，随即亡国，但王莽朝在铸造工艺上取得的成就是值得肯定的，尤以悬针纹饰闻名，这在今天来看来也是历史一流。此面铜镜工艺流畅传神，疏朗明快的布局给人以舒展之感。边缘纹饰圈带显得异常华丽，线条流畅，各种动物造型依据空间布局，巧妙地表现出各种活灵活现的姿态，尽管是边缘纹饰，但其吸引观赏者的目光已经远远超过了内区的主题纹饰，这是新莽时期在铜镜纹饰创新图变方面的杰作。

TJ0228 "大泉五十"瑞兽博局纹镜　汉代

直径166毫米　厚6毫米　重700克

第九节　汉代龙虎纹镜

龙虎纹镜主要流行于东汉晚期，并延续至魏晋时期[①]。此类镜的特点是镜钮多厚大，占据中心突出的位置，有的钮座即构成主题纹饰的一部分。其主题纹饰多为龙虎纹或盘龙纹，故又可分成龙虎纹镜和盘龙纹镜两种。用浮雕工艺表现铜镜纹饰在东汉时期达到了一个空前的高度，龙虎纹镜即为其中著名的一个镜类。镜背上龙虎纹饰的隆起高度超过此前所有镜饰上的图案。其中铸制精美者，综合高浮雕、浅浮雕、线雕三种制作工艺，按其不同的身体结构，有的坡起，有的突起，有的圆起，共同组合成整个镜面错落有致的图案，配合平面上的线雕工艺，使其颇具跌宕起伏的艺术美感，如本书所录TJ0335。

龙虎纹镜，多为大圆钮，一龙一虎夹钮左右张口作对峙状，有的龙虎头与尾部衬配以鸟兽、羽人、钱纹等，外区有的还装饰有铭文圈带。有的龙虎以外还饰有同形的龙纹或虎纹，我们称之为环绕式龙虎纹镜。如TJ0337、TJ0340、TJ0339（b）。边缘纹饰有锯齿纹、流云纹，还有极为华丽的动物纹圈带。

龙虎相对的图案在中国可谓源远流长，加之汉代独尊儒术，谶纬之学盛行也对此图案的流行起到了很大的作用。《旅顺博物馆藏铜镜》一书序："李黎阳先生《汉画像砖中的升仙题材》认为，西王母座下的龙虎座代表着远古以来东、西两大神话体系的最后融合，也意味着四神镜的社会文化功能已经结束。青龙、白虎、朱雀、玄武在汉人的典籍里是天文学的方位概念与阴阳学说以及谶纬思想融合的产物。而作为实际意义，四神即古之神灵，它是远古图腾文化的产物，本身就包含了多方面的种族和种族文化的融合与统一。汉人以之作为方位概念，则掩盖了它的实际意义上的种族分布和迁移的历史渊源"[②]。我们以为这种说法是完全可信的。在原始的新石器时代，遍布神州聚居于黄河流域、长江流域、黑龙江流域、辽河流域的先祖先民，主要是以龙、凤，或龙凤合一，或虎的神奇审美创造了三大系统的图腾。另外，从诸多汉镜上我们也可以看到：四神随着时代的发展在不断地走向衰落，从开始的四神形象皆完备，到用独角兽或其他动物形象代替其中的一种或两种动物，再到四乳龙虎镜中四神的位置被对称的双龙双虎代替，直至后来统一于龙虎形象。

另外这类镜的出现或许还有另外一方面的含义，即表达了一种祥瑞福祉的意义。在汉人的眼中，"虎"是一种非同寻常的动物，人们认为"虎"出现乃是人间吉祥幸福的象征。德致鸟兽，白虎见（汉纬书《孝经授神契》）；白虎者，仁而善，王者不暴则见（汉纬书《瑞应图》）。如本书所录TJ0333环绕式双虎纹镜，我们也将其归于龙虎纹镜系列中。同样，民间也认为"龙"是一种祈福求安的神物，所以，龙虎配合出现表现出一种非凡的祥瑞福祉的意义。

[①] 孔祥星、刘一曼《中国古代铜镜》第103页，文物出版社1984年版。
　程林泉、韩国河《长安汉镜》第152页。陕西人民出版社2002年版。
[②] 旅顺博物馆《旅顺博物馆藏铜镜·序》第3页，文物出版社1997年版。

　　盘龙纹镜主题纹饰为高圆浮雕盘龙，如TJ0343(b)、TJ0336。有的还配置鸟纹、钱纹、三角锯齿纹或吉语类铭文等。东汉晚期的盘龙镜，龙纹多被压于钮下，龙身高低不一，张口屈身盘绕。在汉人四神观念的背后包含的远古图腾文化的底蕴，由于龙虎对峙观念的出现而进入了一个崭新的阶段。龙虎共处同一主题中，表现的并不仅仅是东西文化上的对立，更多的是二者的融合，消弭了图腾文化所带来的差异，直至最后统一于对龙的尊崇，从而在铜镜上体现出并完成了文化上的大一统。我们将本书所录TJ0338双龙对峙纹镜也列入此类镜范围内。

TJ0343(b) "杜师作"盘龙纹镜　汉代

直径130毫米　厚9毫米　重522克

铭文内容："杜师作"。

　　1956年，河南洛阳12工区1023号西汉晚期墓葬出土一面兽纹镜，与此镜纹饰相同，直径92毫米。同坑所处有陶罐、陶瓶、铁器等。[1]

---

[1] 洛阳市文物管理委员《洛阳出土铜镜·两汉部分》图100，文物出版社1959年版。

TJ0337 "陈萌作竟四夷服"铭两龙一虎纹镜　汉代

直径116毫米　厚11毫米　重472克

铭文内容："陈萌作竟四夷服,多贺国家人民息,胡虏殄灭天下复,风雨时节五谷熟,长保二亲"。

铭文解释:　就当时的社会大背景而言,胡汉民族矛盾一直突出,胡汉战争曾经是困扰两汉社会最大的社会矛盾。尤其是王莽时期,汉与匈奴的关系一度很紧张。打败胡人,成了天下太平的象征。铜镜铭文中大量出现这种辞铭,符合当时民众渴望安定富足的生活心理。

鄂州市博物馆藏有一面"尚方龙虎镜"与此镜纹饰风格相同,直径127毫米。[1]

---

① 鄂州市博物馆《鄂州铜镜》第28页图71,中国文学出版社2002年版。

TJ0335　动物纹边饰三龙瑞虎纹镜　汉代

直径125毫米　厚9毫米　重490克

纹饰亮点：

①三龙一虎；②由青龙、鸟啄鱼、低头觅食的禽鸟、独角兽、九尾狐、两羽人投壶、瑞虎、羽人伏地、双翅展开飞翔的崔鸟共同构成艺术化的边缘纹饰。

亮点介绍：

投壶是汉代流行的一种饮酒游戏。人们在相同的距离向同一个壶中投掷手中的矢，输者就要饮酒。这个游戏历史悠久，在先秦时就已被记入《礼记》，成为贵族招待客人的一种礼仪游戏。这也反映了那个时代的饮酒之风和酒文化的盛行。汉代画像石中有"投壶"图像。在投壶活动中，有"投壶礼"，还要演奏鼓乐。《礼记·投壶篇》中记录了两段鼓谱。郑玄注："此鲁、薛击鼓之节也。圆者击鼙，方者击鼓。古者举事，鼓各有节，闻其节则知其事也。"

纹饰亮点：

　　由白虎、四尾瑞兽、伏地羽人、长犄状角的瑞兽、蟾蜍、雀鸟、飞翔的禽鸟、双鱼、回首瑞兽共同组成艺术化的动物纹边饰。

TJ0338　"李师作竟真大巧"铭双龙纹镜　汉代

直径137毫米　厚9毫米　重580克

　　铭文内容："李师作竟真大巧，上有仙"。

相关链接:

　　铜镜在汉代是一种高级的奢侈品,其拥有者主要是王公贵族和豪富吏民。其时,除了朝廷执掌工艺制作的"尚方"之外,私家为了迎合市场需要也制作铜镜。镜铭除大量的"尚方镜"外,还有诸如"龙氏镜""田氏镜""李氏镜""袁氏镜""盉氏镜"等,这些铜镜的拥有者,可能主要是两汉新兴的豪富家族。从此镜铭文中我们可以看到以商业为核心的一种社会形态,镜铭中"明而日月世少有,刻治分守悉皆在,长保二亲宜孙子"极力宣扬铜镜"明"的实用属性以及美好的寓意,俨然一条精辟的广告宣传语,证明汉代铜镜铸造之典盛,其本身就是商品经济发展的一种标志。由于铜镜是以豪富吏民为主要的销售对象,所以祝愿升官、发财、长寿也就成了镜铭的主要内容。

TJ0340　"龙氏作竟佳且好"铭双龙瑞虎纹镜　汉代

直径130毫米　厚12毫米　重530克

铭文内容:"龙氏作竟佳且好,明而日月世少有,刻治分守悉皆在,长保二亲宜孙子"。("分守"即"神兽")

相关链接：

　　青盖，亦作青羊，"盖"字字形从"羊"，故二字通假。罗振玉先生在《镜话》中谓"青羊作镜"语殊不可晓。梁上椿在《岩窟藏镜》中谓"青羊"似为人名或商号名，但不知其为何处之人或商号。高本汉在《古代中国镜铭》的论文中，对同时期"三羊作镜"铭辞进行考证，认为"羊"通"祥"，意为吉祥，"三羊"与"三商"（三种金属）、"三刚"（三种坚硬的金属）相似，是指三种吉祥金属，从而推定"青羊"是指青色之吉祥金属，可与"青铜"一词相比拟①。刘宁航《三羊、青羊、黄羊镜铭新考》认为，青羊是青色吉祥之铜即青铜，黄羊也是一种祥瑞的金属，进而推论青羊、黄羊为名贵的商标，即铜镜的品牌名称②。笔者曾见过一面龙虎纹铜镜，纹饰地张空白处"青羊为志"四字铭文，或许更能说明"青羊"为铜镜品牌名称这一说法。目前还有一些关于铜镜上"青盖"铭文的其他观点，在此我们不做过多的赘述，有兴趣者可参阅阎景全《"青盖作竟"琐谈》③。

TJ0339(b)　"青盖作竟四夷服"铭双龙瑞虎纹镜　汉代

直径148毫米　厚8毫米　重623克

铭文内容："青盖作竟四夷服，多贺国家人民息，胡奴殄灭天下复，风雨时节五谷熟，长保二亲得天力，传告后世乐无极兮。"

---

① 王仲殊《中日两国考古学·古代史论文集》第185—187页，科学出版社2005年版。
② 刘宁航《三羊、青羊、黄羊镜铭新考》，《中原文物》1995年第2期。
③ 阎景全《"青盖作竟"琐谈》，《北方文物》1994年第4期。

纹饰亮点：

　　虎以正面的形式表现。

TJ0331　龙虎纹镜　汉代

直径110毫米　厚7毫米　重213克

TJ0336　单龙灵龟纹镜　汉代

直径115毫米　厚6毫米　重259克

　　1986年，江西九江国棉五厂东汉晚期墓葬出土一面铜镜与此镜纹饰风格相同，边饰亦相同，唯龙之裆部为一只雀鸟，直径122毫米。[①]

纹饰亮点：

　　灵龟张望龙之生殖器。

TJ0333　双瑞虎纹镜　汉代

直径111毫米　厚7毫米　重312克

① 吴水存《九江出土铜镜》图24，文物出版社1993年版。

附文1：

关于辟邪、天禄、龙的形象分析

　　目前我们在对东汉龙虎纹镜进行命名的时候，往往会根据古文献记载中"一角者或为天禄，两角者或为辟邪"的观点或者根据镜上铭文"上有辟邪天禄在中央"或"辟邪配天禄"，而将某些传统意义上的龙虎纹镜命名为"辟邪天禄纹镜"或"天禄虎纹镜"等，而本书所录此类镜我们皆称之为龙虎纹镜。于此，本文将阐明我们如此命名的理由。

　　首先，我们结合学者们对于当时龙、辟邪、天禄的形象研究及古文献对它们各自形象的记载，来分析这个时期龙、辟邪、天禄的基本形态：

图1

　　龙的形象经过西汉晚期至东汉中晚期的过渡发展，逐渐转化为应龙（即鹰龙）的成熟形象。所谓应龙即有翼之龙，它的主要特征包括：鳞身脊棘，生有一对贴身小翅，头大而长，尖吻，鼻、牙、耳、目比较小，大眼眶，高眉弓，牙齿尖锐，前额突起，长脸无须，颈细腹大，尾尖而长，整个形体短而粗大，四肢强健，足多三趾，仍然有不少走兽的特征。[1] 这种对于西汉晚期到东汉中晚期龙的形体特征表述，我们通过与当时铜镜上的龙纹比对，认为是比较准确的（图1）。另外通过对这个时期反映在铜镜上的龙纹进行综合观察，我们发现表现在西汉晚期到东汉中晚期铜镜上的龙纹多为独角，但亦有双角者。

　　天禄，亦作天鹿。《十洲记》曰："聚窟洲有辟邪、天禄。"《汉书·西域传》云："乌戈地……有桃拔。"孟康注："桃拔，一名符拔，似鹿，长尾。一角者或为天鹿，两角者或为辟邪。"[2] 朱希祖据此再旁征元代陆友《研北杂志》、明代杨应奎《重镌汉宗资墓石兽膊字记》、明代《一统志》、嘉庆时期《一统志》考证一角即是天鹿，两角即是辟邪。[3] 孙照金在《南阳汉代雕塑天禄、辟邪的艺术特色》一文中说：天禄、辟邪原为楚人神话传说中的神兽飞廉，《离骚》中有"前望舒使先驱兮，后飞廉使奔属"，王逸注"飞廉，风伯也"。汉代道家思想盛行，崇信方士妄言，迷信得道成仙，传说中的飞廉便成了理想的交通工具。汉代工匠艺术家们依据飞廉的传说，以现实动物为基础，加上丰富的想象，以虎头、雀尾、狮身等为基础，通过肢解、整合、变化、夸张，成功地塑造出一对活灵活现、张目瞪眼、带有羽翅的天禄和辟邪形象。天禄、辟邪是经过艺术家们精密构思之后，凭借自己丰富的想象力，依据现实生活中虎、狮等动

---

① 陈晴《古镜》第67页，上海书店出版社2003年版。
② 袁珂《中国神话传说词典》第68页，上海辞书出版社1985年版。
③ 朱希祖《天禄辟邪考》，收录于徐湖平主编《南朝陵墓雕刻艺术》，文物出版社2006版。

物的形象，抽象整合、大胆创造，使这种现实生活中并不存在的动物栩栩如生地展现在人们眼前。①

通过以上对于当时天禄、辟邪、龙的形象分析，我们会发现它们在形体上有不少相似的地方：其一，龙和天禄、辟邪头上都有角，而既有双角特征又有独角特征的只有龙；其二，龙和天禄、辟邪当时皆为爬行走兽形象；其三，天禄、辟邪有双翼，而当时的龙也是有翼的。以上三点只是我们就上述分析所得出的龙和天禄、辟邪的形体相似之处，实际上龙与天禄、辟邪的形象区分起来极为困难。北京大学李零教授在《论中国的有翼神兽》一文中说："龙本来是中国艺术的典型主题，但汉代以来，却与狮首翼兽相互影响，同时改变着它们各自的形象。一方面是天禄、辟邪的'龙化'，一方面是'龙'的添加羽翼。这种相互影响的结果是，在东汉魏晋时期的艺术表现中，我们很容易把两者看混。如果要仔细分辨，往往要看它们的整体组合。比如在'四灵纹'中，我们就比较容易认出龙。但单独出现，就有点困难。"②通过以上关于龙与辟邪、天禄的形体分析，我们可以得出一个重要结论：它们的重要区别在于尾部，龙尾细而长，而辟邪、天禄为雀尾。

"龙尾尾部细而长，而辟邪、天禄为雀尾"，我们姑且以为这种说法是可靠的。下面我们再来看几面带有"天禄"铭文的铜镜。

一为三乐堂所藏汉代"徐氏作竟大毋伤"铭天禄纹镜，主题纹饰为同形两瑞兽盘绕，其形状为小虎头、独角、长身短足、冗长的分叉形尾，铭文中有"上有天禄在中央"（图2）。

图2

二是景星麟凤2011年迎春拍卖会铜镜专场1143号拍品汉代双天禄纹镜，主题纹饰为两条瑞兽交缠盘绕饰于镜背。其形体与三乐堂所藏天禄镜中的瑞兽形体如出一辙，其外铭文圈带为"马氏作竟真大巧，上有天禄顺阴阳，和以银锡清且明"（图3）。如果我们以镜中铭文为依据，来确定镜中瑞兽的名称，那么这两面镜子上的瑞兽无疑为天禄，即天禄表现在铜镜上的形体特征为小虎头、头部生独角，长身短足、分叉形尾。

图3

三是南阳市北郊东汉汝南太守宗资墓前的一对神兽为辟邪和天禄。天禄右前腿刻有汉隶"天禄"二字；辟邪右前腿原刻有"辟邪"二字。其造型姿态为：虎头，伸颈张口，针髯八分，目圆睁鼓，胸腔隆起，两翼欲展，匍匐于地，美丽的凤尾卷于臀部。这对明确镌刻"天禄""辟邪"的神兽与本书所录的龙虎纹镜年代相当。

① 孙照金《南阳汉代雕塑天禄、辟邪的艺术特色》，《中原文物》2005年第4期。
② 李零《论中国的有翼神兽》，《中国学术》2001年第1期。

图4

通过以上举例，我们几乎可以确定当时人们对于天禄、辟邪分叉拖曳的凤尾造型特征还是有比较清晰的认识的。

但"天禄、辟邪为虎头、分叉形雀尾的似龙瑞兽"这种观点是否经得起推敲呢？《古镜今照——中国铜镜研究会成员藏镜精粹》一书中收录了一面"胡人养之"铭七乳瑞兽纹镜（图4），此镜也与本书所录的龙虎纹镜年代相仿。其中两组纹饰为回首的虎头兽身状瑞兽，一只单角，另一只为双角，但其尾部却是细长的兽尾，两兽旁边均有榜题为"辟邪"。这使上文通过分析所得出的以尾部特征分辨龙与天禄、辟邪这一说法的可信度大打折扣。另外，《镜涵春秋——青峰泉、三镜堂藏中国古代铜镜》一书所录130号"巧工作竟"神兽纹镜（图5），其上两神兽隔钮相望，神兽形态与三乐堂所藏天禄镜、景星麟凤2011年迎春拍品1143号双天禄纹镜上的瑞兽形态如出一辙，皆为小虎头、头部生独角，长身短足，其外圈带铭文为

图5

"巧工作竟大毋伤，浮禽连出远四方。天禄寿福居中央，七子九孙富贵昌。长保二亲侯王"。但此镜上"天禄"的尾部却呈细而长的形状。这也证明了我们上文通过分析所得出的辟邪、天禄尾部呈叉形雀尾这一考证不足为信。

图6

这里我们还可以举个例子。笔者曾见过一面东汉时期的瑞兽（双龙）对峙纹镜，一只双角，另一只单角，两者头部之间有"天禄"二字铭文（图6）。那么这二字铭文表现的是否是"两瑞兽"的名字呢？如果是其中一只的榜题，那么哪只是天禄呢？我们根据"一角者或为天禄，两角者或为辟邪"是否可以判断其中单角的是天禄，即使它的尾部呈现细长条状。但是前文所提到那面"胡人养之"七乳瑞兽禽鸟纹镜中虎形翼兽不管是双角的还是单角的都有"辟邪"榜题。

那么对此我们又该如何解释呢？也许在工匠的意识中这两只都是天禄，如同"胡人养之"镜一样，将两只动物都命名为"辟邪"。另有学者认为，"天禄"与似鹿的神兽"天鹿"正好谐音，因鹿与禄同音，取"禄位"之吉意。[1]那么此处的"天禄"是否为吉语呢？此观点仅为一说。另外，还有部分东汉晚期的铜镜铭文中明确有"上有辟邪与天禄"或"辟邪配天禄"，但也无法在这些镜子上找到天禄、辟邪统一的形体特征。至于天禄与辟邪到底哪个是独角、哪个是双角在带有"辟邪""天禄"榜题的画像石等同时代的艺术品中也表现得不统一。这就说明，在当

① 张松利、张金凤《许昌汉代大型石雕天禄、辟邪及其特点——兼论天禄、辟邪的命名与起源》，《中原文物》2007年第4期。

时人们的意识中，对于天禄、辟邪的形体特征由于个人理解或地域的差异，其形象不完全统一，辟邪、天禄在当时没有准确统一的形象规制。

我们还可以借用《中原藏镜聚英》里收录的两面带有"天禄""辟邪"铭文的铜镜继续分析，阐明"天禄、辟邪在汉代没有准确统一的形象规制"这一观点。这两面铜镜一面为东汉"天禄"铭天禄、神虎纹镜，我们称之为镜一（图7）；另一面为东汉"白虎辟邪匹"铭龙虎镜，我们称之为镜二（图8）。"天禄"铭镜（镜一）左边为一有长笋状角的龙，右边为一虎，两者之间有"天禄"二字铭文，如果"天禄"二字为两者之一的榜题，那么无疑带有长笋状角的龙我们可以称之为天禄，本书作者亦持此观点；"白虎辟邪匹"铭镜（镜二），镜背上下共饰四只瑞兽，上部左边一小头、双目圆睁、头生双长角的瑞兽，它与我们上文所提到的三乐堂所藏"徐氏作竟"铭天禄镜中的动物形象如出一辙，只是一单角，一双角。那么我们窃以为如果当时人们根据双角或单角对于天禄、辟邪有着清晰的形体划分的话，这个动物就是

图7

图8

双角辟邪，符合"一角者或为天鹿，两角者或为辟邪"的说法。镜背下部右侧长竹笋状角的瑞兽与镜一天禄的形象几乎没有什么形体差异，我们窃以为此瑞兽即为天禄。此镜铭文有"白虎辟邪匹"，那么我们就可以进一步断定镜二镜背上部左侧的小头、双目圆睁、头生两长角的瑞兽必然是辟邪。那么根据镜二与三乐堂所藏"徐氏作竟"铭天禄镜、景星麟凤2011年迎春拍品1143号双天禄纹镜以及镜二的镜铭似乎可以判断，辟邪、天禄在铜镜上的纹饰表现就是这种小头似虎、双目圆睁、两角为辟邪，一角为天禄的瑞兽。但这样的结果还是难以成立的，2011年景星麟凤春季艺术品拍卖会铜镜专场1107号拍品，主题纹饰与三乐堂所藏天禄纹镜中的天禄形体如出一辙，也为小头似虎、双目圆睁、独角细长的瑞

图9

兽，其外铭文圈带为"巧工作竟大毋伤，浮禽连出远四方，白虎青龙居中央，寿如金石如侯王"（图9）。同样的纹饰，铭文中却说白虎青龙，所以，这面铜镜又一次否定了我们的推测。

以上根据铭文中所提到的或榜题所示的"天禄""辟邪"二字铭文，来判断不同铜镜上的动物纹饰或为天禄，或为辟邪，以这样的方法去比较镜中瑞兽的形象，以期明晰天禄、辟邪各自的统一形象，而结果都经不起推敲。所以我们得出的结论是：如果以铜镜中的铭文所提的动物名称来断定镜上的动物为何种动物，这种方法在很多情况下也是不完全准确的，直观的资料有时也并不能完全说明问题。王牧《浙江出土铜镜（修订本）》序言中说："镜像与铜镜铭文并

不能完全对应，铭文更多反映的是当时的社会意识形态和风尚。铜镜在当时生产批量大，其艺术性及表现手法与神道上的石刻辟邪不能相提并论，加之工匠在概念及具体操作上会带有一定的随意性和模糊性。"①一位镜师一个思维，一种构图理念，对于所要表达的纹饰一种理解，在诸多铜镜里寻求统一形象的天禄、统一形象的辟邪是难以实现的。

所以，我们以为天禄、辟邪只是当时狮形或虎形有翼神兽在东汉三国六朝时期一个中国化的称谓，有着吉祥的寓意。至于它们各自的统一形象，我们从当时的艺术品中难以找出共同的特征。何为"天禄"、何为"辟邪"的争论从民国时期，一直持续到现在，终究没有定性的结论，这就说明这样的争论，谁也拿不出有力的证据。

所以，我们说龙、天禄、辟邪由于是人们想象中的神兽，经过工匠的艺术构思去塑造，由于地域或个人理解的偏差，天禄与辟邪的具体形态在当时并没有形成统一。其次，汉代疆土跨越范围广大，辟邪、天禄的形象也有诸多不同。湖南曾经发现的石雕辟邪，形象就和南京的不一样。因为天禄、辟邪表现的形式复杂多变，也许只有镜师知道自己所要表达的意愿。两千多年后，当初创作纹饰的时空脉络只余蛛丝马迹，甚至完全不可追索，要判断何为创作的原意，十分不易，要理清它们之间的关系，分辨出谁是谁更难。

所以，既然难以分辨，那么在本书所录的龙虎纹镜命名过程中我们仍然按照传统的观点命名为龙虎纹镜，仅凭独角、双角在此判断辟邪或者天禄难免有所偏颇。同时，根据镜中铭文所提的"天禄""辟邪"来断定镜中纹饰所表现的瑞兽为天禄、辟邪确实有点勉强。而且我们仍按照传统观点对此类镜命名为龙虎纹镜也是有根据的。王牧在《浙江出土铜镜（修订本）》序中言："东汉中晚期非常流行的龙虎纹镜，通常不会去把它们认为是龙与辟邪的，因为龙虎镜中的组合是有特定含义的。龙虎的组合在很早时就有，但东汉龙虎镜大量流行，恐与当时阴阳五行的流行与道教兴起有一定的关系。如在道教炼丹术中，龙虎就有其特定含义。道教的炼丹分内丹与外丹。内丹讲求自身修炼，通过练功来强化体内精气；外丹则利用金属或矿物质为原料炼丹。两者都以达到长生不老为目的。道教的内丹功夫，以龙属木，木生火，同心神之火，乃以龙为火。虎属金，金生水，同身肾之水，乃以虎为水。所谓水火为龙虎。《性命圭旨》中有'龙从火里生，虎向水里生，龙虎相亲，坎离交济'，故龙虎镜中的龙虎组合是有其特定含义的"。②

《南朝帝陵石兽与龙》一文所提观点或许更能支持我们将本书所录此类镜按照传统观点命名为龙虎纹镜。文中说：我们以为天禄、辟邪形象既固树于汉代，必与此一时期或此前流行的其他艺术形象有联系。而这一形象笔者认为应该就是龙③，通过对龙与天禄、辟邪在形体上的特征对比，得出"龙与天禄、辟邪之间有不浅的渊源，天禄、辟邪就是狮子化的龙"这一观点。

另外他们对于帝陵前翼狮虎兽（如南阳东汉汝南太守宗资墓前的一对神兽明确镌刻"天禄""辟邪"）的神兽还做了如下分析：天禄、辟邪只见于帝陵。这一点似乎也在暗示天禄、辟

① 王牧《浙江出土铜镜（修订本）·序言》第3页，文物出版社2006年版。
② 同上。
③ 高敏、叶康宁《南朝帝陵石兽与龙》，《文物世界》2009年第2期。

邪属"龙"的特性。皇帝就是真龙天子，这种观念至迟在汉代已经被固树。此外，天禄、辟邪置于帝陵前，应该和"天命""禄位"不无关系。如晋恭帝司马德文禅位给刘裕，诏书中就有"是以天禄既终，唐、虞弗得传其嗣"。而最能代表"天命"的可能就是龙。在陵墓神道前安置类龙的石兽，是否有死后继续享受"天命""禄位"的私心在，是否想通过石制的天禄来昭示"天命""禄位"的永固呢？既然龙与天禄、辟邪有如此渊源，那么在难以分辨三者形体的情况下，我们按照传统观点称本书所录此类镜为"龙虎纹镜"也是不无道理的。

最后笔者借用朱存明在《汉画像与汉文化研究导论》中的一段话，作为本文的结语：汉文化是一个连续不断的文化叙述而不是各种可孤立理解的理论体系，它构成了一种审美的意识形态。这一形态可以用"龙"来加以象征。它无处不在，是一个变化多端的灵物，它由各种事物整合而成，是任何动物，又不是其中任何一个动物，它是一个精心的构造，表现了中国文化的多种来源。①

① 朱存明《汉画像与中国文化研究导论》，《美学与艺术评论》第七集，2004年10月。

TJ0332　五乳战神蚩尤纹镜　汉代
直径107毫米　厚6毫米　重232克

纹饰亮点：
　　蚩尤持兵器。
相关链接：
　　古人往往把劳动发明的文化英雄崇拜为神，这是对超常的劳动创造能力的崇拜之人格化。大约因为蚩尤部落最先使用金属武器，在战争中大显神威，所以经神话思维的作用，蚩尤就被幻想为"铜头铁额"的神，而且还"人身牛蹄，四目六手"，神通广大。《尸子》："造冶者，蚩尤也。"《世本·作篇》"蚩尤以金作兵器"。"金"即"铜"。《管子·地数》《山海经》均言蚩尤铸金为"剑铠矛戟"等"利器"。汉代画像石常见蚩尤持兵器的纹饰，1972年山东临沂白庄出土的汉画像石上有蚩尤雕像[1]，兽首，人身，鸟足，头顶弓箭，手持刀剑。因此，此镜纹饰中这个右手持钩镶左手持短剑的怪异形象，应该是自古以来人们顶礼膜拜的兵神蚩尤。汉代对于蚩尤是非常崇拜的，汉高祖刘邦本人对于蚩尤亦是相当崇拜的，从他"杀牛衅鼓"祭祀黄帝和蚩尤可见一斑[2]，并且刘邦认为夺天下最终须靠武力，于是乞灵于战争之神蚩尤。还可能与当时的盛世有关，国力雄强，军事发展，"犯我强汉者，虽远必诛"，说明了当时汉代统治者对于军事的重视程度。
　　蚩尤是传说与现实相结合的一个人物。他是年高德厚的苗族祖先，是苗族部落联盟领袖，是发明丰硕的智者能人，是英勇过人的苗族英雄，是中华历代帝王所敬仰的战争之神。这是蚩尤的真正形象。

① 管恩洁等《山东临沂吴白庄汉画像石墓》，《东南文化》1999年第6期。
② 马道魁《尊重历史，崇敬祖先——刘邦为何祭祀蚩尤》，《安徽史学》1998年第2期。

纹饰亮点：
胡人斗兽。

TJ0334 "李氏作竟自有纪"铭"胡人驯兽"瑞兽纹镜 汉代

直径127毫米 厚9毫米 重493克

铭文内容："李氏作竟自有纪，长保二亲利孙子，仙人王乔赤松子，渴饮玉泉饥食"。

纹饰介绍：此镜主题纹饰为熊黑、瑞虎、虎头竖耳的瑞兽与禽鸟、胡人斗兽等纹饰呈环绕式绕钮排列，下半身均被
压于钮下。其外一圈铭文圈带，边缘纹饰为双圈三角锯齿纹间隔双线波折纹。

斗兽——汉代帝王将相、达官贵族的体育活动

　　此镜以浮雕形式表现极为写实的胡人斗兽的纹饰在汉代铜镜纹饰中尚属首见。纹饰造型为一胡人显露头部，伸出强健有力、肌肉感十足的双臂，紧紧抓住一只单角瑞兽的尾巴，呈用力拽拉的态势，以使瑞兽屈服。胡人斗兽时自信、勇猛、不畏强暴的气度跃然而出，生动描绘出斗兽壮士勇捷而镇定的风采，其狞厉、无所畏惧的神态一览无余。在胡人形象的塑造方面特意突出头部，胡人戴尖帽，深目，高鼻，颧骨凸出，下巴较尖，络腮胡，这种造型的胡人形象在徐州一带出土的画像石中常见，一般被称作胡人。[①]"胡人"，系我国古代汉民族对北方边塞及西域各少数民族的泛称。在两汉时期，胡人经常侵犯汉族疆域，引起社会动荡不安，以至在艺术再造的汉画之作中大量出现"胡人"，这"胡人"便是指当时的匈奴族。匈奴人就自称为"胡"，并骄傲地宣称，"胡者，天之骄子也"。

　　斗兽是汉代很流行的一种娱乐休闲活动，上至宫廷以及诸侯贵族，下及民间百姓都可以观看斗兽表演，主要流行于宫廷贵族间。如《后汉书·郡国志（三）·陈留条》记载："有陵树乡，北有泽，泽有天子苑囿，有秦乐厩，汉诸帝以驯养猛兽。"《汉书·枚乘传》记载，景帝时，吴王刘濞造反后，枚乘复劝之曰："修治上林，杂以离宫，积聚玩好，圈守禽兽，不如长洲之苑。"《盐铁论·散不足》曰："今民间雕刻不中之物，刻画玩好无用之器。玄黄杂青，五色绣衣，戏弄蒲人杂妇，百兽马戏斗虎，唐锑追人，奇虫胡妲。"

　　公元前2世纪中叶，西汉王朝在关中建立了我国历史上规模最大的上林苑，苑中除天然猎场外，还设有专门的斗兽场。当时的汉家天子与远隔重洋的罗马帝王不谋而合，把斗兽当作一种娱乐。在那个尚武的时代，贵族阶级把斗兽作为炫耀勇武的一种方式，这无疑是危险而残忍的。西汉皇帝令武士在长扬榭"搏射禽兽，天子登此以观焉"；有时技痒，便亲自下场。史载汉武帝"能手格熊罴"，"手格猛虎"。公元前87年，武帝病逝，陵墓里竟生殉虎豹190只，表现了他对狩猎和斗兽生死不移的癖好。到了东汉，文献里已经很少有关贵族参加斗兽的记载，汉画像石上出现的斗兽者多为下层平民，均不戴冠，短衣，或者赤裸上身，贵族则在堂上作为欣赏者出现。

　　汉代社会出现大规模的斗兽，与当时社会政治、经济、社会风气、思想观念是分不开的。

---

① 杨孝军、郝利荣《试析徐州汉画像石中的"胡人"及其文化影响》，《大汉雄风——中国汉画学会第十一届年会论文集》2008年。

当时社会安定，经济发展，物质产品比较丰富。东汉时期，明帝以前基本是"天下安平，人无徭役，岁比登稔，百姓殷富，粟斛三十，牛羊被野"。在物质生活得到满足的情况下，王公贵族们及新兴地主阶级才有可能把注意力转移到这类奢侈性消费上来，使大规模的圈养禽兽成为可能。汉代的斗兽是在前代的基础上发展起来的。原始社会的狩猎活动是斗兽的起源，这一阶段虽然形式上接近后来的竞技表演，却有着实质的差别。前者是为了生存的需要，后者是一种娱乐精神消费。但不可否认的一点是：驯兽、斗兽活动体现了汉代人的征服自然、积极向上、乐观进取、所向无敌的精神境界。[①]

扬雄《长杨赋》中记叙了一次大校猎："张罗罔罝罘，捕煎熊豪猪，虎豹狖玃，狐兔麋鹿，载以槛车，输长杨射熊馆，以网为罗陆，纵禽兽其中，令胡人手搏之，自取其获，上亲临观焉"。其中"令胡人手搏之"很好地解释了此镜胡人斗兽的纹饰。

在当时斗兽活动风靡的影响下，这种图纹曾被大量使用在画像石、画像砖等工艺品上（图1）。王子今在《汉代的斗兽与驯兽》一文中说："如关东汉中期墓出土画像石，画面为一武士右手抓虎尾，左手奋臂挥剑欲刺；一件南阳出土的画像砖表现勇士与犀牛搏斗；南阳汉画像石还有表现一人同时徒手力斗一牛一虎的，生动描绘出斗兽壮士勇捷而镇定的风采（图2）；河南唐河出土的汉画像石，还有一勇士力搏双虎的画面（图3）；连云港网疃庄汉木椁墓出土漆盒饰有斗熊图案，斗熊者持戈作退却势挑诱熊；南阳出土画像石有一幅斗牛图，斗牛者大步迎向奔牛，手捉牛角，显然是一位斗牛能手充满自信的表演。"[②]斗兽不仅是汉代社会娱乐生活的组成

图1

图2

图3

部分，而且墓葬中也有不少斗兽图案，此方面研究对我们了解汉代社会生活和当时人的思想观念有重要参考价值。[③]

从出土的汉画像砖石、雕塑等图像资料看，汉代的斗兽大都为一人与兽搏斗。他们有的手持兵刃枪棒，有的赤手空拳，有的头戴面具。人搏杀制服的兽类主要有虎、犀牛、野猪、牛、熊。各种艺术门类的发展是相互借鉴的，斗兽运动在汉代的广泛流行，为当时的工艺美术品，包括铜镜提供了可借鉴的优秀题材，所以当时的斗兽纹饰在很多工艺美术品中有所体现。此镜斗兽纹作为一种铜镜纹饰，虽只是主题纹饰的一部分，但其可贵之处还在于设计者根据镜背空间的小特点，人事景物巧作安排，抓住了胡人斗兽一瞬间的情节刻画形象，气氛紧张，扣人心弦。汉代斗兽纹的出现，不但反映了斗兽活动是当时社会生活的一个重要方面，同时也在一定

① 王洪震《汉画像石》第二章《狩猎、驯兽、斗兽和比武》，新世界出版社2011年版。
② 王子今《汉代的斗兽与驯兽》，《人文杂志》1982年第5期。
③ 金爱秀《汉代斗兽试析》，《中国汉画学会第十届年会论文集》2006年。

程度上反映出汉代人民自给自足、自信、自强、勇敢、不畏强暴的时代心态，是大汉王朝蓬勃向上的真实写照。

　　虽然在画像石、画像砖、壁画上常见到斗兽图景，但是在汉代铜镜中，以写实的方式表现斗兽场景的，此镜目前还属于孤例。另外，从此镜上熊罴、瑞虎等其他瑞兽综合表现来看，我们以为这面镜子的整体纹饰表现的即是汉代广设兽圈，驯养猛兽，观赏"人兽生死搏斗"以取乐的帝王将相、达官贵族们现实生活的真实写照。纹饰中熊罴等其他瑞兽或也是豢养于苑囿中的猛禽。另据张宏林《铜镜中的神话——龙虎镜中的双熊与鲧禹的传说》一文考证：汉代铜镜中的熊，应该是当时崇禹风尚的产物，化作水神的鲧、享受土地神之祭的禹在铜镜上的反映，显示了人们对于英雄的崇拜。为造福百姓治水而死的鲧与禹，含辛茹苦化作熊，这是华夏祖先艰苦卓绝的精神象征，更是古人心目中保佑百姓平安的神灵。[1]

---

[1] 张宏林《铜镜中的神话——龙虎镜中的双熊与鲧禹的传说》，《中国铜镜》2012年6月总第3期。

第十节　东汉—三国两晋南北朝时期
神人神兽纹镜

　　神人神兽纹镜是以浮雕手法表现主题纹饰神人、瑞兽等题材的铜镜，在先前线雕、剔地平雕、浅浮雕的艺术手法基础上，进一步发展了高浮雕铸镜工艺。其艺术造诣使神人神兽镜达到了中国青铜镜史上一个不曾再现的高度，在盈尺方寸之间形象地再现了当时人们对修道成仙的企盼。此类镜于东汉中期以后在长江流域及我国南方地区广泛流行起来，主要流行时间为东汉到六朝。它对三国两晋南北朝时期的铜镜产生了重要的影响。三国两晋南北朝时期，北方魏镜和南方吴镜均首开向日本出口的先例，有的南方镜工甚至远渡重洋赴日本铸镜，从而把中国的铜镜艺术和铸造工艺传播到了日本。近年来，在日本公元4世纪的前期古坟中出土了大量"三角缘神兽镜"。经王仲殊先生考证，这些"三角缘神兽镜"是东汉时赴日本的吴国工匠，将画像镜与神兽镜结合起来制作的[①]。

　　本书所录神人神兽镜按照其纹饰排列方式分为环绕式神人神兽镜和重列式神人神兽镜两类。其中，环绕式神人神兽镜又可分为三式：

Ⅰ式：　对置式神人神兽镜，纹饰对称于镜的圆面直径的纹饰设计方式，它的主要特征是踞坐的两个神人挟钮头对头对置。每个神人两侧各置一个向着神人的瑞兽，一神二兽形成了一个纹饰构成单位。其间多配置两神人和两神兽各一组，有的还配置一些其他的神兽、禽鸟。对置的神人是东王公和西王母，另外两神人是俞伯牙和钟子期。主题纹饰外有半圆方枚带，再外或有铭文带，或画纹带边饰（如TJ0346、TJ0351〔b〕）。

Ⅱ式：　环状乳神人神兽镜，主要特征是三组或四组神兽环钮配列。环状乳由天禄、辟邪等瑞兽的部分骨节构成。兽首作龙形或虎形，向右环绕的形式居多。除东王公、西王母以及伯牙弹琴、黄帝等群像外，还添加了侍神。神兽外有半圆方枚带，外区为铭文带或画纹带，画纹带的纹饰比较复杂，有的作二神分别捧着圆形物及六条龙等，一些学者推测这是反映神话故事日驾六车、羲和御车的画面（如TJ0341、TJ0344、TJ0348、TJ0352、TJ0342）。

Ⅲ式：　求心式神人神兽镜，以镜面圆心为中心的纹饰设计方式，主要特征是与前述以神人和瑞兽组成一个纹饰构成单位的对置式神人神兽镜不同，各个神像独立成为一个纹饰构成单位，多是四神人四瑞兽相间配置。神像依然是东王公、西王母、伯牙等，神兽外有半圆方枚带，其外有画纹带边饰（如TJ0328、TJ0350、TJ0345）。

　　重列式神人神兽镜的主要特征是纹饰由上而下排列，其中最有名的一类是所谓建安式重列

---

① 王仲殊《关于三角缘神兽镜的问题》，《考古》1981年第4期。

神兽镜。圆钮、圆钮座，神兽自上而下分成五段。日本学者林巳奈夫、樋口隆康等根据镜中铭文有"五帝天皇，白牙弹琴，黄帝除凶，朱鸟玄武，白虎青龙"以及"上应星宿，下辟不祥"等字句，认为：神像居中自上而下分成五段，第一段即最上段，与朱雀并列的在最中央的是南极老人；第二段是伯牙弹琴，伯牙膝上有板状物为琴，其旁为钟子期；第三段钮两侧分别为东王公和西王母；第四段是黄帝和司长寿的人首鸟身的句芒；第五段即最下段，与玄武并列的是表示北极星的天皇大帝。这五帝是代表在北极周围由青、赤、黄、白、黑五色表示的五帝座。神像周边有朱雀、玄武、青龙、白虎配置于钮的左右，有的整个身躯跨越了数段。钮的上下长方形框内，有直行铭文"君宜官"等，靠近镜缘处是铭文带[1]（如TJ0347、TJ0354、TJ0355、TJ0356、TJ0358、TJ0359）。

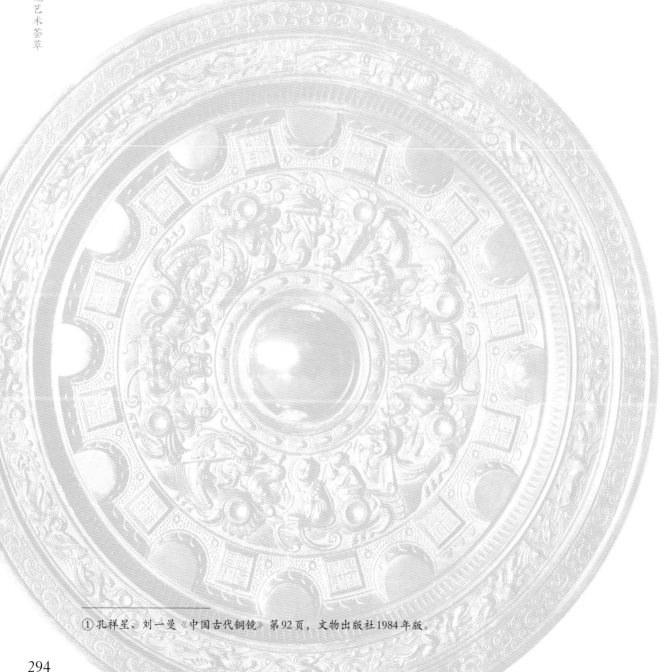

---

① 孔祥星、刘一曼《中国古代铜镜》第92页，文物出版社1984年版。

TJ0328 "吾作明竟"铭神人神兽镜 东汉

直径93毫米 厚4毫米 重144克

铭文内容："吾作明竟，幽湅三商，周刻
无极，服众万景，四气象元，
六合设张，举方秉员，□□
千人□，其命吉长"。

铭文解释："四气"指春、夏、秋、冬四
时的温、热、冷、寒之气；
"象元"，结合镜铭"四气法
天"，象元或指效法、仿效
天。"六合"指上下东西南北，
泛指天地或宇宙，古代人又
常常把天地称为"六合"。《广
韵·合韵》曰："合，亦六合。
天地四方对也。""设张"指
"设置""张设"。

TJ0329 "吾作明竟"铭对置式神人神兽镜 东汉

直径108毫米 厚4毫米 重173克

纹饰亮点：

此镜两神人四神兽对
称布局，极为少见。

纹饰介绍：

主题纹饰采用高浮雕技法，以四只神态各异口衔矩的神兽为界，将纹饰分为四组，呈对置式布局，主题纹饰中头戴三山冠者为东王公，端坐于灵芝座之上，身旁有青鸟及句芒侍卫；与之对应的是相同的一组纹饰；镜钮左右神人也是头戴三山冠，身着交领袍衣，一人膝上置一琴，一人侧首倾听，似作陶醉状，表现的当是俞伯牙、钟子期"高山流水"的传说。镜缘纹饰极其精美，主纹饰是六龙驾云车，车中心部位端坐一神人，前面一羽人御车，后面一羽人服侍，其后为羲和捧日，跟随其后是一组卷云纹、两羽人驾鹤、羲和逐日、羽人升天、两羽人乘虎、一组卷云纹。最外圈为一圈卷云纹圈带。

相关链接：

《镜涵春秋——青峰泉、三镜堂藏中国古代铜镜》："神兽纹镜的纹饰中，有一个重要特征，即神兽口中衔有一直条状物。"从目前已知的铜镜铭文中，发现部分铭文有"上有神守（兽）及龙虎，身有文章口衔巨""天禽四守（兽），衔持维纲""天禽衔持，维纲大吉"等句，可知神兽口中衔有的直条状物，名为"巨"或"持"。经观察，神兽口衔之巨与博局纹镜中的V形符号位置基本接近。《淮南子·天文训》载："子午、卯酉为二绳，丑寅、辰巳、未申、戌亥为四钜，东北为报德之维，东南为常羊之维，西南为背羊之维，西北为蹏通之维。"《说文解字》曰："钜，大刚也。"[1]因此有学者认为，神兽口中所衔之巨，即规矩之矩，亦与"钜"相通，即为"维纲"，为维系天地四维之物。[2]

TJ0341 环状乳"吾作明竟"铭神人神兽镜 东汉

直径127毫米 厚5毫米 重315克

铭文内容："吾作明竟，幽涑三商，大吉昌兮"。

高浮雕神人神兽镜是东汉流行最广泛的镜种之一，高浮雕工艺代表了东汉铜镜艺术炉火纯青的艺术造诣。

1970年，鄂州市鄂钢630工地出土一面画纹带环状乳神兽镜与此镜纹饰风格相当，直径142毫米。[3]

---

① 深圳博物馆等《镜涵春秋——青峰泉、三镜堂藏中国古代铜镜》第181页，文物出版社2012年版。

② 霍巍《试析汉晋神兽镜中的龙虎神兽与"衔巨"图纹》，《考古》2003年第5期。

③ 深圳博物馆等《镜涵春秋——青峰泉、三镜堂藏中国古代铜镜》第181页，文物出版社2012年版。

纹饰亮点：

大象。

亮点介绍：

此镜与方枚铭相间处饰有一只信步行走的大象。内蒙古和林格尔壁画墓中有"仙人骑白象"的墨书榜题图像。据俞伟超先生考证，认为其反映的是"能仁菩萨化乘白象来就母胎"的降身故事。我们以为此镜中大象纹饰的出现或与佛教传入中原有关。

TJ0350　画纹带边饰环绕式神人神兽镜　东汉

直径150毫米　厚7毫米　重561克

铭文内容："吾作明竟，幽涷三商，雕刻无极，白牙奏乐，众神见容，□□□□，□□□□，□□□□，□□□□，福禄定从，曾年益寿，其师命长"。

纹饰介绍：主题纹饰采用高浮雕技法，以四神兽为界将纹饰分为四组，呈求心式排列。一组为东王公端坐于龙虎座之上，身旁有羽人服侍；二为伯牙弹琴，琴横于膝上，旁边有两神人聆听，垂首呈陶醉状的应为钟子期，周围有青鸟及跪地羽人；第三组头戴冕旒者当是黄帝；还有一组为西王母侧身踞坐，身旁有青鸟侍卫。主题纹饰外青龙、白虎、神兽、羽人、白鹿、大象、翔鸟朱雀等纹饰与方枚铭相间排列。边缘纹饰异常华丽，分为两组。一组是六龙驾云车，车上神人端坐，车前神人御龙，据《楚辞·九歌·东皇太一》："有龙驾兮帝服。"这一圈纹饰，以此神人最为显要，地位在日神和月神之上，且驾龙，应是天神东皇太乙。另一组纹饰由羽人骑兽、羽人乘鼍、羽人驾青鸟组成。两组纹饰相隔处有神人捧日和神人捧月。神人是日神和月神。日神旁有位长翼的人面神，旁有云气流动，当是风伯。

纹饰介绍：

　　主题纹饰采用高浮雕技法，镜背主题纹饰区均匀分布的四组花簇纹将镜背分为四区，以花簇纹为界，每区饰高浮雕瑞兽一只。瑞兽神态各异，或蹲或卧，活泼生动，不但富有动感且神韵极佳，栩栩如生。边缘纹饰为六龙驾云车、神人御龙、羲和捧日、羽人乘鼋、羽人驾青鸟、羽人飞天、羽人驾龙等纹饰共同组成华丽的画纹带。

TJ0345　画纹带边饰四花簇环绕式神兽镜　东汉

直径133毫米　厚4毫米　重352克

铭文内容："吾作明竞，幽涑三商，配德玄道，统像万疆，敬奉贤良，铜克无祉，白牙奏乐，众事主阳，富贵安宁，子孙番昌，其师命长"。

　　《古镜今照——中国铜镜研究会成员藏镜精粹》一书录有一面"富贵安乐"铭四花簇半圆方枚神兽镜与此镜纹饰风格相当，直径130毫米①。此类花簇纹神兽镜是20世纪晚期铜镜收藏热兴起后新发现的镜种，国内铜镜著录所见不多，其真实内涵有待考证。

---

① 浙江省博物馆《古镜今照——中国铜镜研究会成员藏镜精粹》（上册）第242～243页图版119，文物出版社2012年版。

以上几面铜镜铭文，其最重要的标志，是每篇都有"吾作明竟，幽湅三商"之句。"幽湅""湅"实即"炼"字，另外还有"幽湅三羊""幽湅宫商""幽湅三章""幽湅三同""幽湅三冈"等。我们以为"幽湅"之"幽"或可作"潜"解，"幽湅"与后人所说的"潜炼"意思相近。铜镜为灵异之物，其铸造带有某种神秘的色彩，或许还有神秘的仪式加在里面，所以"幽湅"。"三商"：日本学者驹井和爱认为即"三金"，引《白虎通义·五行》"金在西方"及"其位西方，其色白，其音商"等条为解。"三同"即"三刚"，也是三金之意。"三羊"即"三祥"。"三祥""三章"亦即"三商"，以祥、章与"商"音近。"幽湅宫商"之"宫"，是因与商字连文而带出来的，没有实际的意义。三金即铸镜所用的铜、铅、锡。其实金称祥金，所以"三羊"亦即三祥金。

关于铭文中的"白牙单琴"，驹井和爱认为，"此白牙为《荀子》《吕览》《淮南子》等书中所载的以善弹琴著称的楚人之名，'白牙'即'伯牙'"。"周刻万疆"，镜铭多用同声字及省去偏旁字例，周刻即雕刻。

纹饰介绍：

主题纹饰采用高浮雕技法，此镜相比较同时期神人神兽镜在纹饰塑造上有显著的特征，在半圆纹饰和方枚铭之间配置了浮雕工艺的青龙、白虎、朱雀、玄武四神纹饰，以定东、西、南、北四方。这样一来，主纹饰区的四位主神的身份或可确认为：镜钮下方面圆目、端坐于玄武座上的主神为北极真武大帝，身旁有龙虎侍卫；钮座上方肩有双羽的主神，其上为朱雀，应为南极大帝；镜钮左侧主神因对应的是白虎，为西方，故此神应是少昊；镜钮右侧主神对应的是青龙，为东方，故此神应为太昊。

此镜镜缘纹饰不是常见的六龙驾云车等纹饰，而是精细的浮雕青龙、白虎、神鱼、飞禽等纹饰，有飘带状卷云纹穿插连接在一起，显得极富装饰特色。特殊的纹饰布局，匠心独具的四神配置，精雕细琢、活泼灵动的神、兽造型，使得这面铜镜在同类镜中独具风格。

TJ0346　画纹带边饰四神对置式神人神兽镜　东汉

直径145毫米　厚7毫米　重557克

铭文内容："君宜高官，位至三公"。

1985年，鄂州市鄂城福利院出土一面画纹带神兽镜与此镜纹饰风格相当，直径139毫米[1]。

---

① 鄂州市博物馆《鄂州铜镜》第53页图127，中国文学出版社2002年版。

纹饰介绍：

　　主题纹饰采用高浮雕技法，纹饰呈对置式布局，四方各置一神人，分别为东王公、西王母、俞伯牙、钟子期。其外半圆上以浮雕技法饰有四朵八瓣莲花纹、两只壶、两只尊、朱雀及羽人等。镜缘纹饰有六龙驾云车，车上有神人端坐，车后有羽人尾随。接下来是朱鸟翱翔尾随云车、神人捧日、神兽奔腾共同组成华丽精细的边缘纹饰。

TJ0351(b)　画纹带边饰对置式神人神兽镜　东汉

直径160毫米　厚6毫米　重659克

铭文内容："天王日月"。

铭文解释："天王"指帝王或天皇，"日月"有明亮、光明、恒久之意，其意应为祝颂帝王长寿恒久之意。

　　1978年，鄂州市鄂钢五里墩第117号三国晚期吴墓出土一面画纹带对置式神兽镜与此镜纹饰风格相同，直径165毫米。[1]

————————
① 鄂州市博物馆《鄂州铜镜》第52页图124，中国文学出版社2002年版。

纹饰介绍：

　　主题纹饰作高浮雕，有四神兽衔矩分守四角，将纹饰分为四组，纹饰作对置式排列。下面是东王公，相对为西王母，东王公与西王母身旁皆有虎头兽身带尾翼的神兽侍卫。左边一组纹饰似为黄帝与侍者及青鸟，相对的一组为伯牙奏琴，旁有两人聆听，低首似陶醉状的为钟子期，伯牙善奏，子期善听。边缘纹饰异常华丽，分为两组，一组是六龙驾云车，车上神人端坐，车前神人御龙。另一组纹饰由羽人骑兽、羽人乘鼋、羽人驾青鸟组成。纹饰虽细，但极为精致，是东汉镜中最为华丽的一类。

TJ0344　环状乳画纹带边饰神人神兽镜　东汉

直径142毫米　厚7毫米　重468克

铭文内容："吾作明竟，幽湅三商，周刻万疆，四气象元，六合设张，兴方秉员，通距虚空，祗灵是兴，□□□□，□□□□，服者三公，其师命长"。

　　1963年，鄂州市西山出土一面"吾作"环状乳神兽镜与此镜纹饰风格相同，直径140毫米。[1]

① 鄂州市博物馆《鄂州铜镜》第45页图109，中国文学出版社2002年版。

纹饰介绍：

主题纹饰作高浮雕，有四神兽衔矩分守四角，将纹饰分为四组，纹饰作对置式排列。镜钮上方神人为东王公，头戴三山冠，有肩羽，端坐于龙虎座之上，两神兽侍卫左右。钮下方神人为西王母，端坐于灵芝座之上，头戴双髻，肩有飞羽，被两神兽侍卫。镜钮右侧为伯牙奏乐，伯牙端坐，膝上置琴，袖口上挦，双手抚琴，右侧俯首聆听者为钟子期。镜钮左侧神人似为老子，头梳发髻，无冠，侧身端坐，身后一神人双手托腮，似在全神贯注地听老子谈经论道。边缘纹饰为浅浮雕工艺塑造六龙驾云车，中心部位端坐一神人，应是东皇太乙，身后有羽人服侍。接下来的纹饰是羲和捧日，跟随其后为两似龙非龙之神兽、两羽人乘龙、两组羽人驾青鸟、羲和逐日、三组羽人骑虎。

TJ0348　环状乳画纹带边饰神人神兽镜　东汉

直径143毫米　厚7毫米　重538克

铭文内容："吾作明竟，幽涷三商，雕刻无极，配像万疆，白牙举乐，众神见容，百精并存，福禄是从，富贵安居，子孙番昌，曾年益寿，其师命长"。

　　1970年，鄂州市鄂钢西山铁矿出土一面画纹带环状乳神兽镜与此镜纹饰风格相同，直径119毫米。[1]

----

① 鄂州市博物馆《鄂州铜镜》第49页图117，中国文学出版社2002年版。

纹饰介绍:

主题纹饰作高浮雕,有四神兽衔矩分守四角,将纹饰分为四组,纹饰作对置式排列。镜钮下方端坐于灵芝座上的东王公,身旁有青鸟侍卫。与其相对的是西王母,头饰双髻,体生肩羽,亦端坐于灵芝座上,身旁有青鸟侍卫。镜钮左侧一神人头上有双角状饰物,唇下有须、颌下有髯,老态龙钟,应为南极仙翁。与其隔钮相对处是伯牙、子期抚琴倾听的故事图案。镜缘纹饰异常华丽,主纹饰是六龙驾云车,中心部位端坐一神人,身后有羽人服侍。其后为羲和捧日、两个似龙之神兽、两羽人乘龙、两组羽人驾青鸟、羲和逐日、三组羽人骑虎纹。

TJ0352 　环状乳画纹带边饰神人神兽镜 　东汉

直径178毫米　厚7毫米　重768克

铭文内容:"天王日月"。

1973年,江西彭泽县泉山公社茅店大队何家垅东汉墓出土一面铜镜与此镜纹饰风格相同,方枚十四个,每枚四字"天王日月",直径152毫米。[①]

① 吴水存《九江出土铜镜》图21,文物出版社1993年版。

纹饰介绍:

主题纹饰作高浮雕,有四神兽衔矩分守四角,将纹饰分为四组,纹饰作对置式排列。镜钮下方端坐于灵芝座上的东王公,身旁有青鸟及羽人服侍侍卫。与其相对的是西王母,头饰双髻,体生肩羽,亦端坐于灵芝座上,身旁有青鸟及羽人服侍。镜钮左侧端坐于灵芝座上的应是伯牙,膝上置一横琴,右侧一神人应是钟子期,左侧有青鸟服侍。镜钮右侧应是黄帝坐于灵芝座,身旁有羽人及青鸟服侍。镜缘纹饰异常华丽,主纹饰是六龙驾云车,中心部位端坐一神人,身后有羽人服侍。六龙驾云车纹后为羲和捧日纹、两组羽人驾青鸟纹饰、三组羽人骑虎纹。

TJ0342　环状乳画纹带边饰神人神兽镜　东汉

直径129毫米　厚3毫米　重321克

铭文内容:"吾作竟,幽涑三商,其师命长"。

铭文解释:"其师命长"属于一句吉语,是对铜镜使用者的一句祝福语,祈求长寿。

1963年,鄂州市西山出土一面画纹带环状乳神兽镜与此镜纹饰风格相同,直径152毫米。①

①鄂州市博物馆《鄂州铜镜》第52页图123,中国文学出版社2002年版。

纹饰介绍：

　　主题纹饰作高浮雕，内区以四神兽为界分为四组，作重列式排列。中段左为西王母，右为东王公，皆有兽衔座托。西王母两侧为两兽，有柱状分枝形的冠。东王公两侧为青鸟和人面鸟身神。西王母座下的一组纹饰极其稀少，画面中共有三羽人，一羽人持一伞状物往脚下一精致的桶内倒水，一羽人手持一长管似乎从桶内吸水饮用，还有一羽人手托一球状物给饮水之羽人，似乎表现了仙人"渴饮玉泉饥食枣"的生活状况。东王公座下为两神兽翻腾跳跃，似乎在玩抛球的游戏。这两组纹饰在同类镜中极其罕见。东王公、西王母上方有两兽，口衔曲尺形座，座中三人，中间为伯牙弹琴，旁两人作聆听状。镜钮下方的一组纹饰为黄帝头戴冕旒端坐，旁边一兽侍卫。镜缘纹饰异常华丽，主纹饰是六龙驾云车，中心部位端坐一神人，身后有羽人服侍。六龙驾云车纹后面为神兽追随、羲和捧日、两只似龙神兽、羽人飞天、两组羽人骑虎、两组羽人驾青鸟、神兽跳跃、三组羽人骑虎等纹饰。

TJ0347　画纹带边饰"吾作明竟"铭重列式神人神兽镜　东汉

直径148毫米　厚6毫米　重415克

铭文内容："吾作明竟，幽涑三商，规矩无祉，配像万，百牙乐神，天禽见众，容并□九，首阳咸□，持衔刚维，通距虚空，服者公卿，贤奉良敬，富贵番昌，曾年益寿，其师命长，保二亲得天力"。

纹饰介绍：

主题纹饰作高浮雕，内区以四神兽为界分为四组，作三段重列式排列。镜钮左侧的神人为东王公，头戴三山冠，有肩羽，呈端坐之势，下方有神兽，左边有青龙，右边有白虎。镜钮右侧为端坐状的西王母，头戴双髻，披肩羽，上下左右皆有神兽侍卫。钮上方为伯牙奏乐图，伯牙膝上置一横琴，正在作抚琴状，右下方俯首倾听者应为钟子期，左上方神人疑为北极仙人。镜钮下方两个神人在作对话状，应为老子传道的故事情节。其余画面为高浮雕的神兽，个个生动活泼，栩栩如生。华丽的镜缘纹饰为以六龙驾云车为主题的画纹带，其后为羽人乘鹤、神仙驾凤、常羲捧月、羲和捧日等，各纹饰之间祥云缭绕，飘带翻飞，刻画精致，神采灵动。

TJ0354 画纹带边饰重列式神人神兽镜 东汉

直径186毫米 厚7毫米 重830克

铭文内容："吾作明竟，配像万疆，统德序道，敬奉贤良，曾年益寿，服者公卿，富贵安乐，子孙番昌，咸得所愿，其师命长，与天丰至，东王西母"。

上海博物馆藏有一面神人神兽画像镜与此镜纹饰风格相同，直径177毫米，传为浙江绍兴出土。①

① 上海博物馆《练形神冶，莹质良工——上海博物馆藏铜镜精品》第194、195页，上海书画出版社2005年版。

TJ0355 画纹带边饰"吾作明竟"铭重列式神人神兽镜 东汉

直径215毫米 厚6毫米 重1117克

铭文内容："吾作明竟，幽涷三冈，配象万疆，统德序道，敬奉贤良，铜克无祉，白牙举乐，嗞业主阳，世德光明，富贵安乐，子孙番昌，服者高迁，位至公卿，其师命长"。

纹饰介绍:

　　圆形,半圆钮,圆钮座。座外有一周泥鳅背,上有椭圆形珠点与几何线条纹形成的纹饰带。主题纹饰区同向布局五层纹饰带。第一层为伯牙奏乐。伯牙端坐,膝上置琴,袖口上捋,双手抚琴,侧首呈陶醉状,一种"高山流水,群鸟悲号"的自然情境跃然镜上。两旁神兽侍卫。第二层中间为一浮雕的独角神兽面部图,眉目之间威严恐怖震慑的气息一览无余,但塑造得极为精致传神。神兽左侧为俯首聆听若有所思者或为钟子期,右侧神人为东王公,头戴三山冠,两边环绕乳钉的两只神兽姿态夸张,呈奔腾跳跃状,表情狰狞威严。第三层右侧神人为东王公,头戴三山冠,有肩羽,端坐于龙虎座之上,青龙白虎侍卫左右,下方一虎头翼兽;左侧神人为西王母,头梳双髻,戴胜,有肩羽,上下左右各一神兽侍卫。第四层镜钮下方一神人头戴进贤冠,有肩羽,着袪领长袍,侧身仰面,正在听面前一侍神禀报,身后有一神人服侍,或为老子传道的故事情节。此层纹饰最外侧乳钉处有浮雕状两只神兽,雄浑彪悍,气势威猛。最下面一层为两正面两侧面四只瑞兽显露头部,威武凶猛的气势一览无余。镜缘纹饰为以六龙驾云车为主题的画纹带,主神端坐于车中,云车前有六龙驾车、羽人乘鹤、神仙跨凤、常羲捧月、羲和捧日,各纹饰图案之间祥云缭绕,飘带翻飞,均高浮雕塑造,刻画精致,神采灵动。

　　此镜在方寸之中,用一丝不苟的浮雕工艺,雕塑了神采奕奕的神人、栩栩如生的瑞兽、或翔或卧的天禽,大大小小共计三十余尊(只),用翻腾飘逸的祥云将五层纹饰巧妙地组合在一起,形成了一幅完整的天庭神仙序列图。此镜恢宏大气,显示了东汉镜师超凡的铸造技艺、非凡的创新能力和艺术造诣,从布局、雕塑、铸制方面来看都表现出了精益求精的特色,堪称神人神兽镜中精雕细琢之佳作。

纹饰介绍：

　　镜背浮雕十四神人、七瑞兽，横排成五排。神人之衣襞褶细密，头顶有髻或有冠，拱手而坐，背有云气。第一排中间为一长髯神人正面坐，左青龙，右白虎，皆有羽翼，青龙旁有神鸟，白虎旁有一羽人。第二排左侧有两人，近中间的一个应是伯牙，挽袖作抚琴状，但琴形不甚明显，右侧有两神人，一神人挽一袖，半侧面坐，另一神人全然侧面坐，界栏外白虎持衔跨越第二、三排，左侧青龙曲颈。第三排四神人皆正面坐，右侧近镜钮的神人戴冠，余皆挽发髻，亦以界栏间隔。第四排四神人也皆正面坐，左右近镜钮的两神皆侧首若有所思。最下面一排为一端坐的神人，右朱雀，左玄武。

TJ0356　"吾作明竟"铭重列式神人神兽镜　东汉-魏晋南北朝
直径112毫米　厚4毫米　重145克

铭文内容："吾作明竟，须涷宫商，周罗，三五帝皇，□白弹琴，黄除凶，朱鸟玄武，君宜宫宫□"。

　　1963年，鄂州市西山出土一面"建安六年重列式神兽镜"与此镜纹饰风格相当，直径136毫米。[①]

---

① 鄂州市博物馆《鄂州铜镜》第59页图139，中国文学出版社2002年版。

纹饰介绍：

　　镜背浮雕十二神人、十一瑞兽，横排成五排。神人之衣裳褶细密，头顶有髻或有冠，拱手而坐，背有云气。第一排中间为一长髯神人正面坐，左青龙，右白虎，皆有羽翼，青龙旁有神鸟，白虎旁有一羽人。第二排左侧有两人，近中间的一个应是伯牙，挽袖作抚琴状，右侧有两神人，一神人挽一袖，半侧面坐，另一神人全然侧面坐。界栏外白虎持衔跨越第二、三排，左侧青龙曲颈。第三排四神人皆正面坐，右侧近镜钮的神人戴冠，余皆挽发髻，亦以界栏间隔。第四排"高宜君官"两侧为神人，一戴三樑冠，一挽发髻，神人两旁分别有两人头神鸟和神兽。最下面一排为一端坐的神人，右玄武，左羽人。

相关链接：

　　建安年所铸之镜，大都为这种界栏形格式，构图为上下左右排列，一般有三排、四排、五排不等，图案只能定向观看，与一般神人神兽镜布局方式有所不同。

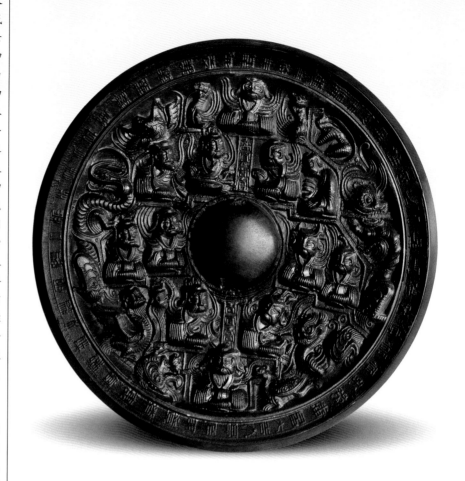

TJ0358　"高宜君官"铭重列式神人神兽镜　东汉—魏晋南北朝

直径135毫米　厚5毫米　重272克

铭文内容："吾作明竟，幽涷宫商，周□罗容象，五帝天皇，白牙弹琴，黄帝除凶，西寿王母，东□王公，朱鸟玄武，白虎青龙，君宜高官，子孙番昌，大吉"。

铭文解释："周罗容象"即四周分布着（各种神灵的）图像；"五帝"指传说中的五方天帝，"五帝天皇"指上天的最高神灵；关于"黄帝除凶"，《汉书·郊祀志》记载"古天子常以春解祠，祠黄帝用一枭、破镜"。张晏曰："黄帝，五帝之首也。春，岁之始也。枭，恶逆之鸟。方士云：'以岁始拔除凶灾，令神仙之帝食恶逆之物。枭，食母。黄帝欲绝其类，使百司皆用焉。'汉使东郡送枭食，以二月初五日做羹以赐百官。所谓解祠者，谓解罪求福也。"

　　1972年，鄂州市鄂钢西山铁矿东汉墓出土一面"建安十年重列式神兽镜"与此镜纹饰风格相同，直径132毫米。[1]

---

① 鄂州市博物馆《鄂州铜镜》第60页图141，中国文学出版社2002年版。

TJ0359　重列式神人神兽镜　东汉—魏晋南北朝
直径135毫米　厚5毫米　重353克

1982年，九江赛城湖垦殖场水产分场出土一面铜镜与此镜纹饰风格相同，直径140毫米。[1]

纹饰介绍：

镜背浮雕十二神人八神兽，横排成五排，其布局方式及纹饰与上镜相当。这类纹饰的铜镜，外围铭文很少见，但大多铭带模糊，无法辨识，但依旁证而推定，应为建安时代而作。

相关链接：

王牧《浙江出土铜镜（修订本）》序言："从现有资料看，至建安二十二年（217年）始，五段式的重列神兽镜又出现了变化，首先直行的铭文大多没有了，排列方式也从较疏朗的以神人为主导的，向排列细密紧凑，以神人和神兽为组合，且以界栏式的分隔风格的五段式发展。此式镜在三国吴早、晚期墓葬均有发现。以目前出土资料而言，以西晋天纪元年（277年）纪年铭最晚，重列式神兽镜的发展序列及演变的规律线索明晰，从它的出土地域看，大多也在东汉的会稽郡、吴郡及江夏郡的武昌，即在东汉末、三国时期吴的所辖范围之内，故可基本明确是吴镜。"[2]

东汉高浮雕神人神兽镜是受道家思想熏陶的图形样式，与东汉早期的博局纹镜不同，神人神兽镜用造型奇异和拟人化的手法直接表现天国的众神和众鸟兽。其中不仅有统领各路神仙的东王公、西王母，也有被古人追崇、创立道教的老子。老子的入画说明了此时的铜镜设计者不再推崇单一的众神，相反给古人生命观重大影响的圣贤、哲人同样在天国具有一席之位。其次，伯牙的入画更是从世俗生活着手，表现了人们对于知音好友的渴望和珍惜。东汉时期的神人神兽镜是华夏民族道家文化思想的单一结晶，它们表现了一个纯粹的理想世界[3]，充分折射出当时人们的社会心理是求仙问道、祈求未知的美好生活的愿望。在历经了上百年之久的青铜镜工艺大师们的探索和研究，东汉神人神兽镜不管是表现内容还是浮雕铸形的工艺绝不亚于三代青铜器的精美，它们是中国铜镜史上又一页辉煌的篇章。

① 吴水存《九江出土铜镜》图16，文物出版社1993年版。
② 王牧《浙江出土铜镜（修订本）》序第5页，文物出版社2006年版。
③ 杨金平《东汉神人神兽镜的发展和工艺》，《文博》2004年第4期。

第十一节　东汉—三国两晋
南北朝时期画像镜

　　画像镜也是以浮雕手法表现神像、历史人物、车骑、歌舞、龙虎、瑞兽等纹饰题材的铜镜。比起神兽镜，其纹饰略显扁平状，立体感也稍逊，但其主题纹饰变化丰富，浮雕技法各具巧思，以生动的绘画手段使神人姿态自成一格。其题材的广泛性、寓意的深刻性、艺术构思的巧妙，都使之成为一种很好的艺术品。画像镜构图、造型、线条的运用都有很高的造诣，纹饰不事细节与修饰，以粗线条和大轮廓以及高度的形体夸张，表现出古拙奔放的艺术风格，纹饰内容不仅反映着当时人们的思想、信仰和审美，也深刻体现了艺术匠师们的智慧和才能。

　　画像镜的纹饰布局多以乳钉分区，主要为四乳分成四区，主题纹饰呈环绕式排列。钮座外有连珠纹圈或围以方格者，边缘饰以三角锯齿纹、流云纹或动物纹。铜镜的直径也比较大。浙江的会稽、山阴所出画像镜都具有大钮、高镜缘、平浮雕，享誉全国（如本书所录TJ0321）；而湖北鄂城（武昌）所出画像镜却是另一种风格，即大钮、三角形缘、纹饰中神与兽的浮雕技法不像浙江的画像镜那么平，也不像神兽镜的浮雕那么高，介于两者之间，人物的雕法偏平、动物的雕法略高，铭文圈带有的为平铭文带、有的则为凸起呈弧形的铭文圈带，而浙江所出画像镜的铭文圈带基本上都是平的。鄂州画像镜三角形镜缘的高度，只有浙江画像镜缘的一半[1]（如本书所录TJ0325）。两类不同风格的画像镜本书皆有所录。

　　孔祥星《中国古代铜镜》一书中认为，画像镜在东汉中期以后开始出现并逐渐流行起来[2]；王牧《浙江出土铜镜（修订版）》中根据铜镜上的铭文分析，画像镜中的故事镜最早应产生在东汉初年，甚至可早到王莽时期[3]。浙江山阴（今绍兴）、湖北鄂城（今武昌）是东汉至三国时期画像镜的主要产地，浙江杭州，江苏扬州、南京也有出土，北方黄河流域出土极少。

　　本书所录画像镜按四乳—七乳钉分区的布局方式分为四乳分区画像镜、五乳分区画像镜、六乳分区画像镜、七乳分区画像镜。其中五乳分区画像镜、六乳分区画像镜、七乳分区画像镜虽与四乳分区的画像镜在风格上略有迥异，但其与西汉晚期到东汉时期，以线条勾勒瑞兽禽鸟纹的线雕式乳钉瑞兽禽鸟纹镜，纹饰风格更是截然不同。而且由于它们的流行时代与四乳画像镜相当，并且都为浮雕状纹饰、乳钉分区的布局方式，所以我们在此将其与四乳画像镜归于一类。另外，赵幼强《试论东汉会稽画像镜的艺术风格及对早期越窑堆塑瓷装饰的影响》一文中说："人们在论述铜镜铸造发展史中，往往将东汉中期兴起的那种浮雕式画像镜、神兽镜视为

---

① 鄂州市博物馆《鄂州铜镜》前言第3页，中国文学出版社2002年版。
② 孔祥星、刘一曼《中国古代铜镜》第96页，文物出版社1984年版。
③ 王牧《浙江出土铜镜（修订本）》序第6页，文物出版社2006年版。

中国古镜发展达到一个新阶段及汉镜真正进入本时代特征的标志。……画像镜的艺术风格对早期越窑堆塑瓷的影响是显而易见的。"[①] 从这段论述中我们可以看出两方面的意思：一是画像镜都是浮雕的；二是画像镜的浮雕工艺对堆塑瓷的制作起到了促进的作用。结合本书所录的五乳、六乳、七乳瑞兽画像镜，它们都为浮雕工艺，且为东汉中期兴起的镜种，所以，在此我们将其划归到画像镜类别中。

① 赵幼强《试论东汉会稽画像镜的艺术风格及对早期越窑堆塑瓷装饰的影响》，《东南文化》2000年第7期。

TJ0324　神人瑞兽画像镜　东汉

直径112毫米　厚9毫米　重373克

　　1986年，鄂州市朱家垴三国晚期吴墓出土一面神人瑞兽画像镜与此镜纹饰风格相当，直径128毫米。①

---

① 鄂州市博物馆《鄂州铜镜》第36页图89，中国文学出版社2002年版。

相关链接：

据《山海经》说，西王母住在"西海之南，流沙之滨，赤水之后，黑水之前"的昆仑之丘。"蓬发戴胜"，"豹尾虎齿而善啸"，是"司天之厉及五残"的神仙。当时，周穆王游行四海，"宾于西王母"，和西王母赋诗交欢的故事流传很广，后来又进而出现了汉武帝与西王母相会的神话。晋代张华《博物志》说："汉武帝好仙道，祭祀名山大泽，以求神仙之道。时西王母遣使乘白鹿告帝当来，乃供张九华殿以待之。七月七日夜，漏七刻，王母乘紫云车而至于殿西，南面东向，头上戴七种青气，郁郁如云。有三青鸟如乌大，使侍母旁。时设九微灯，帝东面西向。王母索七桃，大如弹丸，以五枚与帝，母食二枚。帝食桃，辄以核著膝前，母曰：'取此核将何为？'帝曰：'此桃甘美，欲种之。'母笑曰：'此桃三千年一生实。'"这个故事虽然荒诞，但却反映出关于西王母的传说在汉晋时期非常流行。

TJ0323 "冯氏作竟"铭神人龙虎画像镜 东汉

直径118毫米　厚5毫米　重255克

铭文内容："冯氏作竟真大巧，上有东王公西王母，仙人子乔赤松子兮"。

铭文解释：《镜涵春秋——青峰泉、三镜堂藏中国古代铜镜》一书078号藏品说明资料中对王乔赤松子作了这样的分析：有学者曾对王乔与赤松子进行了考证并指出，《史记·留侯世家》中有"（留侯）愿弃人间事，欲从赤松子游耳。乃学辟谷、道引、轻身"之句，东汉王充《论衡·道虚篇》中有"世或辟谷不食为道术之人，谓王子乔以不食谷……遂为仙人"之句，表明王乔与赤松子是两个求道的术士。在《淮南子·齐俗训》中则有"今夫王乔、赤松子，吹呕呼吸，吐故内新，遗形去智，抱素反真，以游玄眇，上通云天"之句，王乔与赤松子两个并列在一起成了仙人；而在《列仙传》（原说为西汉刘向所作，现多认为作于东汉末年）中，赤松子为"神农时雨师"，王乔则为周灵王太子晋，好吹笙作凤凰鸣，后得道升仙。以上文献说明王乔与赤松子的神话内涵存在一个演变的过程[1]。但是，无论是作为术士还是仙人，铭于铜镜上的王乔与赤松子，表达着汉代人们祈求长生的愿望[2]。

　　1963年，鄂州市西山出土一面"荣氏神人鸟兽画像镜"与此镜纹饰风格相当，直径163毫米。[3]

---

① [日] 大形徹著，洪伟民译《松乔考——关于赤松子和王子乔的传说》，《复旦学报（社会科学版）》1996年第4期。
② 王卉《东汉画像镜上的"王子乔"与"赤松子"》，《宁夏师范学院学报（社会科学版）》，2010年第31卷第2期。
③ 鄂州市博物馆《鄂州铜镜》第38页图92，中国文学出版社2002年版。

纹饰亮点：
①羽人骑虎；
②羽人驾龙；③两组神人与侍者。

TJ0315　"吾作明竟"铭神人龙虎画像镜　东汉

直径140毫米　厚6毫米　重337克

铭文内容："吾作明竟，幽湅三商，用者大吉兮"。

TJ0313　太阳神鸟纹画像镜　东汉—魏晋南北朝
直径92毫米　厚5毫米　重148克

纹饰亮点：

　　太阳神鸟。

亮点解释：

　　金沙"太阳神鸟"金箔的出现[1]，让人联想起"金乌驮日"的古老传说。确实，古人崇拜太阳，又不解太阳为何能东升西落，便将"乌"和"太阳"联系起来。诸如仰韶文化陶器上所绘的鸟纹，鸟背上驮一大圆点就是太阳；河姆渡遗址中出土的"双鸟负日"骨雕和"双鸟朝阳"牙雕以及古蜀三星堆青铜树鸟等，都是这一观念的形象化表达。此镜镜钮象征太阳，周围的栉齿纹和三角锯齿纹象征太阳放射出的光芒。我们以为此镜是当时人们对"金乌驮日"传说的再构和超越，是祭上天、祭太阳的法器镜，是他们心中的"太阳之轮"。

TJ0312　神鸟纹画像镜　东汉—魏晋南北朝
直径90毫米　厚4毫米　重96克

纹饰亮点：

　　神鸟呈兽身鸟头带羽翼的夸张造型。

亮点解释：

　　此镜神鸟的构图、造型、线条的运用都有很高的造诣，不事细节与修饰，以粗线条和大轮廓以及高度的形体夸张，表现出古拙奔放的艺术风格。

---

[1] 2001年成都古蜀金沙遗址出土了一件"太阳神鸟"金箔，这件金箔以其简约的构图、精湛的雕技和神秘的意蕴引起了人们的广泛关注。

纹饰亮点：
　①捕鹿；
　②执钩驯象。

TJ0320 "执钩驯象""捕鹿"纹画像镜　东汉

直径190毫米　厚7毫米　重834克

"执钩驯象""捕鹿"纹画像镜赏析

百川艺术馆所藏"执钩驯象""捕鹿"纹画像镜，主题纹饰为四分法布置，四乳钉将镜背主题纹饰区分为四部分。其内纹饰分别为羽人逐青龙、独角白虎回首顾望、羽人捕鹿、执钩驯象。整体纹饰表现了一个活跃的动物世界，动物形象皆体圆膘润、筋腱有力、造型精妙、生动传神，在富有韵律美的形体中蕴涵着一种力量。它们造型简洁，结构严谨，线条遒劲。虽单纯而不粗陋，流利而不轻浮。边缘处饰以由青龙、白虎、朱雀、玄武及凤鸟纹组成的华丽边饰，动物纹饰依据空间位置而巧妙地布局，表现出动感十足的情态。这面铜镜（本书所录TJ0320）通体漆黑莹亮，保存完好，首先在视觉上给人一种美的冲击力。早年绍兴坡塘公社安山队傅家坞东汉墓葬出土一面东汉瑞兽神仙画像镜，其镜钮、双线方格钮座、纹饰布局方式、边缘纹饰均与此镜类同，直径177毫米[1]。同时综合东汉绍兴画像镜的铸造风格及纹饰特征，我们可以判断此镜为东汉时期浙江"会稽式"画像镜。此镜纹饰中我们着重介绍"捕鹿"和"执钩驯象"这两组在铜镜纹饰上极为少见的纹饰内容。"捕鹿"是东汉魏晋时期贵族生活中一项重要活动，这项活动在当时有着深刻的历史渊源和现实意义。铜镜和人们的生活息息相关，它不仅映照着人相，也同时映照着芸芸众生、生活百态，而这也成为铜镜纹饰上的主题之一。"捕鹿"在汉代是宫廷和达官显贵中流行的娱乐活动，也是上层社会的游戏，其图案在铜镜上的表现，真实地再现了这一贵族活动场景；"执钩驯象"为佛教象征图像，在东汉画像镜中的表现反映了佛、道两教在中国长时间彼此适应、并行不悖的和谐境况。由此可认为此镜是目前所见最早带有佛教意味的东汉画像镜。

"鹿"的形象在汉代铜镜上屡有发现，但此镜纹饰中"捕鹿"的纹饰内容在铜镜中却鲜有发现。纹饰画面为两人配合捕鹿，一羽人在前面手持一株带有钩形叶瓣的草，似为鹿爱吃的一种草类植物，以此为诱饵在导引一只体态肥硕、头生岐状长角的鹿，身后一羽人用缰绳套住鹿的脖子。鹿在古代深受人们的喜爱，早在新旧石器时代鹿就与人们的生活发生了关系，这从全国各地近百处石器时代的遗址中发现的鹿化石可得到证实。后来鹿逐渐与人们的传统信仰及宗教观念结合在一起，形成了丰富多彩的鹿文化。鹿在秦汉时期深受人们钟爱，不仅因为其肉质鲜美，而且它全身都是宝，还可作为礼物来赠送他人。《通典》载："周冠礼举行成后，主人酬宾束帛、俪皮。俪皮，两鹿皮也。"周婚礼纳征也是用鹿皮。当时鹿的数量很多，还有专门养鹿的鹿苑。《大雅·灵台》曰："王在灵囿，麀鹿攸伏，麀鹿濯濯。"《春秋》成公十八载"筑鹿囿"，鹿囿即鹿苑。金爱秀《汉画中鹿图像文化阐释》中说："秦汉之际，由于人口增加、森林植被破坏和气候条件变化，鹿的数量极少，猎鹿成了一种特权。"《通典》"天子诸侯四时田猎"条载，东汉皇帝是用鹿来祭祀祖先的。"鹿"与"禄"谐音，猎鹿意味着对财富的获取。于是猎鹿的原始记忆被唤醒了，作为一种集体无意识反映在画像石（图1）、铜镜等艺术品中，出现了麋鹿、梅花鹿、驯鹿的影子[2]。此组纹饰反映的就是这样的美好寓意，在贵族所享用的铜镜上

① 王牧《浙江出土铜镜（修订本）》影版21，文物出版社2006年版。
② 金爱秀《汉画中鹿图像文化阐释》，《艺术丛谈》2008年2月第26卷第1期，《河南科技大学学报（社会科学版）》。

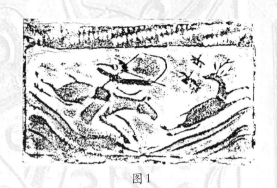

图1

反映"捕鹿"这一贵族活动，体现了铜镜纹饰题材的变化，更符合贵族阶层的审美取向和价值观取向以及生活现况的表达。另外还与人们所赋予鹿的神性、灵性密切相关，这是中国传统文化中吉祥瑞兽的内容，在此我们不做过多论述。从鹿经常作为仙人的坐骑这一现象中，可见一斑。

在汉代画像石中我们经常会见到这样的画面：一位高鼻深目之人，手执弯钩，站于象首或象尾，作驯象状。这种纹饰在汉代艺术中我们称之为"执钩驯象"。汉代画像石所见驯象图共23处，以鲁南、苏北最为集中，铜镜纹饰中目前所见仅此一面，画面中一位身体特征与捕鹿的羽人和戏龙之羽人截然不同的高鼻深目之人（有学者研究认为驯象人为南越人），于大象身后双手持钩作驯象状，执钩驯象的方法是用长钩钩象的头部，以此传达驯象人的意图。象在古代呈逐渐南迁趋势，秦汉时中原已无大象，随着帝国开疆拓土、交通事业的发展，它以"驯象"的形式被引进中原。驯象的专用工具是长钩，这种工具及其技术随着驯象一起传入中原，生动地体现了当时中西文化交流的活跃程度。《汉书·武帝纪》："元狩二年，南越献驯象。"颜师古注引应劭曰："驯者，教能拜起周章，从人意也。"

关于"执钩驯象"图的含义和来源，学界有不同的看法，或认为是"舞象"，进而与佛教中的"行象"活动联系起来[①]；或以为画面反映了现实生活中的驯象场面[②]；还有学者仅将其归入佛教类题材[③]；还有学者撰文指出，汉代画像镜上所见象纹绝大多数与佛教无关[④]。

西安碑林博物馆郑红利《汉画像石"驯象图"试考》一文在广泛收集汉画像石所见驯象图像资料的基础上，首先探讨了其分布范围，然后从图像学角度对其所体现的早期宗教元素进行了辨识，文中这样说："山东藤县东汉章帝时期的一块画像石上，刻有两头配有鞍具的六牙白象。前象残缺，骑者模糊不辨，后象所载三人之中，靠近象头的人手执一弯钩，作驯象状"（图2）。

图2

类似图像见于陕西神木大保当东汉中期M24墓门横额，其中心画面为"驯象图"大象面左，象奴头戴胡帽，着右衽袍，左手持弯钩，右手握一球状物，面向大象（图3）。

图3

白象多被认为与佛降生故事有关，《异部宗轮论》曰："一切菩萨入母胎时，作白象形"。《修行本起经》卷上"菩萨降身品第二'云'于是能仁菩

① 贾峨《说汉唐间百戏中的"象舞"——兼谈"象舞"与佛教"行象"活动及海上丝路的关系》，《文物》1982年第9期。
② 俞伟超等《孔望山摩崖造像的年代考察》，《文物》1981年第7期。
③ 王苏琦《汉代早期佛教图像与西王母图像之比较》，《考古与文物》2007年第4期。
④ 郑彤《再论汉画像石上的象纹》，《华夏考古》2010年第1期。

萨化乘白象，来就母胎"。正因为菩萨降生时骑白象，所以魏晋时期才有在佛教生日以六牙白象负载释迦之像宣传佛教之举，所谓"作六牙白象负释迦在虚空中，……四月四日，此象长出，辟邪师子导引其前"。藤县六牙白象负载执弯钩的驯象者与佛教之间的密切关系，不言而喻。神木大保当M24中的大象涂以白彩，亦合于佛教典籍中的相关记载。[①]

郑先生进而分析了早期佛教图像与西王母信仰之间的关联：在汉代画像中"驯象图"往往与西王母、翼兽、仙人、祥云等传统图案相佐，这一点可能暗示着佛教在进入中土初期就与本土神仙信仰紧密地结合起来。汉代人将佛教视为传统神仙道术，用当时当地中国流行的宗教观念和文化思想来认识佛教。汉代是西王母信仰发展的鼎盛时期，西王母成为宗教信仰中最重要的神祇之一，伴随着佛教的初传，驯象图案以佛教象征图像的形式进入画像图案系统，与传统的西王母信仰结合在一起，亦步亦趋。这一现象不仅说明西王母、道教信仰与尚在传播初期的佛教信仰之间没有发生冲突，能够和睦共处，并行不悖，而且暗示着佛教信仰已扩大到地方豪右这一阶层，成为民间信仰的一部分，而并非佛教在进入中国的最初阶段仅止于宫廷、黄帝和王公贵族。在汉代画像石上，以驯象图为主要内容的佛教混合式图像，正是借助着"西王母＋佛教图像"的模式，一方面促进了佛教的传播，另一方面也成为其继续发展的窠臼。

我们清楚地知道，佛教传入中国后，其对中国文化、习俗的影响是渐变而非突变的，佛教题材不可能迅速取代道教题材在铜镜上的反映。这一点在许多工艺美术品中都是很清楚的，佛教思想虽已传播，但传统思想并未完全退却，它们之间还有一段较长时间的、彼此适应的过程，佛教初来，尚不如土生土长的道教思想有市场。既然在画像石等其他艺术品门类中可以找到佛道两教彼此适应、和谐发展的例证。所以，我们曾认为在东汉时期的画像镜中应该可以找到一些佛教题材的蛛丝马迹，并为此付出了很大的努力，试图在这一领域有重大的发现，但长时间以来，均以失败告终。但当我们惊喜地发现这面镜子的时候，结合郑红利先生缜密的分析，就是在东汉的画像镜中我们找到了佛教传入中国后佛道和睦发展、并行不悖的例证在铜镜上的体现。

当驯象图独立出现于西王母场景的画像石时，人们把佛教图像和神仙像已做区别。西王母独尊地位已经受到了初步挑战，西王母信仰逐渐趋于衰落。随着西王母信仰的衰退，魏晋时期佛教信仰得以在中国广泛传播。常见的画像镜中东王公、西王母、龙虎题材是极为常见的固定组合，而此镜纹饰中已不见西王母的身影，可见佛教思想已在人们心目中具有一定地位了，但道教思想在此镜上并未消退，羽人、四神、翼兽等传统道教图案还是占主导地位。所以说，此镜纹饰综合反映了佛、道两教在中国长时间彼此适应、并行不悖的和谐境况。将"捕鹿"这一贵族活动题材与"驯象图"共同表现在一面铜镜上也充分体现了佛教已经成为贵族豪右们信仰的重要内容。

---

① 郑红利《汉画像石"驯象图"试考》，《考古与文物》2010年第5期。

边缘纹饰介绍：

　　由九尾狐、禽鸟啄双
鱼、雀鸟飞翔、头戴进贤
冠的仙人流云纹、夸父追
日、羽人投壶、缠枝纹、
持长钩的猴脸状瑞兽、禽
鸟戏蟾蜍、长尾白虎共同
构成华丽的艺术化造型的
边缘纹饰。

TJ0321 "胡汉交战图"画像镜　东汉

直径222毫米　厚9毫米　重1441克

胡虏殄灭天下复　汉土兴隆中国康

——"胡汉交战"纹画像镜解析

"胡虏殄灭天下复，汉土兴隆中国康"，标题的这句话向我们传达了近两千年前，那段大汉民族与匈奴之间刀光剑影的情景，表达了人们希望殄灭胡虏、天下太平的愿望。卫青七征匈奴而不败、霍去病八百铁骑千里袭敌营、班超弃笔从戎……那是一个英雄辈出的时代，更是一个张扬、奔放、自信的时代，以尚武为荣，以国家大义为重的时代。"匈奴未灭，何以家为"？能够战胜匈奴建功立业是千千万万血性方刚的男儿向往的业绩，也是一种人生追求。

图1

据《史记·匈奴列传》和《后汉书·匈奴传》载，在两汉时期，能够真正向刘氏政权挑战、引起社会动荡不安的，唯有匈奴。两汉统治者从西汉武帝到东汉明帝为除去北方祸患，陆续开展了抗击匈奴的战争，最后征服了匈奴，解除了北方的威胁，史称"胡汉战争"。就当时的社会大背景而言，胡汉民族矛盾一直突出，胡汉战争曾经是困扰两汉最大的社会矛盾。尤其是王莽时期，汉与匈奴的关系一度紧张，打败胡人，成了天下太平的象征。现实社会生活是艺术创作的源泉，艺术创作又折射了现实社会生活，于是艺术家们形象地把胡汉战争的题材描绘于砖石等不同的载体之上，从而创造出一幅幅胡汉交战图来表达对和平安定的渴望（图1）。

在展开本文的讨论前，我们先来了解一下：就画面内容表现而言，什么是严格意义上的"胡汉交战图"？我们为什么要将本文所介绍的这面画像镜命名为"胡汉交战"画像纹镜？邢义田《汉代画像胡汉战争图的构成、类型与意义》中说，胡汉战争图的画像构成可以说相当复杂。它最少包含可以组合在一起、也可以独立存在的两大部分：一部分是"交战图"；另一部分是"献俘图"。交战图在描绘对胡人战争的胜利，因胜利才有进一步的告捷和献俘。两者相辅相成，传达着相同的基本寓意。

图2

"交战图"必须具备两项画面构成上的特征：（1）在人物的构成上，必须有足以表现胡人与汉人不同装束或面貌的官兵。例如山东长清孝堂山石祠西壁有"胡王"榜题的胡汉战争图。胡王及其手下和对垒的汉军在装扮外形上即有明显的区别，最明显之处在于，胡王与胡卒不分步骑，均头戴顶部微向前弯的尖顶帽，汉军则戴平上帻。（2）在画面布局上，必须表现出或步或骑的胡汉兵正在对垒，或正以武器进行战斗，甚至有伤亡的描绘，要表明是一场真正的战争（图2），而非操演性的都试。

"献俘图"的画面构成基本元件和特点在于：（1）最少有一个或若干下跪或站立，双手反

图3

图4

图5

绑的胡虏。（2）或有若干展示的胡人的首级，这些首级或悬于架上，或置于几案上。胡人的特征可以从面貌或装束反映出来。（3）至少有一位面对胡奴，接受受降的官员（图3）。这里需要指出的是，有些献俘图除了有向汉官献俘的场面，也偶尔有胡兵晋见"胡王"的场面（图4），如孝堂山祠堂西壁画像。然而还不曾见到有向胡王献汉俘的。邢义田先生进而通过对山东所发现的"胡汉战争"画像进行分析得出这样的结论：东汉中晚期以降，许多胡汉交战图构成的元件及构图形式，如戴带尖帽的胡人、戴平上帻的汉兵、汉骑追杀胡骑的表现形式（图5）、以胡人首级以及反绑的胡俘晋见汉官以示汉人的胜利、胡吏晋见胡王、乐舞庆功等。也就是说，"交战图""献俘图""胡吏晋见胡王图""乐舞庆功图"是"胡汉交战图"的组成部分，彼此之间可相互独立，也可互相关联。"胡汉交战图"是一种格套化的画像内容，几乎有着固定的纹饰内容元件。胡汉交战图在汉画像石中大量出现，表现的都不是一场特定的战争或关于某人、某地的一场特定的战争，而是以笼统的形式表现出来。在大量出土画像石的产地，如山东、河南、安徽、江苏、四川、陕西、山西等都有这类题材的画像石。在《中国画像石全集》之《山东画像石》[①]中收录的胡汉征战图以及献俘图与其他地区相比是最多的，有15幅以上。汉代艺术家们爱憎分明，是带着强烈的爱国主义观点在创作。胡汉交战的画面总是以汉人胜利，胡人溃败而告终。画面中先是刀光剑影，人嘶马叫的激烈厮杀；随即是胡骑滚鞍落马，汉人押着战败的俘虏得胜回营，大获全胜的汉军向指挥官献上战俘，还可看到地上有许多被斩的首级；最后是载歌载舞，欢聚宴饮庆贺胜利的巨大场面。

下面我们来看看这面"胡汉战争"画像镜的纹饰。镜背主题纹饰区以四乳钉分为四部分：

第一部分为两对胡汉骑兵，正在捉对厮杀。其中，左侧的一对胡骑驰马逃窜，汉骑兵策马追击，右手持盾牌，左手举刀伺机追杀，胡骑逃窜过程中回首持刀自卫。右侧一对，汉骑兵的战马昂首长嘶，胡骑驾马欲逃，其头后一小字榜题"王"，此胡骑或为领兵攻汉之头目，汉骑兵对胡骑仍穷追不舍。此为"胡汉交战"的场面。

第二部分有一体型较大、头戴进贤冠、身着交领宽袖长袍的官员端坐于榻，身后榜题"秦将审"，或为"秦将审"（汉代西域诸国称中国为"秦地"，所以秦地的将领称为"秦将"）。其

①《中国画像石全集》河南美术出版社、山东美术出版社2000年版。

左侧地上四个胡人首级，一旁另一胡俘跪地，双手被反绑。此为"献俘"之场面。

第三部分为一身形较大、头戴尖顶帽的胡人官员端坐于榻，头后榜题"胡王"，面前四胡人跪于地，行叩拜之礼，似在向胡王陈述兵败之事。还有一胡人，背向胡王跪于地，似战事失败，无颜面对胡王。此为"胡吏晋见胡王"的场面。

第四部分为一体形较大的貌美女子身穿衽领长袍，拂袖而舞，上下各一体型较小的娇美女子安坐于榻，其中一位头后榜题"王女"，两位王女仿佛欣赏着仕女优雅的舞姿，听着悠扬的歌声也拂袖应和，随着舞女的舞姿，一派莺歌燕舞、热闹非凡的场景表现得应情应景。这组纹饰在汉代画像镜中常有出现，特别是舞蹈画像镜中，经常带有"王女"或"玉女"榜题，一人长袖舒展，载歌载舞，形象十分生动。这种婀娜的舞姿，正如张衡《观舞赋》中所述"抗修袖以翳面，展清音而长歌"。汉代文学家傅毅《舞赋》赞曰"罗衣从风，长袖交横，绰约闲靡，机迅体轻"。此为"乐舞庆功"的场景。另外，在山东地区所出画像石图像中经常可见建筑中有阑琦或悬挂着的弓，此镜在"乐舞庆功纹"和"献俘纹"中间有一悬挂着的弓箭，与此切合，意思似为战争结束，汉方取胜，将武器收入武库。

综合此镜四部分的纹饰来看，与邢义田先生根据胡汉交战画像所总结出的"胡汉交战"图的元件及构图元素完全符合。此镜"交战图""献俘图""胡吏晋见胡王图""乐舞庆功图"彼此之间可相互独立，也可互相关联，生动地构成了铜镜中的"胡汉交战"纹饰，所以我们将其称为"胡汉交战纹铜镜"。在铜镜圆的狭小平面上，通过巧妙的纹饰设计，完成了胡汉交战纹的构图，其构图布局意识明显高于画像石平面设计的布局方法，以两度空间的平面形式在圆的空间内表现出了浮雕状的艺术效果。胡汉交战图在汉画像石中大量出现，但其在铜镜上的反映目前仅见此一面。两汉帝国历经四百余年，与西域诸国时战时和。这战战和和的历史画卷，深深地印在了汉代艺术家的脑海里，从而形象地再现于那伟大的不朽之作——汉画像镜艺术之中。

"胡汉交战图"在铜镜上的反映，其原始意义应该与它在画像石等其他艺术品门类中相同，正如林巳奈夫在《刻在石头上的世界》一书中所言："胡汉战争图原本是反映饱受边患和徭役之苦的华夏之人对战胜胡人、天下太平、免于徭役的普遍期望"[1]。汉代铜镜上也有"胡虏殄灭天下复，多贺国家人民息，风调时节五谷熟"之类铭文。这类铭文的铜镜，其中考古出土时代较明确的，在时间上从西汉末到东汉末，在出土地点上遍及今天四川、陕西、河南、湖北、江西、广西、浙江和江苏[2]。这就说明，自武帝出塞征讨、用兵四方以来，汉代百姓饱受生死离别、丧命沙场和赋役转轮之苦，从武帝到王莽，再从王莽到东汉末，与外夷争战及戍役之苦可以说少有停息。两三百年中一个普遍的心声就是希望从这种苦痛中解脱出来，希望殄灭胡虏、天下太平，百姓能过上幸福安定的生活，这是时段流行的内容。这种辞铭在铜镜铭文中大量出现，符合当时民众渴望安定富足的生活心理。在饱受战乱的历史时代，铜镜也传达着人们向往社会安定、丰衣足食及对国泰民安的渴望。

---

① 林巳奈夫《刻在石头上的世界》第84页，商务印书馆2010年版。
② 中央研究院历史语言研究所文物图像研究室《简帛金石资料库》《汉代镜铭集录》。

在汉代，在墓葬中出现画像石、拥有祠堂的人，绝非等闲之辈；拥有一面如此精美绝伦的铜镜的人也是非显即贵之流。透过"胡汉交战图"所反映的原始寓意，仔细审视这面铜镜巧夺天工的艺术特色，我们似乎可以窥见这样一位拥有雄心壮志、爱国情怀、血性方刚的贵族，他是这面铜镜的主人。汉朝与匈奴族之间的战争，对于有"保境安民"之责的汉朝政府十分重要。这面镜子的主人是一位汉军指挥官，在战胜匈奴后，加官晋爵、升迁高就，甚至成为其戎马生涯中最值得炫耀的故事。这面画像镜借助"胡汉交战图"的图案和所蕴含的寓意将这一重大历史事件记录下来，反映了这段真实的历史。

另外，从已有的西汉末至东汉初的胡汉交战图材料来看，这时胡汉交战图的内涵已经相当复杂了，其寓意又有了更多的衍生意义：一是用来象征扫除升仙或进入死后世界旅途的障碍。山东滕州曾出一石，石上有乘鱼车的河伯与乘鹿车并有榜题的"泰山君"。专家经过对图像整体分析，认为这幅图虽然有胡汉交战的图案内容，整体上却是在表现墓主由众神护佑扫除障碍，顺利前往昆仑仙山或平安进入以泰山象征的死后世界的一段升仙旅途。胡汉交战被用以表现旅程的艰难和险阻，而汉人的胜利则象征着长生或升仙旅程的成功。那么，我们所讨论的这面画像镜，汉代官员身后榜题或为"泰将审"，其意义是否与所提的这面画像石上的"泰山君"榜题有着一定的渊源呢？这有待进一步的资料证明。我们只是提出一个假想。这是一个可以讨论的问题，因为在山东肥城和平阴一带所出胡汉交战图中带有泰山君形象的不在少数。二是用来歌颂死者"武"的一面。对墓主格套化的颂扬，歌颂墓主能以汉军杀"胡王"，符合允文允武的官员典型。它反映的尚武精神，符合社会发展之需要。汉以武功得天下，是一个让国人为之骄傲的时代，历代封建王朝有几个有汉朝"犯我大汉天威者，虽远必诛"这样气魄的？那是一个英雄辈出的时代，更是一个张扬、奔放、自信的时代，以尚武崇勇为荣。以上所述两点都有可能是这类画像出现在墓葬或者祠堂的理由，自然也有可能是其出现在铜镜上的理由，因为铜镜本身所具有的镜文化内涵十分丰富，涉及很多方面。这源于人们赋予镜的"灵性"，在人们心目中铜镜具有攘邪祈福的神异性。千百年来，人们使用它，研究它，蔚然成风，至今不衰，甚至将美好的情感、神奇的幻想寄予其中，使它成为中国物质文化中历久不衰的独特品类。所以不管是表达祈望国家和平安定，还是长生升仙，抑或表达尚武崇勇的情态，只要与镜结合起来，其寓意将会更加彻底，更加直白，更加明显。

历时四百余年的汉王朝在历史的长河中一闪即逝了，但许多名不见经传的汉代工匠用勤劳智慧的双手创造的汉画艺术在向后人诉说那流逝年华的精彩故事。此镜即为其中流芳百世之杰作。

TJ0322 "秦有善铜出丹阳"铭神人龙虎画像镜 东汉—三国

直径238毫米 厚13毫米 重2218克

铭文内容："秦有善铜出丹阳，和以铅锡清且明，巧工刻之成文章，周仲作竟四夷服，多贺国家人民息，胡虏殄灭天下复，风雨时节五谷熟，长保二亲得天力，传告后世乐无极"。

铭文解释：《古镜今照——中国铜镜研究会成员藏镜集粹》中认为，"秦有"若是繁体"汉有"的笔误，应是一种合理的解释。而《绍兴古镜聚英》中的"周仲作神人龙虎画像镜"的铭文"秦有山铜出丹阳"与此完全一样。如果是这样的话，就没有了笔误的可能性，应该是一种有所特指的意思。王同亿主编《新现代汉语词典第2版》里对"秦"字的解释有：汉时西域诸国沿称中国为秦；又如，秦地：汉时西域诸国对中国的称呼。傅玄（217—278年）《豫章行·苦相篇》中有"昔为形与影，今为胡与秦。胡秦时相见，一绝逾参辰"。其大概意思是：过去夫妻"情合"时，夫唱妇随，如胶似漆，形影不离。可现在二人之间的关系就像两个不通往来的敌国"胡与秦"一样。当时西域人称中国为秦。"胡秦时相见，一绝逾参辰"，即使是两个敌国也会有相见会盟的时候，可我们的隔绝则好像天上"参"星与"辰"星一样永无会合之时。据说"参"星与"辰"星是两个相距遥远的星座，参星居西方，辰星居东方，两星出没互不相见。所以，通过这首乐府诗佐证，我们就不难理解，此镜上为什么会出现"秦有善铜出丹阳"这句铭文了。这里的"秦"指的是即是"秦地"、在大汉王朝的疆域出产优质铜料的地方是丹阳。那么，为什么我们在西汉及东汉早期的铜镜铭文中没有发现"秦有善铜"这样的铭文呢？我们推测因为在这期间，胡汉之间有战亦有和，在和的过程中，也许汉朝逐渐接受了匈奴对大汉民族的称呼，以后虽战争不断，但"秦人""秦地"代表汉朝人民和汉朝疆域的称谓已经为民间所了解，于是随着时间发展在东汉晚期的铜镜铭文及魏晋时期的诗歌里出现了"秦有善铜""胡秦时相见"这样的言辞，就如同现在国外有时称中国人为"唐人"，华人在国外聚集的地方称"唐人街"或"唐人区"一样的道理。值得注意的是目前所发现的两面带有"秦有善铜"铭文的铜镜，其"秦有善铜"铭文均与"周仲作竟四夷服，多贺国家人民息，胡虏殄灭天下复"这样祈望消灭敌对势力、祈福国泰民安的铭文配合出现。这是否有其特殊的原因呢？

纹饰亮点：
　　①双龙交颈；②两只显露半身的瑞兽嬉戏。
纹饰介绍：

　　主题纹饰区四乳钉布局将镜面分为四区。钮下区为东王公端坐于拜墼上的蒲团之上，头戴高冠，一手放于胸前，一手五指平伸似向面前的二侍女嘱咐。二侍女头戴高冠，亭亭玉立，凝眉聆听。东王公身后另有一侍者，端坐蒲团上。钮上区为西王母端坐于拜墼上的蒲团之上，头戴高冠，容貌端庄秀美，一手袖于胸前，另一手平举持节，面前一长方形拜墼上两蒲团上各跪坐一侍者，应是西王母将派出的使臣，王母在吩咐两侍者外出执事，而要发放给他们持节，以表示代表自己的身份，身后一侍者安坐于拜墼蒲团之上，手持节，俨然已受命完毕。《博物志》说："…… 时西王母遣使乘白鹿，告帝当来。"钮左区为白虎，疾驰狂奔中回首顾望，四肢筋腱，显得刚健有力，威武凶猛，其头顶上方一显露半身的翼兽与一头已经钻到钮下的瑞兽撕咬嬉戏。两只瑞兽虽只显露半身，但其活灵活现、栩栩如生的情态表现得淋漓尽致，其设计手法巧妙独特，匠心独运。最有特色的是钮右区的纹饰，两只高浮雕的青龙交颈纠缠在一起，神情毕露，显得亢奋激昂，龙口大张作嘶鸣状。此组纹饰造型极为少见。边缘纹饰为一圈剔地平雕画纹带，由两只白虎、两只双目圆睁的瑞兽及一只野兔构成。白虎及双目圆睁的瑞兽皆拖着冗长的尾巴。

纹饰亮点：

①主题纹饰区被界栏和镜钮分割为七区；②东王公西王母；③四乳钉所在四区内纹饰分别为：羽人飞升、勾喙长尾雀鸟曲颈回首、羽人于草地上行吐纳、两长尾雀鸟一动一静相互呼应。其长尾雀鸟的造型，显得生动逼真，写实性强，有别于汉镜上常见的充满神秘色彩的造型。

TJ0326(b) "统德序道"铭东王公西王母龙虎画像镜 东汉—魏晋南北朝

直径200毫米 厚10毫米 重885克

铭文内容："吾作明竟，幽涷三商，配像万疆，统德序道，敬奉贤，天下宗意，服者公卿，曾年益寿，富贵番昌，其师命乃长分"。

纹饰亮点：

①此镜为典型湖北鄂城风格画像镜；②仙人抚琴，群神聆听，一神踏歌而舞。

亮点介绍：

湖北鄂城所出画像镜的风格为大钮、三角形缘、背纹中神与兽的浮雕技法不像浙江的画像镜那么平，也不像神兽镜的浮雕那么高，正介于两者之间。人物的雕法偏平、动物的雕法略高。铭文圈带有的为平铭文带，有的则为凸起呈弧形的铭文圈带。

TJ0325　"尚方作镜佳且好"铭神人舞蹈画像镜　三国

直径205毫米　厚11毫米　重1119克

铭文内容："尚方作竟佳且好，明而日月世少，保服此竟者不知老，寿而东王公西王母，山人子乔而大吉昌"。

TJ0319　"杜氏作珍奇竟"铭五乳龙虎神人玉兔画像镜　东汉

直径148毫米　厚10毫米　重801克

铭文内容："杜氏造作珍奇镜兮世之未有分，湅五解之英华而无极兮，上西王母与王女，宜孙仟子兮，得所诸吏人服之曾官禄，白术服之金财之与天无极"。

纹饰介绍：

主题纹饰区被五乳钉分为五部分，分别饰有身体蜷曲成环形、头部位于身体中央的青龙。另一区饰两玉兔持杵捣药。与之相对的纹饰区为白虎回首怒吼。一区饰西王母端坐于蒲团，身后"西王母"三字榜题，身前一侍女服侍。特别值得注意的是一组仙人端坐于榻，身旁一方台上置一阔口盆，一酒樽盛放其中，樽口冒出腾腾酒雾蒸气的纹饰。华丽的边缘由羽人豢养马（马背负鞍具）、四尾凤鸟、双勾云纹、双翔鸟欲啄鱼、大象、勾云纹、九尾狐、跪于祥云之上的两羽人投壶、禽鸟戏蟾蜍共同组成。

亮点介绍：

此五乳间隔布局五组纹饰的布局方式在画像镜中极其少见。其中"仙人温酒"的纹饰内容在铜镜纹饰中也极其少见，它形象而具体地再现了汉代温酒这一场景。《现代汉语词典》对樽的解释：樽是古代的盛酒器具。1963年，山西右玉发现两件西汉河平三年（公元前26年）铜酒樽，盆形者铭文称"酒樽"，桶形者铭文称"温酒樽"。有学者据字面将"温酒樽"解释为给酒加温的器皿。后有人提出疑义说：该酒樽下面的三蹄足很矮，很难燃火加温，另外也见到同类的酒樽平地无足显然不可能是温酒器；另外，唐兰先生说："温就是醖字。"汉代，温与醖两字可假借。"醖，酘酒也"，"酘，重醖也"。所谓醖酒就是反复重酿多次的酒。唐兰先生说："醖酒是用连续投料法重酿而成的酒，酿造过程时间较长，淀粉的糖化和酒化较充分，所以酒液清醇，酒味酽冽，是当时的美酒。《拾遗记》："张华有九醖酒，……若大醉，不叫笑摇动，令人肝肠消烂，俗人谓之消肠酒。"由于此酒为烈性酒，因此一般为冷饮。《经学通论》说："酒新酿冷饮"，所以桶形樽盛的是冷的醖酒，并不是人们误解为加热的意思。这是学者们就山西右玉所出两件铜酒樽后，对桶形酒樽的用途情况解释。那么我们再来仔细审视此镜上面的仙人温酒这组纹饰，一方形台面上，置一盆形器物，筒形酒樽置于其中，樽口酒雾腾出，樽内显然是热酒，如此看来，在一盆形容器内，应该是盛放热水，然后把筒形樽置于其中，以此利用热传导的原理对筒形酒樽里的酒进行加热。如此，我们就可以理解山西所出的筒形酒樽自铭为"温酒樽"的原因了，此组纹饰下面的盆形容器或许代表的就是用来盛放热水的"酒樽"，如山西右玉所出的自铭为"酒樽"的器物。二者配合使用，从而实现温酒这一程序。另外山西右玉这两件器物同时出土，或也说明了两件器物在使用过程是配合使用的。唐兰等专家对山西所出两件樽作出以上的分析，或许是介于在其他艺术品门类中或史料记载中从未出现过"酒樽"和"温酒樽"配合使用的情况吧？而此镜这组纹饰非常具体地展现了温酒的场景，所以，我们以为，此镜对于解决筒形酒樽的使用情况这一问题，提供了充足的证据，起码证明一点，筒形酒樽是用来加热温酒的器皿，而非盛放醖酒的酒器。另外，此镜纹饰中"两玉兔捣药"的纹饰非常形象，且玉兔的身体特征极为明显。玉兔捣药是汉代以西王母为核心的神仙体系中的一个重要构成部分。山东沂南北寨村的东汉早期画像石墓门上就绘有西王母和玉兔捣药的图案[1]。其次，此镜边缘纹饰中的马，绘有马鞍，但无马镫。有学者通过对考古出土的马俑、马镫等实物和文献的考证，认为：西汉早期尚无马鞍，仅在马背上放置一种类似于蒲垫的东西；至汉武帝时，马鞍的使用已经较为普遍，东汉时期马鞍已经相当精致；而马镫最早见于西晋的陶俑上，为单镫，仅为迅速上马之用；十六国时期才开始在马上装备双马镫，南北朝时则已普遍为战马配置铠甲。[2]

—————————

① 曾昭燏等《沂南古画像石墓发掘报告》图版24～27，1956年。

② 杨泓《骑兵和甲骑具装——中国古代军事装备札记之二》，《文物》1977年第10期。

纹饰亮点：

①羽人跪地舞蹈，身旁"朱师"二字榜题；②边缘纹饰由青龙、白虎、朱雀与跪地羽人、九尾狐通过艺术化的变形组成华丽的边饰。每组纹饰间隔一"五铢"钱纹。白虎头部前面有"帛虎"二字榜题，"帛虎"即"白虎"①。"朱师"显然为铸镜工匠物勒工名之铭文。

TJ0318　"朱师""　帛虎"铭五乳四神羽人戏鸟画像镜　东汉

直径148毫米　厚10毫米　重801克

---

①赵幼强《试论东汉会稽画像镜的艺术风格及对早期越窑堆塑瓷装饰的影响》，《东南文化》2000年第7期。

纹饰亮点:

①浮雕状的边缘纹饰由青龙、白虎、朱雀、玄武、羽人戏独角兽间隔以禽鸟纹组成,成浮雕状的边缘纹饰在画像镜中极为少见,更显边缘纹饰动物活灵活现,动感十足的情态;②主题纹饰区相邻的两组纹饰互为关联,一仰卧于地的熊状瑞兽拽着另一区白虎的尾巴,白虎回首隔钮瞠视熊状瑞兽。

TJ0317　浮雕状四神纹边饰六乳瑞兽纹画像镜　东汉

直径135毫米　厚8毫米　重583克

纹饰亮点：

①孔子羊；②骏马奔腾；③边缘纹
饰由青龙、白虎、长尾雀鸟、四尾瑞兽、
獬豸、三尾凤、鼠头状瑞兽间隔禽鸟纹
构成华丽的边缘纹饰，动物形体较一般
的边缘纹饰动物大。

TJ0303 **"张氏作竟佳且好"铭六乳瑞兽纹画像镜** 东汉—三国

直径214毫米 厚10毫米 重1207克

铭文内容："张氏作竟佳且好，子孙俱具长相葆，明如日月照四海分"。

纹饰亮点：

　　主题纹饰区分区布置纹饰，内区为双龙对峙，中间一"张"字铭文，钮下一羽人吹箫，外区纹饰区被七乳钉分为七部分，龙、虎、羽人等组成七乳瑞兽画纹带。此镜纹饰特色在于内外区都为浮雕状动物纹，较为少见。

TJ0299　七乳瑞兽画纹带画像镜　东汉

直径198毫米　厚10毫米　重1209克

纹饰亮点：

　　①蚩尤手持短剑和钩镶练兵，此纹饰与本书所录TJ0332号铜镜上的蚩尤纹相同；②同形三只长颈长尾带双羽的翼兽；③羽人持仙草；④华丽的边缘纹饰由正脸瑞虎纹、祥云纹、禽鸟啄双鱼纹、九尾狐、胡人持斧宰牛纹组成。

亮点介绍：

　　安徽省萧县圣村1座汉墓的墓石雕刻画像。从墓门到后室二十余块墓石（包括门额、门楣、立柱、门扉、后墙）均有刻画，题材丰富，内容繁缛，制作精良。门额上为宰牛图，一人一手执牛角，另一手举斧欲砍，牛身后一人呈被牛踢状，牛则呈现出惊恐愤怒的情形[①]。牛对于重农抑商的汉代社会而言是极为重要的。此镜出现宰牛的纹饰，表现了贵族阶层奢靡的生活或祭祀的重大场面。

TJ0302　七乳蚩尤瑞兽纹画像镜　东汉

直径225毫米　厚10毫米　重1367克

---

① 王小凤《圣村画像石略述》，《中原文物》2004年第5期。

纹饰亮点：

①青龙、白虎、朱雀、玄武、孔子羊、鸟头兽身状瑞兽、羽人皆与芝草纹配饰成一组纹饰；②由连续的圆圈纹组成玉璧纹圈带纹饰作为边饰。

TJ0300(b) "吕氏作"铭七乳四神瑞兽纹画像镜 东汉—魏晋南北朝

直径195毫米 厚7毫米 重832克

铭文内容："吕氏作，上有仙人不知老，渴饮玉泉饥食枣，浮游天下遨四海兮"。

纹饰亮点：
　　由艺术化造型的青龙、白虎、朱雀、玄武、羽人持芝、鼠头兽身状瑞兽、禽鸟等组成华丽的边缘纹饰。

TJ0296(b) 　七乳四神瑞兽纹画像镜　东汉

直径175毫米　厚7毫米　重692克

纹饰亮点：

①羽人手端一托盘，内盛三支芝草纹；②羽人持旌节或为植树，或为《山海经》里记载的其他带有神异性的植物，如洞冥草、云阳等；③纹饰空间处满填云气纹及小禽鸟纹使整体画面饱满华丽；④边缘纹饰处理极为精彩线雕的龟蛇分体组成的玄武噗灵芝、羽人钓鱼、羽人持芝逗引青龙、双禽鸟逐朱雀、九尾狐、白虎低头觅芝草、羽人采芝草及一复杂的菱形纹内饰小圆圈纹组成华丽且富有动感的边饰。

相关链接：

此镜边饰中羽人持竿钓鱼的纹饰极为少见，图案内容为一羽人跪伏于地，手持一竿，上系鱼线，鱼线另一头连接一鱼嘴部。陕西省西安半坡村仰韶文化遗址已经发现了许多骨制鱼钩。此可证明当时垂钓活动已具有较高水平。这些遗址都位于内陆地区淡水水域，说明在当时钓鱼已十分普遍。中国最早的关于竹制钓竿的文字记载见于两千多年前的诗歌总集《诗经》，如在《季风》这一章中，有"籊籊竹竿，以钓于淇"的诗句（淇，指黄河的一条支流，位于今河北省北部），这表明了春秋战国时期，人们已经用细细的竹竿在江河中垂钓了。此镜钓鱼纹饰反映了汉代垂钓活动是异常活跃的。

TJ0305 七乳四神瑞兽纹画像镜　东汉—魏晋南北朝

直径181毫米　厚6毫米　重666克

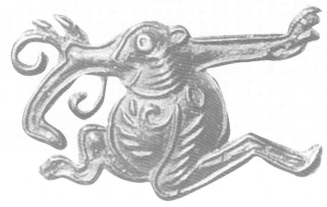

纹饰亮点：

①长尾雀鸟与小禽鸟嬉戏；②鼠头兽身状瑞兽或为奚鼠；③由艺术化造型的青龙、白虎、朱雀、玄武、九尾狐、鱼、蛇等构成华丽的边缘纹饰。

亮点介绍：

奚鼠，一种巨鼠，居于冰下，重千斤，肉可食。皮毛可以制衣被，为御寒上品。用其皮蒙鼓，其声可以传千里，它的毛发可以召集鼠类，《神异经》有载；九尾狐按《山海经·南山经》载，状如狐而九尾，其音如婴儿。食人，吃之不蛊。但其后被赋予象征子孙蕃息之意，成为瑞兽。

TJ0294(b)　七乳四神瑞兽纹画像镜　东汉—魏晋南北朝

直径176毫米　厚9毫米　重751克

TJ0295　七乳蚩尤四神瑞兽纹画像镜　东汉

直径181毫米　厚9毫米　重813克

纹饰亮点：

①蚩尤持钩镶、挥短剑练兵；②由羽人戏青龙、禽鸟逐羽人、四尾瑞兽、白虎、鱼、蟾蜍、朱雀、公牛等纹饰组成华丽的边缘纹饰。

　　总的说来，东汉至三国两晋南北朝时期的画像镜纹饰给人的形象感受是质朴雄健、生动传神的，在富有韵律美的形体中蕴涵着一种力量。它们的造型简洁，结构严谨，线条遒劲。虽单纯而不粗陋，流利而不轻浮。动物的形象是实在的，但又有一些概括和夸张。优美的线条把动物的形、神、势都融合在了一起。我们在欣赏汉代画像镜的时候，能够得到一种健康的艺术享受。在今天，这些纹饰艺术对于我们来说除了宝贵，更多的则是一种艺术理念的启发。纵观本书所录的这些画像镜不由自主地让人为之神往，在神往的同时更加惊叹古代匠师丰富的想象力。

第十二节　东汉—三国两晋南北朝
时期的变形四叶纹镜

变形四叶纹镜的共同特征是：圆钮或兽钮，圆钮座，座外四蝙蝠形叶向外呈放射状，占据镜背中心位置，并将内区分成四区，四区内配置兽首、龙纹、凤纹等纹饰。本书所录此类镜可分为变形四叶八凤镜、变形四叶龙纹镜、变形四叶佛像鸾凤纹镜及变形四叶"长宜子孙"铭文镜。此类镜主要流行于东汉晚期桓帝、灵帝时期，魏晋南北朝时期此类镜继续流行，这时以变形四叶八凤镜数量最多，并且出现了变形四叶佛像鸾凤纹镜。魏晋南北朝时期与东汉此类镜最大的区别在于变形四叶接近于宝珠形叶片。

TJ0362　"长宜孙子"铭变形四叶八凤纹镜　东汉

直径210毫米　厚4毫米　重988克

变形四叶八凤纹镜一般为圆钮，圆钮座。四区内各有形态秀丽且图案化的双凤一组，双凤头饰高冠，相对吻喙，是典型的祥瑞图。汉朝人以群鸟聚集为祥瑞，《汉书·宣帝》：汉宣帝年间，百鸟集于长乐宫，因改元神爵。主题纹饰以外为比较大的内向连弧纹缘。整个镜背纹饰采用剔地平雕的技法塑造，图案如剪纸风格，布局对称，四叶内的铭文有"长宜子孙""位至三公""君宜高官"等。此类镜在魏晋南北朝时期继续流行，但此时变形四叶接近于宝珠形，且有的在变形四叶及连弧纹内饰禽兽纹，主要流行于晋代，特别是西晋时期。此类镜河南、江苏、湖南、江西、安徽、浙江等省均有出土。本书所录TJ0362为东汉晚期风格的变形四叶八凤纹镜，变形四叶间饰"长宜子孙"四字铭文，其外与凤鸟纹之间饰"位至三公"四字铭文。

TJ0361 "长宜孙子"铭变形四叶四龙纹镜 东汉

直径175毫米 厚5毫米 重552克

变形四叶龙纹镜一般为圆钮，圆钮座。四叶纹的内四角一般也配置纹饰，四区内各饰一图案化风格的龙纹，外区一般为内向十六连弧纹以及一圈菱纹或涡纹圈带，或素宽缘。本书所录TJ0282为东汉晚期风格的变形四叶龙纹镜，此类镜魏晋南北朝时期少见。变形四叶间饰"长宜子孙"四字铭文，主题纹饰以外为内向连弧纹缘和素宽缘。

TJ0360　变形四叶纹双佛像八凤鸟纹镜　东汉—魏晋南北朝

直径170毫米　厚4毫米　重607克

变形四叶佛像鸾凤纹镜一般为圆钮，四叶纹多作宝珠形，其特征是在变形四叶纹的叶瓣或连弧纹缘中有佛像或飞天像。此镜四宝珠形叶片将镜背分为四区，每区两只相对的凤鸟展翅翘尾，共衔流苏。其中两片叶瓣内为佛像纹，其中一佛端坐于莲花瓣上，头顶有圆形背光；另一佛像半枷跌坐于莲台之上，面前跪一供养人，作礼佛状，佛背后有华盖；另外两片叶瓣内皆为似人又似兽的纹饰。其外的连弧纹内饰有青龙、白虎、羽人、螃蟹、禽鸟等其他瑞兽纹。变形四叶佛像纹镜是研究中国早期佛教的重要实物资料，一般我们所见的此类镜均是四叶片内饰有佛像纹，而此镜宝珠形叶片内，除两片内有佛像纹外，其他两片内均为一似人似兽的纹饰，其到底为何？是龙虎，还是飞天，抑或供养人，还是胁侍，还有待进一步考证。从此镜也可以看出其佛像风格符合魏晋南北朝佛造像的典型特征：线条简练准确，面容普遍清瘦。

关于此类镜的流行时期，水野清一认为其年代为3世纪70年代至3世纪末；王仲殊认为鄂城出土的变形四叶佛像镜是吴镜而不是西晋镜，其制作年代应该在3世纪中期。吴都鄂城及其附近地区是变形四叶佛像纹镜最重要的铸制区。

两汉时期的铜镜纹饰题材多为反映仙道思想的内容，有颇多的"仙"气，这与当时的哲学、社会思潮是分不开的，是黄老思想盛行下的产物。而魏晋南北朝时期是一个人们全面自觉的时期，在此之前的工艺美术大多反映神秘的神鬼世界，而这个时期，人们以全新的眼光来看待现实世界，在佛道彼此长时间适应的过程中，佛教因素必将进入铜镜艺术领域，这是佛教在还未为广大群体所接受的情况下，借势发展的必然趋势。那么，进而佛教为什么会迅速发展壮大，为广大人民所接受呢？这有其历史方面的原因。

自汉灭亡到隋统一的数百年间，社会风雨飘摇、战乱频繁，人生的苦旅迫使人们寻找精神避难所，于是佛教便在中国的广大地域内传播，宗教艺术也应运而生。魏晋南北朝时期，战乱频频，苦难穷困，人们从求佛超生中寄托希望，所以佛教艺术在铜镜等艺术品门类中大放光彩。

东汉明帝时期就产生了佛教绘画，进入魏晋时期，佛教艺术的创作成为信史，佛教艺术也逐渐成为中国古代艺术的主要表现形式之一。外来文化的影响，对中国文化艺术发展所起的促进作用是无法估量的，即便是艺术服务于宗教，社会生活的烙印也是不言而喻的。问题在于佛教艺术的传入和盛行，为古典艺术的发展拓宽了无尽的表现空间，使中国古代艺术真正摆脱象征主义艺术的羁绊，走向现实主义。在汉魏时期，佛教初入中原，经历了与中国传统文化的碰撞与融合，终成为与儒道二者并驾齐驱的"释"。统治者为了麻痹百姓，借助佛教的前世今生、因果报应等学说迫使已经一无所有的百姓安于现状，修福来世。而苦难的人民需要精神寄托，这"装饰在锁链上的虚幻的花朵"给予他们朦胧的希望和慰藉。在这样的文化政治背景下佛教得到极大发展，其不论贵贱、不论贫富，成为人们的共同选择。

TJ0127 "长宜子孙"铭变形四叶连弧纹镜　汉代

直径93毫米　厚3毫米　重119克

汉代铜镜上常出现"长宜子孙"四字铭文。"长宜子孙"语出汉代韩婴《韩诗外传》卷九第一章"诗曰：宜尔子孙承承兮"。"长宜子孙"是中国古代旧式大家族式家庭的家长一贯的观念，即希望自己的家业能够世世代代维持子孙的优越生活，并且让子孙永远保持着发达兴旺的大家族式的生活。而铜镜是制作精美的工艺美术品，优美而精巧，朴实而平易，与人们的生活息息相关，更由于铜镜被人们赋予了灵性与神性，所以古人将美好的情感、神奇的幻想寄予其中，从而使以镜寄托子孙蕃昌的"长宜子孙"之祈愿成为铜镜上一个永恒的主题。

TJ0126 "君长高官"铭变形四叶连弧纹镜　汉代

直径95毫米　厚2毫米　重131克

巅峰艺术　广采博纳

（581—960年）

第三章　雍容华贵、富丽堂皇的隋唐铜镜

隋唐时期，中国先进、文明、繁荣、强大，其时宏大的格局、开放的气势、壮阔的场面，为历朝历代所无法比拟。在当时的世界上，中国处在发展的前列，是最文明先进、最繁荣发达、最富庶强大的国家。其社会制度先进、生产力发展水平高、长期统一、文化繁荣发达，为世界经济文化交流的中心。这个时期的历史，不仅影响着我国后来的社会发展，而且对世界文化发展都有着深远的意义。

隋唐时期，政治、经济、文化的繁荣，在一定程度上促使铜镜铸造业得以高度发展，显示出异彩纷呈、争奇斗艳的繁荣景象，达到了我国铜镜艺术的巅峰，并以其丰富多彩的形式和高超的工艺闻名于世。同时它也是富丽堂皇、灿烂辉煌的唐文化的缩影。这一时期铜镜的最大特点是艺术手法和艺术样式的多样化。

"贞观之治"后，中国的封建经济进入了极盛时期，采矿冶铸业、瓷器制造业以及其他手工业都非常发达。据文献记载，当时冶铜的处所已达96处。统治者对制作铜镜十分重视，使铜镜制造业成为当时重要的手工业之一，并得到了高度的发展。唐中宗时曾"令扬州造方丈镜，铸铜为桂树，金花银叶，帝每骑马自照，人马并在镜中"。

隋唐时代延续了300多年，在此期间，铜镜的风格特点也有许多发展和变化。其演变过程大体可分为三个阶段：隋至唐初、盛唐、中晚唐。

1. 隋至唐初铜镜（6世纪晚期至7世纪晚期）

这个时期铜镜主要是继承前代的制作风格，较为拘谨。形制主要为圆形，镜钮主要为圆钮。在纹饰方面，该期仍继续流行"四神"纹和瑞兽纹，间配以流云纹或规矩纹。雀鸟、花卉等图案纹饰，逐渐流行起来。此时并多见十二生肖形象纹饰。镜缘纹饰常见流云纹、锯齿纹及水波纹和点线纹。铭文内容多为祝颂的吉祥语，文体一般仍为诗歌形式的四言句。字体多为楷书，隶味较浓，字句齐全，点划无缺。

2. 盛唐铜镜（7世纪晚期至8世纪晚期）

这个时期的铜镜，在形制和纹饰方面，都有了显著的变化，显示了盛唐时期制镜工艺的崭新面貌和时代风格。铜镜形制除圆形及方形外，又创造出菱花形、葵花形等造型新颖的花式镜，使铜镜在实用的基础上更富有了艺术韵味。镜体一般较为厚重，整体给人以浑厚、凝重之感。此时铜镜合金中锡的成分比例增多，因而颜色净白如银。镜钮除圆钮外，出现了兽钮、龟钮等。在纹饰方面，这一时期出现了一大批新的纹饰题材，呈现出丰富多彩的景象，纹饰内容有取材于自然界的花鸟蜂蝶，有想象传说中的珍禽瑞兽，有向往幸福美好生活的人物故事，还有反映日常生活场景的题材。纹饰的表现手法富于写实，具有高度的艺术感。图案多采用高浮

雕或浅浮雕技法处理。纹饰布局秀丽柔健，细腻利落，结构疏密，恰到好处，整齐布局完美得当，和谐大方。这个时期铜镜上的铭文显著减少，铭文圈带的装饰风格已不见踪影，分区布置纹饰的界限也逐渐打破了，这为工匠施展其艺术才华创造了更大的空间。这是本期铜镜的突出特点。

3. 中晚唐铜镜(8世纪至10世纪)

这个时期铜镜铸造业因社会动荡而急剧衰退，不仅质地较前期轻薄，纹饰也趋于简单，且表现手法大多粗劣，布局显得毫无生机、单调乏味。但在造型上出现了新样式，如亚字形镜和方形倭角镜。镜铭又开始出现，但明显趋于简单，诸如"千秋万岁"等吉祥铭文。带有宗教意味的纹饰此时较为盛行，如八卦纹镜、万字镜、符箓星象纹镜等。此时的铜镜已失去盛唐时期富丽堂皇的风格，并日趋衰落。这时期也是中国铜镜发展史的转折阶段，从此铜镜难以重振昔日风采。

第一节　隋唐瑞兽纹镜

　　瑞兽纹镜是隋唐时期流行的主要镜类之一，根据其纹饰布局方式可分为瑞兽花草纹镜和瑞兽铭文镜。瑞兽铭文镜主要流行于隋、唐初。瑞兽花草纹镜流行于唐高宗时代。隋唐时期瑞兽纹镜虽然多有变化，但仍有一定的演变规律可循，较早者多柿蒂、连珠纹钮座，内区方框、规矩V纹配置，瑞兽作腾跃状，似虎似豹（如本书所录TJ0405〔b〕、TJ0414〔b〕）。外区有铭文圈带，较早者铭文内容多为祈祷长命、高官的吉祥语，稍后为颂扬铜镜功能、闺阁整妆等。边缘多水波纹、月牙纹、三角锯齿纹；较晚的瑞兽纹镜多素圆钮座或无钮座。内区瑞兽似狐似狼，绕钮奔腾，造型丰腴活泼（如本书所录TJ0409〔b〕）。外区铭文圈带逐渐消失，代之而起的是卷草、忍冬、葡萄蔓枝纹圈带、动物纹圈带等。边缘多点线纹和花草纹，铜镜形制也开始出现菱花形等新式造型。

TJ0405(b)　环绕式六瑞兽纹镜　隋代
直径105毫米　厚12毫米　重504克

纹饰亮点：

　　高直立缘。

亮点介绍：

　　此镜边缘厚度达到11毫米，这在同时代铜镜中极为罕见。隋唐之际的这类瑞兽纹镜近缘处多有圈带铭文，而此镜仅有内区瑞兽而无铭文圈带的较为罕见。

　　此镜纹饰风格充分反映了这个时期新的铜镜纹饰风格尚未完全形成，但旧的纹饰风格已发生了很大的改变，体现了汉镜向唐镜风格过渡时期的特色。

隋唐瑞兽铭文镜

瑞兽铭文镜一般圆形，圆钮，柿蒂纹、兽纹、连珠纹、花瓣纹及素圆钮座。镜背一般以斜立双重三角锯齿纹圈或双线高圈分为内外两区，有的分为三区。内区配置若干个似虎似豹或者似狐似狼的瑞兽，外区（分三区者中区为铭文圈带，如本书所录TJ0420）为铭文圈带。分三区的铜镜内区主题纹饰除四兽外，还有不少为六兽、八兽、五兽，外区瑞兽禽鸟花草纹。边缘纹饰为三角锯齿纹、水波纹或点线纹。

TJ0414(b) "盘龙丽匣"铭六瑞兽纹镜　隋唐

直径188毫米　厚9毫米　重689克

纹饰内容：

盘龙丽匣，舞凤新台，鸾惊影见，日曜花开。团疑壁转，月似轮回。端形鉴远，胆照光来。

相关链接：

铜镜上汉代大量出现的铭文，在隋和唐初，无论形式和内容都发生了重要的变化。与汉镜铭文那种强烈追求爵显名扬、羽化升仙的内容截然不同，它们主要是通过赞美镜子来描绘梳妆美丽。铭文字体与汉代的篆隶相比更显精工秀丽，皆为法度严谨的真书。受六朝华丽骈文风格的影响，此时镜铭辞藻皆华丽清俏，常见镜铭以四言、五言骈体诗为多。

1956年，西安西郊三桥东第189号唐墓出土一面铜镜与此镜纹饰风格相同，直径188毫米。①

① 陕西省文物管理委员会《陕西省出土铜镜》第115页图105，文物出版社1959年版。

TJ0409(b) "湛若止水"铭四瑞兽纹镜　隋唐

直径138毫米　厚8毫米　重583克

铭文内容："湛若止水，皎如秋月，清晖内融，菱花外发，洞照心胆，屏除妖孽"。

TJ0420　"盘龙丽匣"铭六瑞兽纹镜　隋唐

直径220毫米　厚13毫米　重1443克

铭文内容："盘龙丽匣，舞凤新台，鸾惊影见，日曜花开。团疑壁转，月似轮回。端形鉴远，胆照光来"。

纹饰亮点：

①内、中、外三区布置纹饰；②莲花纹钮座；③葡萄与瑞兽禽鸟等共同构成主题纹饰；④摩羯鱼。

亮点介绍：

首先，根据目前公私博物馆、私人收藏及所见图录我们可以发现，此类镜三区布置纹饰的皆尺寸大、铸制精良、纹饰丰富多彩。由于此类镜尺寸大，镜体中间较薄，而特意加了一道凸起的圈带铭文或纹饰圈带，以起到加固的作用。

其次，关于此镜葡萄纹与瑞兽禽鸟纹组合构成主题纹饰，我们以为这种纹饰的出现是有其特定的历史渊源的。中国铜镜主题纹饰和铭文内容划时代的变化发生在隋到唐初这段历史时期，此时汉代以来占据镜背的神仙羽人、奇禽异兽，到了唐高宗、武则天时期被瑞兽葡萄纹及以后的花鸟纹、花卉纹所取代。这个时期正是瑞兽纹向花鸟纹转变的重要阶段，所以此时在瑞兽纹镜中饰以当时人们喜闻乐见的葡萄纹是很自然的事。葡萄纹是随着中西文化交流的频繁，通过丝绸之路传到中原地区的一种纹饰，很快被中原文化艺术所吸收、运用。在此影响下，隋唐时期的铜镜艺术家、工匠们很容易把本土艺术中的瑞兽纹与外来的葡萄纹巧妙结合，形成了中原民族风格的纹饰——瑞兽葡萄纹。这就是希腊、罗马、波斯等建筑装饰和器物上的禽兽葡萄纹与中国瑞兽葡萄镜的作风有区别的原因。

再者，此镜莲花纹钮座及所饰的摩羯鱼纹饰我们以为显然是受佛教艺术题材的影响。佛教自东汉明帝时期传入中原，经过魏晋南北朝时期的发展，到隋唐时期已经深入人们的生活中。在艺术领域，佛教内容与世俗内容已经完全融合，佛教已经完全中国化了。在传播过程中，因为中国人所赋予铜镜的灵性和神性，以镜为神物。所以佛教在中国的发展，一直与铜镜有着密切的关系。在佛教的科仪活动、礼佛活动中一直有镜的身影，在实际生活中，佛教徒们往往还以镜发愿，所以说，佛教内容在铜镜艺术领域的体现是必然的。

相关链接：

"摩羯"为佛教中的一种神鱼，龙首鱼身、长鼻、利齿，其地位类似中国的河神。大藏经《一切经音义》卷四十三云："摩羯者，梵语也。海中大鱼，吞噬一切。"据资料记载，大约在两晋时期摩羯纹随佛教传入中国，摩羯纹传入中国后，经过本土重新诠释，有了多种变化，如佛祖如来的化身、鱼龙变化等，含有再生、涅槃、升华的意味。隋唐至元，时有以摩羯鱼为纹饰的艺术品，其中以唐辽金银器及宋时耀州窑瓷器上最多，唐代铜镜纹饰中也时有发现，宋辽金铜镜所见稍多。

莲与佛教也有着不解之缘，佛教在很多地方都以莲为代表，可以说莲即是佛，佛即是莲。释迦牟尼创立佛教，主张废除古印度等级森严的制度，实行种姓平等，以慈悲为怀，普度众生。为了弘扬佛法，使广大群众能够理解和接受佛教教义，便以俗语传道，又迎合民众的爱莲心理，将莲喻佛，使得佛教能够迅速传播开来，信众广泛。另外，佛教是着重寻求解脱人生苦难的宗教，将人生视作苦海，希望人们能从苦海中摆脱出来，即从尘世到净界，从诸恶到尽善，从凡俗到成佛。这和莲花生长在污泥浊水中而超凡脱俗，不为污泥所染，最后开出无比鲜美的花朵一样。莲生在污泥之中，犹如人生在浊尘的世界，这自然要与污浊相处在一起，受许多邪恶污秽事物的侵扰，佛教称这些邪恶力量为"魔"。佛教要求人们不要受世间邪恶污秽（即魔）的侵扰和影响。莲花"出污泥而不染"，开出洁美的鲜花，确是最好的象征，因此佛经常常将莲性比佛性。

纹饰亮点：

　　写实性极强的花卉纹。

亮点介绍：

　　此镜四瑞兽间的四组花卉纹，显得雍容华贵，花叶、花瓣、花蕊清晰可见。而且四组花卉纹所占的区域面积也毫不亚于四瑞兽，已然成为主题纹饰的一部分，而非瑞兽纹的配饰。我们上文说过"唐代的图案纹饰处在由瑞兽向花鸟及植物纹饰转变的阶段。唐高宗、武则天时期正是瑞兽纹饰向花鸟纹饰转变的重要阶段"。隋代开始，铜镜上的植物纹逐渐流行起来。唐代起牡丹开始引种在都城长安城内，并进入宫廷、皇家寺庙及达官贵人的府邸内，使人们对于赏花有了一定爱好，进而推动了艺术创作，从诗歌到绘画，不乏以花卉为题材的作品。唐镜中的花卉纹给我们感觉更是充满张力，构图饱满、形象生动。在表现手法方面，许多花卉纹更加写实、完整。花间飞舞着蜂雀，枝繁叶茂、栩栩如生，宛如一幅生动的花鸟画。为什么此时铜镜上会出现如此精致且写实性很强的花卉纹呢？究其原因，张景丽在《唐镜中的花卉纹饰》一文中提到，"唐代的医学迅速发展，孙思邈等在前人的基础上，进一步认识到各种植物的形态特性。唐高宗时期曾由宫廷主编药物学著作《新修本草》，由各地征集实物标本绘制成图。这些图准确记录了植物的细节特征。它们多采用中轴对称的形式展示出花、叶、茎的特点，从而在一定程度上使得唐代的花卉纹饰更加形象，更为注重对细节特性的描绘"。①

TJ0421(ab)　"团团宝镜"铭四瑞兽花卉纹镜　隋唐

直径155毫米　厚11毫米　重911克

铭文内容："团团宝镜，皎皎升台，鸾窥自舞，照日花开。临池似月，睹目娇来"。

---

① 张景丽《唐镜中的花卉纹饰》，《收藏》2010年第9期。

纹饰亮点：

　　铭文字体为篆书。

TJ0418(ab) "光流素月"篆书铭五瑞兽花卉纹镜　隋唐

直径150毫米　厚10毫米　重659克

铭文内容："光流素月，质禀玄精，澄空鉴水，照回凝清，终古永固，莹此心灵"。

第二节　隋唐十二生肖纹镜

　　从现有资料来看，大约南北朝时期十二生肖纹已经在铜镜上出现了，但只是在变形四叶纹镜的边缘上有所发现，其与隋唐时期以十二生肖纹为主题纹饰的铜镜，纹饰风格截然不同。隋唐时期的十二生肖纹镜是这个时期创新发展的铜镜新品种。其创新的纹饰风格表现为纹饰布局益见巧思，简练明快，清晰流畅。首先它改变了汉代以来最为常见的以方格、规矩、层层的同心圆圈带进行区域分割构图的布局方式；其次它改变了汉镜单个图纹数量较多、形体偏小、多层密集排列、空间紧窄、丰富繁杂的纹饰内容，采取图纹减少，形体变大的手法。隋唐时期的十二生肖镜主要流行于隋、唐初。本书所录十二生肖纹镜可以分为四神十二生肖纹镜（如TJ0416、TJ0412）和瑞兽十二生肖纹镜（如TJ0410〔b〕）。

TJ0416　四神十二生肖纹镜　隋唐

直径155毫米　厚15毫米　重998克

　　1955年，西安东郊郭家滩第250号唐墓出土一面十二生肖镜与此镜纹饰风格相同，直径240毫米。①

---

①陕西省文物管理委员会《陕西省出土铜镜》第99页图版89，文物出版社1959年版。

TJ0412 四神十二生肖纹镜 隋唐

直径150毫米 厚13毫米 重786克

相关链接:

　　十二生肖不同于汉代十二辰铭,为日常生活中常见的动物或传说中的灵异: 鼠 (子)、牛 (丑)、虎 (寅)、兔 (卯)、龙 (辰)、蛇 (巳)、马 (午)、羊 (未)、猴 (申)、鸡 (酉)、狗 (戌)、猪 (亥)。

TJ0410(b)　四瑞兽十二生肖纹镜　唐代

直径120毫米　厚11毫米　重489克

铭文内容:"团团宝镜,皎皎升台,　鸾窥自舞,照日花开。临池似月,睹目娇来"。

第三节　唐代瑞兽葡萄纹镜

唐代瑞兽葡萄纹镜其典型的图案是由高浮雕状的若干瑞兽环绕葡萄蔓枝、果实组成，繁花锦簇、装饰满密，风格十分突出。

此类镜从纹饰演变规律和有确切纪年的唐墓出土资料两方面考证，瑞兽葡萄纹镜的早期形式，出现在唐高宗时期。所以，典型的、成熟的瑞兽葡萄纹镜上限在唐高宗时期，以武则天时期最为盛行。其后逐渐被其他镜类取代。唐玄宗前后尽管还有发现，只不过是前期镜的沿用，不是它的极盛时期。我们以为瑞兽葡萄纹镜是汉魏南北朝以来流行的瑞兽纹和葡萄纹相结合的产物。

瑞兽纹饰在我国出现较早，在六朝、隋、唐初的铜镜极为盛行。唐代的艺术家和工匠们将瑞兽、葡萄这两组纹样进行重新组合，形成了一种具有强烈时代信息的新纹样。

不少专家认为，这种铜镜同西方文明有一定的联系，甚至有日本学者称之为"多谜之镜""凝结欧亚大陆文明之镜"。它的主题纹饰瑞兽与葡萄组合在一起令人寻思。

《史记·大宛列传》第六十三记载，"宛左右以蒲陶（即葡萄）为酒，富人藏酒至万余石，久者数十岁不败。俗嗜酒，马嗜苜蓿。汉使取其实来，于是天子始种苜蓿、蒲陶肥饶地。及天马多，外国使来众，则离宫别馆旁尽种蒲陶，苜蓿极望"。这一史料充分说明我国在西汉时期，已从邻国学习并掌握了葡萄种植和葡萄酿酒技术。从此葡萄被引入内地。但葡萄在当时还没有普遍推广和种植，所以葡萄纹饰出现也较少。据说新疆境内的丝绸之路古道上，曾出土的汉代丝织品上就有葡萄纹。到了唐代，丝织品中葡萄纹样更多了。唐人认为葡萄能益气强身，令人健壮，延年益寿；加上葡萄藤叶茂盛，翠绿喜人，其果实繁密，晶莹透亮，惹人喜爱，这些都是使葡萄成为流行装饰题材的原因之一。此外，唐朝的工匠在以葡萄为装饰纹样时又赋予它新的内容，如长长的藤叶象征着长寿，一串串的果实象征着"多子"和富贵。白居易《和梦游春诗一百韵》中"带襵紫葡萄，袴花红石竹"，李端《胡腾儿》中"桐布青衫前后卷，葡萄长带一边垂"，都是形容丝织品上的葡萄纹的。与此同时，用葡萄酿酒也更普遍了。唐诗中有关咏葡萄及葡萄酒的佳作比比皆是，王翰《凉州词》中"葡萄美酒夜光杯，欲饮琵琶马上催"，李白《襄阳歌》有"遥看汉水鸭头绿，恰似葡萄初酸醅"。以上这些事例证明唐代葡萄种植及以它为纹样已经比较流行了。那么，作为铜镜上传统的瑞兽纹与当时流行的葡萄纹饰组合而成的瑞兽葡萄纹运用到铜镜上就显得合情合理了。

TJ0417(ab) 缠枝花卉纹边饰瑞兽禽鸟葡萄纹镜 唐代

直径147毫米 厚12毫米 重718克

纹饰亮点：

①两雄两雌四只雉鸡；②大雁；③喜鹊。

亮点介绍：

雉鸡又名环颈雉、野鸡，体形较家鸡略小，但尾巴却长得多。雄鸟羽色华丽，分布在中国东部的几个亚种，颈部都有白色颈圈，与金属绿色的颈部，形成显著的对比，尾羽长而有横斑；雌鸟的羽色暗淡，大都为褐和棕黄色，而杂以黑斑；尾羽也较短。此镜四只雉鸡的尾部特征与此相符。另外，两只头顶有冠者长尾，应该是雄雉鸡，如此精雕细琢者实属罕见。

大雁又称野鹅，天鹅类，大型候鸟，体型流线型，嘴宽而厚，嘴甲比较宽阔，嘴的基部较高，长度和头部的长度几乎相等，上嘴的边缘有强大的齿突，啮缘有较钝的栉状突起。尾部与家鹅有明显区别，大雁尾部下方成流线型向上，而家鹅尾部下坠。雌雄羽色相似，多数呈淡灰褐色，有斑纹。颈部较粗短，翅膀长而尖。

喜鹊是唐镜中广泛运用的瑞禽装饰，深受当时人们的喜爱。唐教坊曲中有《鹊踏枝》，以表吉祥之兆。喜鹊属雀形目鸦科，鹊属，又名鹊。体形特点是头、颈、背至尾均为黑色，并自前往后分别呈现紫色、绿蓝色、绿色等光泽。双翅黑色而在翼肩有一大形白斑，尾远较翅长。

笔者结合相关资料经过仔细对比，得以确定此镜纹饰中雉鸡、大雁、喜鹊名称没有疑问，是非常写实的禽鸟形象在铜镜纹饰中的表现。而且下文瑞兽葡萄纹镜中蝴蝶、蜻蜓、蚂蚱等写实性的飞禽之形象也皆神形皆备，同一种生物甚至还表现出不同的姿态，纵然千变万化也不离其神、其意。如此写实的禽鸟形象在铜镜纹饰中的表现，恰恰验证了我们前文所说的"唐高宗、武则天时期正是瑞兽纹饰向花鸟纹饰转变的重要阶段"。一个时代的美学观念都是相通的，我们以为此镜上如此写实的禽鸟形象，显然是受到了当时绘画艺术及其他艺术门类的影响，开放的社会环境衍生出的"拿来主义"使铜镜的纹饰吸收融合，内容广博。唐代花鸟画最初盛行于宫廷，之后在民间也逐渐兴起。这一时期专事花鸟画闻名的画家已有许多，其中有以画鹤闻名的薛稷、画鸡闻名的冯昭正、画鹰闻名的姜皎，以及张璪、韦偃画松，萧悦、张立画竹，李约画梅，等等，甚至不少皇室贵族也擅花鸟画，汉王李元昌、滕王李元婴、江都王李绪、嗣滕王李湛然均善画蜂蝶禽鸟。

唐代花鸟画注重写实的表现手法，务求达到"形色俱丽"。唐代张彦远在《历代名画记》中称赞画家冯昭正为"尤善鹰鹘鸡雉，尽其形态，嘴眼脚爪毛彩俱妙"，记载画家刘孝师则为"鸟雀奇变，甚为酷似"。这些记述表明当时花鸟画的最高审美标准是"真实生动"，从现存的唐代花鸟画《阿斯塔那墓葬花鸟屏风》《五牛图》等作品中，我们可以感受到唐代花鸟画家这一理想境界和艺术追求。在绘画艺术领域，如此写实的绘画特色和创作观念，当然会对铜镜纹饰艺术产生影响，那么在铜镜纹饰中出现如此写实的禽鸟形象也就不足为奇了，雉鸡、喜鹊、大雁的形体表现在此镜上无不"真实生动"！

纹饰介绍：

此镜圆形，伏兽钮，伏兽形体丰腴，造型巧致，肩披繁密华丽的鬃毛，探头伸向一泓池水，神态刻画清晰，表现出一番悠然自得的情景，造型风格富丽华美。腹下穿孔，以此为镜钮，如此富有强烈艺术感染力的镜钮在唐镜中极为少见。双线高凸棱将镜背分为内外两区。内区六瑞兽姿态各异，或奔跑，或饮水，或端坐栖息，瑞兽皆浮雕感很强，刻画细腻，构图变化多端，情态不一。把情节性很强的画面巧妙地融于装饰趣味之中，取得了很好的艺术表现效果。工匠们对于瑞兽的形体特点表现得非常的娴熟，不仅表现出其肥硕饱满的体型，更突出其矫健、活泼、机警、充满生机的情态，不管从那个角度去观赏，每只瑞兽的眼睛都会炯炯有神地盯着你，充满稚拙可爱的眼神往往能够诱导欣赏者联想到生活中那些可爱的事物。周围葡萄叶蔓缠绕，与瑞兽、池水情趣天成，共同表现出一派悠然恬静，充满生机与活力的自然风光。外区瑞兽、雉鸡、喜鹊、大雁掩映在葡萄枝叶实之中，瑞兽丰满灵动，禽鸟翎羽飘逸，姿态挺拔优雅，果实堆砌、枝条漫卷、花叶铺陈，充满生命力的葡萄枝蔓叶实显示出优雅秀巧之美，契合了盛唐时期对于精神上开放自由和物质上绮丽奢华的追求。同时，这种飞禽与葡萄枝蔓相间旋绕的布局，已经初步具有了后期雀绕花枝镜的风格，从这一时期起，揭开了唐代铜镜以花鸟为铜镜纹饰设计主题的序幕。近缘处一周小型蔓枝纹环绕一周。此镜通体银光，虽历经千余年现仍银光闪烁，光彩照人，实属难得。纹饰布局构思奇巧，独具匠心，动物形象刻画惟妙惟肖，盛唐时期丰满华丽的审美风格一览无余，镜体厚重，铜质精良，即使在中国古代铜镜铸造业处于巅峰时期的大唐盛世，也只有皇家会不计成本，使用最好的工匠、最优质的铜料、最优秀的工艺大师去创造如此的力作艺术精品，极具艺术感染力的纹饰和厚重光洁的镜体之和谐统一，愈益衬托出皇家镜鉴的尊贵华丽气派，堪称盛唐时期高艺术性的创造，高技术的产品之经典，以美感人，以情动人，意可掳人，境能夺人之珍遗。

纹饰亮点：

①侧首伏兽钮；②内区五只瑞兽的眼睛均镶嵌绿松石；③形象写实的蝴蝶、蜻蜓、蚂蚱。

亮点介绍：

此镜内区五瑞兽眼睛部位均镶嵌有绿松石，从而使得瑞兽更显生动活泼，神气十足，镶嵌绿松石这种装饰技法在唐代瑞兽葡萄纹镜中极少出现，这也充分体现了唐代铜镜艺术大家们在动物纹饰表达的过程中，力求精益求精，活灵活现，在此过程中已经清楚地认识到了"点睛"之笔的重要性，特意突出眼神，使表达的对象更加栩栩如生、惟妙惟肖、神形皆备、活灵活现。唐代张彦远《历代名画记·张僧繇①》曰："张僧繇于金陵安乐寺，画四龙于壁，不点睛。每日：'点之即飞去。'人以为诞，因点其一。须臾，雷电破壁，一龙乘云上天，未点睛者皆在"。

外区纹饰中飞舞着蜻蜓、蝴蝶，甚至还有刻画得细致入微的蚂蚱，掩映于枝繁叶茂的葡萄枝蔓叶藤之中，更显栩栩如生，一幅悠然恬静、充满生机与活力的自然风光花鸟画顿入眼帘。

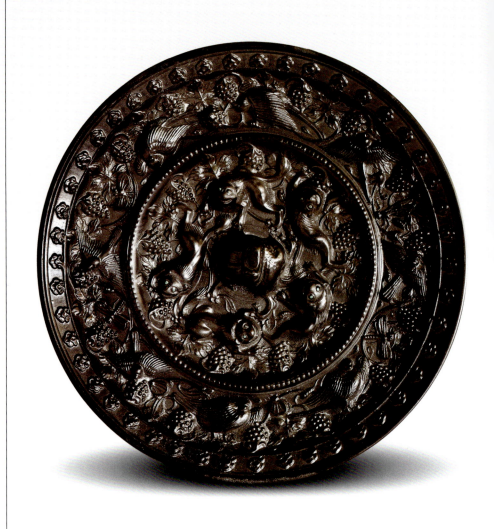

TJ0424　侧首伏兽钮蝴蝶蜻蜓蚂蚱雀鸟瑞兽纹镜　唐代

直径130毫米　厚13毫米　重844克

---

① 张僧繇：南朝梁人，中国古代著名的画家。

TJ0297　伏兽钮蝴蝶蜻蜓雀鸟瑞兽纹镜　唐代

直径145毫米　厚13毫米　重934克

纹饰亮点：

①纹饰地张空白处填以珠点纹；②内区除瑞兽外，蝴蝶、蜻蜓、雀鸟也点缀其中；③外区蝴蝶与不同的长尾鸟飞行穿梭于葡萄枝蔓叶藤之中。

TJ0413　伏兽钮蝴蝶长尾鹊蜻蜓雀鸟瑞兽葡萄纹镜　唐代

直径178毫米　厚13毫米　重1401克

亮点介绍：

　　瑞兽葡萄纹镜的一个重要特点便是外区纹饰多为一派春意盎然的花鸟景致。唐人喜欢观鸟赏花，相关作品蔚为大观，其中莺鸟与蝴蝶、游蜂都是诗歌中常见的题材。杜甫《江畔独步寻花》之一谓："流连戏蝶时时舞，自在娇莺恰恰啼。"绘画艺术中花鸟蜂蝶也是一大主题，如唐玄宗滕王元婴善丹青，喜作蜂蝶，中唐名家边鸾善画禽鸟和折枝花，同时精于蜂蝶。因此，铜镜上的蜂蝶装饰也借鉴了绘画艺术。此镜纹饰构图丰盛饱满，层次繁多，内区除瑞兽外，蝴蝶、蜻蜓、雀鸟也点缀其中。这不仅是艺术家有意创作一个热闹非凡，"蜂蝶去纷纷，香风隔岸闻"田园风光场景，也是纹饰构图上追求富丽豪华、美轮美奂的饱满效果之需求。纹饰笔意流畅、纹饰地张空白处填以珠点纹更呈现出一种繁花似锦的局面，使整体画面显得生动活泼。纹饰饱满的装饰表现具有壮美之感，在饱满和复杂中不失秩序感，具有强烈的美学效果。相比于文人们喜爱的空灵的美，它更使人感到饱满和实在、单纯洗练，呈现出中华本土的艺术审美传统。

　　外区纹饰中或静或飞的长尾鸟数量最多，我们以为也是极具写实性的一种禽鸟。或为长尾鹊，即灰喜鹊，属雀形目，鸦科的中型鸟类。外形酷似喜鹊，表现在铜镜纹饰中的主要特征是尾长，外侧尾羽较短不及中央尾羽之半，分布于中国东北至华北，西至内蒙古、山西、甘肃、四川以及长江中、下游直至福建。

纹饰亮点：

　　葡萄枝蔓越过分区凸棱，从而使内外区纹饰合为一体。

TJ0427　祥云纹边饰蝴蝶雀鸟六瑞兽葡萄纹镜　唐代

直径173毫米　厚16毫米　重1396克

亮点介绍：

　　这种布局方式俗称"过梁"，体现了铜镜纹饰逐渐打破了内外区的界限，从规整繁复的纹饰布局中解脱出来。纹饰整体布局中虽有分区的界限，但是纹饰表现却为"分而不分"，葡萄蔓枝不是拘谨的布局于已界定内外区，而是根据纹饰本身构图的需要，收放自如，表现出来的意境仿佛茂盛的葡萄蔓爬过了屋顶，把果实结在了别家的地盘上。虽有分区，但越过的葡萄蔓藤又能把它们统一起来，使各种因素关系协调、不分离，整体纹饰充溢着比整齐一律更进步的和谐美感。整个镜背纹饰的构成将形式美与秩序美融为一体。

TJ0428　伏兽钮雀鸟瑞兽葡萄纹镜　唐代

直径175毫米　厚16毫米　重1209克

纹饰亮点：

伏兽钮及六瑞兽皆呈仰头观望状，仿佛调皮地盯着观赏者。

亮点介绍：

如果说汉代的铜镜纹饰设计更多的是为统治者服务的话，那么唐代的铜镜则更多的是为普通百姓服务，更加注重世俗生活趣味。看此镜上的七只瑞兽，丝毫不见恐怖、警觉、威压的神态。当你欣赏这面镜子的时候，它们的眼睛都在炯炯有神地盯着你，还流露出一种调皮、挑逗的生活趣味。这时期铜镜上的瑞兽不再是让人顶礼膜拜的神物，反映的情态不再是孤独、冷淡、威严地面向欣赏者，而是在造型上反而具有可爱的嬉戏趣味，其与花草葡萄枝蔓有机地连成一片，奔驰在世俗的社会里。

TJ0429 伏兽钮蜻蜓蝴蝶雀鸟瑞兽葡萄纹镜 唐代

直径208毫米 厚16毫米 重1995克

相关链接：

　　本书所录TJ0429和TJ0430是一对同模镜。同一个镜模上夯制出许多镜范后，镜范经阴干、焙烧成陶范，再用这些相同的陶范浇铸出许多相同的铜镜。我们把这些尺寸一样、纹饰相同的铜镜称之为同模镜。从奴隶制社会到封建制社会的地层中，都有铜镜出土。而真正普及到寻常百姓家，作为商品可以在市场上进行自由交易，则是在西汉以后。唐代之前至战国时代生产的实用铜镜，基本都采用了高锡青铜，其含锡量为22%－25%。采用这么高含锡量合金是为求磨出的镜面具有足够的反光性能，从而得到好的映像效果。然而，含锡量却使得合金的脆度也随之提升，这也造成了铜镜保存不易的难题。铸镜的作坊将用同一模铸出的一批完全相同的铜镜产品投入市场后，被卖到千家万户而各自东西南北。铜镜被买走后，由于其特别脆，稍有不慎可能就会破损，所以，也不能保证铜镜能永远用下去。那么两面同模镜再次相遇的机会就很小。一千多年后，这批铜镜中的两面完全相同的同模镜相遇到一处的机会就更微乎其微了。

TJ0430　伏兽钮蜻蜓蝴蝶雀鸟瑞兽葡萄纹镜　唐代

直径208毫米　厚17毫米　重2108克

TJ0426(b)　伏兽钮雀鸟蝴蝶瑞兽葡萄纹镜　唐代

直径126毫米　厚14毫米　重740克

相关链接：

　　本书所录TJ0426(b)铜镜外表铮亮如银，为我们俗称的"水银沁"皮壳，整体呈银亮色泽，这是当时铜镜的本色。唐镜，尤其是盛唐时期的镜子，呈银白色，其金属成分中，大体铜平均69%，锡25%，铅5%，配比较为稳定。唐代已采用向镜中加入微量或一定量银的新工艺，使得典型的盛唐时期铜镜泛银白色光，很少有铜绿锈色，似乎不是青铜铸成，给人以厚重、富态之感，加之纹饰绚丽多彩、内容丰富，实为难得之艺术珍品。明《天工开物》记述："唐开元宫中镜尽以白银与铜等分铸成，每口值银数两者以此故。朱砂斑点乃金银精华发现……唐镜、宣炉皆朝廷盛世物云。"唐镜珍贵，因银而贵，我们以为这种说法值得商榷。

TJ0411　伏兽钮雀鸟花卉瑞兽葡萄纹镜　唐代

直径145毫米　厚15毫米　重858克

纹饰亮点：

　　①镜体厚重；②瑞兽、禽鸟皆体躯健硕。

亮点介绍：

　　造型饱满、丰腴是唐代艺术的时代特色。这一特点在此镜中体现得淋漓尽致。首先，镜体厚重，突出其形制上饱满的特点；其次，葡萄果实累累、花叶硕大肥壮、花卉茂密丛生，突出了对象丰美的特征；禽鸟、蜂蝶也都具有健壮之美；瑞兽更是以丰腴的造型体现了盛唐时期这一审美特色。

TJ0423　伏兽钮孔雀蝴蝶蜻蜓雀鸟　唐代
直径177毫米　厚15毫米　重1526克

纹饰亮点：
　　孔雀进入瑞兽葡萄纹镜的主题纹饰中。
亮点介绍：
　　瑞兽葡萄纹镜中主题纹饰区加以孔雀装饰的这一品种较为少见。孔雀与葡萄、狮子等一样，也是随着中西文化交流而传入中原地区的，它与佛教文化密切相关，在敦煌壁画中较为流行。据佛经记载，释迦牟尼在说教时常用孔雀作比喻，故佛教视孔雀为祥禽。

TJ0419　侧首伏兽钮孔雀蝴蝶蜻蜓雀鸟瑞兽葡萄纹镜　唐代

直径138毫米　厚11毫米　重665克

纹饰亮点：

孔雀进入瑞兽葡萄纹镜的主题纹饰中。

亮点介绍：

在传统瑞兽葡萄纹镜的基础之上，适应唐高宗、武则天时期瑞兽纹饰向花鸟纹饰转变以及写实性禽鸟纹在艺术领域流行的趋势，孔雀进入了瑞兽葡萄纹镜主题纹饰构图中，其艺术风格已经初步具备了后期禽鸟花枝纹镜的风格。

TJ0422(b) 　盘龙钮孔雀双龙蝴蝶蜻蜓雀鸟瑞兽葡萄纹镜　唐代

直径175毫米　厚16毫米　重1490克

TJ0403 方形伏兽钮蝴蝶蜻蜓雀鸟瑞兽葡萄纹镜 唐代

边长93毫米 厚11毫米 重457克

TJ0402 方形伏兽钮蝴蝶蜻蜓雀鸟瑞兽葡萄纹镜 唐代

边长93毫米 厚12毫米 重506克

亮点介绍：

　　唐代瑞兽葡萄纹镜种类繁多，形态万千，为唐镜第一大品种，绝大多数为圆形，方形瑞兽葡萄纹镜历来罕见，当属唐镜中难得之珍品。而本书所录TJ0403、TJ0402两面方形瑞兽葡萄纹镜尺寸及纹饰细节特征完全一致，当为同模镜，且均为上佳品相，更显其弥足珍贵。

TJ0404 亚方形瑞兽雀鸟葡萄纹镜 唐代

边长111毫米 厚13毫米 重678克

相关链接：

传统观念认为亚方形的铜镜造型是晚唐时期出现的，此镜或为目前所见较早的亚方形铜镜造型之一。关于这类铜镜形制出现的成因，王晓峰在《中国古代铜镜设计心理学研究》一文中这样说，"菱花形铜镜这一镜型生动地反映出唐代大社会背景下，人民安居乐业，对手工制品的需求也日益生活化，设计概念很多时候就来源于身边日常生活的轻松、开放的设计状态。菱花镜美丽的形态使这一镜形迅速流行了起来，但由于原始菱花镜镜形中的尖角过多，经常刮损衣物，就产生了后续的多种菱花镜型的演变镜形，如葵花形、亚方形等形态。这一演变过程也充分显示了设计与生活之间互相影响。"①

---

① 王晓峰《中国古代铜镜设计心理学研究》，山东大学硕士学位论文2008年。

TJ0436　八角形伏兽钮双龙双鸾葡萄纹镜　唐代

直径103毫米　厚11毫米　重335克

纹饰亮点:

　　双鸾双龙作为主题纹饰与葡萄花枝纹连成一片，进一步说明了盛唐时期禽鸟花枝纹作为铜镜主要装饰题材的序幕在逐渐拉开，进而取代瑞兽葡萄纹镜。

纹饰亮点:

　　主题纹饰内区为三龙三瑞兽。

TJ0432　伏兽钮三龙三瑞兽葡萄纹镜　唐代

直径170毫米　厚16毫米　重1338克

纹饰亮点：

　　内区为禽鸟与葡萄纹相间配置，在此之前，作为内区主题纹饰的瑞兽被配置到外区作为配饰，进一步展现了盛唐时期瑞兽纹饰向花鸟纹饰转变的趋势，传统的瑞兽纹逐渐退出铜镜舞台，代之而起的是自由活泼的鸾鸟、雍容华贵的瑞花等题材，在铜镜上组成了格调优雅、丰满而柔和的铜镜纹饰图案。

TJ0415　雀鸟瑞兽葡萄枝蔓花叶纹镜　唐代

直径146毫米　厚14毫米　重975克

第四节 唐代瑞兽禽鸟花卉纹镜

纹饰介绍：

　　圆形，伏兽钮，连珠纹高凸棱将镜背分为内外两区。内区高浮雕的孔雀、天马、鸾凤、瑞兽环绕镜钮奔跑、嬉戏。动物纹饰浮雕感皆很强，雕铸精细而传神。尤其是鸾凤与孔雀，尾羽刻画细腻飘逸，精美华丽。瑞兽鸾鸟间点缀花卉纹。外区三只瑞兽和三只禽鸟相间环绕一周。其间点缀盛开的花卉纹和勾连缠绕的枝叶纹，镜缘处一周祥云纹环绕一周，整体造型华丽经典。

TJ0425 伏兽钮孔雀骏马蝴蝶蜻蜓雀鸟花卉纹镜 唐代

直径205毫米　厚16毫米　重2316克

相关链接：

　　唐代铜镜中天马纹饰并不多见。《明皇杂录》载："玄宗尝命教舞马四百蹄各为左右，分为部，目为某家宠，某家骄。时塞外亦有善马来贡者，上俾之教习，无不曲尽奇妙。"唐人陆龟蒙《开元杂题七首·舞马》中云："月窟龙孙四百蹄，骄骧轻步应金鞞。曲终似邀君王宠，回望红楼不敢啼。"这些诗句均描绘了盛唐时期宫廷歌舞宴乐，舞马助兴的盛大场面。此镜中骏马奔腾的纹饰，应为诗文中描绘的"舞马"场景的最佳写照。唐中宗与唐玄宗皆喜欢舞马这一活动，并且各自都有自己一定数量的舞马。这些舞马可以随着音乐节拍舞蹈嬉戏，每当表演时，舞马全都分作两队盛装上场。"衣以文绣，络以金银，饰其鬃鬣，间杂珠玉。其曲谓之'倾杯乐'者数十回。奋首鼓尾，纵横应节，又施三层板床，乘马而上，旋转如飞。或命壮士举一榻，马舞于榻上。乐工数十人立左右前后，皆衣淡黄衫，文玉带，必求少年而姿貌美秀者"。八月五日的"千秋节"是庆祝皇帝诞辰的节日，每年此时在"勤政楼"下举行的庆典活动中，照例都少不了健美的舞马表演。

纹饰介绍：

此镜主题纹饰区分为内外两区，内区饰五瑞兽环绕镜钮，瑞兽造型似狼似狐，有的回首，有的仰头，或行或止，大兽体态丰腴，小兽活泼可爱，间饰花叶纹和云气纹。内外区以弦纹凸棱间隔，外区二摩羯纹、二喜鹊、二瑞兽、二鹦鹉和忍冬花卉纹相间顺时针环绕。两摩羯纹的造型各不相同。镜缘处饰缠枝花卉纹。铜镜纹饰华丽，铸造精美，镜体厚重，银光可鉴。

相关链接：

摩羯源于印度神话中一种长鼻利齿、鱼身鱼尾的动物，是印度神话中的河水之神，生命之本。公元4世纪末，摩羯纹与佛教一起传入我国，译为摩羯、摩伽罗。北周莫高窟296窟的西王母（帝释天妃）图中就有卷鼻巨齿、双翅鱼尾的鱼形摩羯纹。魔羯纹在隋唐时融入龙首的特征，被称为"鱼龙变化"，具有吉祥的寓意。它巧妙地将龙和鱼两种动物形象特征结合在一起，创造出了一种想象中的艺术造型，充满着浪漫主义的幻想色彩。由于摩羯纹是从印度传入我国的，因此唐代的摩羯纹与印度、中亚地区的摩羯纹基本一致，基本没有翅膀，此镜纹饰也证明了这点。

TJ0431　摩羯花鸟瑞兽纹镜　唐代

直径150毫米　厚15毫米　重1045克

此镜边缘纹饰的"S"形缠枝花卉纹圈带，在隋唐时期的器物及壁画等边饰上多有发现，它取材于忍冬、荷花、兰花、牡丹等花草，经过艺术处理后作S形波状曲线排列，构成二方连续图案。花草造型多曲卷圆润，具有强烈的艺术装饰效果，统称卷草纹，因其盛行于唐代故名"唐草纹"。唐代卷草纹广泛流行，多取牡丹的枝叶，采用曲卷多变的线条，花朵繁复华丽，层次丰富；叶片曲卷，富有弹性；叶脉旋转翻滚，富有动感。总体结构舒展而流畅，饱满而华丽，生机勃勃，反映了唐代工艺美术富丽华美的风格。

第五节　对鸟花卉纹镜

对鸟花卉纹镜，主要为葵花形；圆形及菱花形者少见。主题纹饰结构基本为两禽鸟左右相对，挟钮而立，钮上下配置各种纹饰，图案组织变化丰富，极似丝织品中习称为对鸟纹、对鸭纹的纹样。从各种资料来看，此镜有多种形式。禽鸟形态以鸾鸟展翅翘尾、口衔飘绶者最多；亦有雀、鹊衔绶展翅飞翔或颈系绶带静静伫立者；还有不衔绶带，而衔花枝瑞草者；另外在一些对鸟花卉纹镜中还出现了双鸾共衔绶带或花枝瑞草的纹饰。禽鸟脚下或踏花枝，或踩祥云，形象俊美，婀娜多姿。钮上下配置有花枝、花苞、月亮、流云、仙山、禽鸟、花鸟等。禽鸟花卉争相斗艳，柔美自然，是唐镜中最为绚丽的镜种之一。对鸟纹在唐代的铜镜、丝织品、金银器以及石窟、建筑的装饰上亦普遍流行。从这些艺术品中我们可以看出对鸟纹的流行年代大致在盛唐和中唐时期。

盛唐时期，铜镜纹饰风格及布局结构的变化，使铜镜迎来了新的艺术境界。我们前文多次提及：唐代铜镜的纹饰风格从瑞兽纹不断地向花鸟纹转变，发展到对鸟花卉纹镜这里，最终完成了这一纹饰风格的转变。本书所录的对鸟花卉纹镜展现给我们的都是一幅幅禽鸟俊美、花枝华丽，充满生活气息的图景，使我们感到优美、轻快、自如的情调。

仔细欣赏本书所录对鸟花卉纹镜，不难发现，铜镜纹饰中单个图纹体量大，形象鲜明突出，其根本原因是唐高宗、武则天时期，在铜镜纹饰布局和表现手法上流行两个趋势：

一是改变了汉代以来最为常见的以方格、规矩、层层的同心圆圈带进行区域分割构图的方式，而以广画面式（镜钮与镜缘之间以完整的空间装饰图纹）布局成为时尚。广画面式并非唐时的创新，只是唐代更为普遍，更为明确，更加突出。纹饰表现空间大了，单个图纹形态自然就有扩大的条件。

二是改变了汉镜单个图纹数量较多、形体偏小、多层密集排列、空间紧窄、丰富繁杂的纹饰内容，采取图纹减少，形体变大的手法。对鸟花卉纹镜的镜钮左右各一禽鸟，尽管钮上下配置的图纹种类有很多变化，但整个镜背图纹往往只有四个或四组纹饰。铜镜广画面式的图纹布局，可以说是审美观念的重大变化，充分显示了铜镜纹饰的意境与神韵，典雅庄重，浑厚高远。必须指出的是，这种广画面式的构图形式在初唐并没有出现，中唐以后随着唐镜发展从高峰走向衰落而不再流行，传统的圈带式布局又多了起来。

TJ0451 葵花形鸳鸯踩花双雁衔绶蜻蜓荷叶纹镜　唐代

直径197毫米　厚8毫米　重1446克

纹饰介绍：

①鸳鸯；②大雁衔绶带。

亮点介绍：

鸳鸯、大雁都有寓意富贵吉祥、喜庆美满、天长地久等"成人之美"之意。以鸳鸯比作夫妻，最早出自唐代诗人卢照邻《长安古意》"愿做鸳鸯不羡仙"一句，赞美了美好的爱情，以后一些文人竞相仿效。婚礼用雁，自古有之。唐代婚嫁礼仪中的"纳采"，是男方送彩礼去女方家里求婚，此事由媒人出面，礼用雁，因为雁是候鸟，候阳而动，秋去春来，行为有序，暗喻妇女一切行动要以男子为中心，期以正道事君。雁又忠诚，与配偶终身厮守。即为孤雁，也不再择偶，鸿雁这种不离不弃，终身相伴的习性，受到人们的赞赏，所以在唐代婚礼中以雁为礼。因为活雁不易得，因此身世显赫的家族会用带有鸿雁纹饰的铜镜，作为婚姻聘礼，这种铜镜寓意富贵祥和，喜庆美满，天长地久，此镜即属于此。

相关链接：

衔有绶带的立鸟纹常见于波斯萨珊王朝的银器上。有学者研究认为，唐代金银器上的鸟衔花草、绶带或方胜纹样显然受到了萨珊金银器的影响[1]。如果这种说法可靠的话，那么我们以为唐朝既能以自身之强散发出强大辐射力，又因自身发展需要而产生巨大包容量。因为国际交流频繁，受西方习俗的影响，铜镜的图案也反映了这方面的内容，这从一个侧面说明，唐代对外来文化兼容并蓄的态度，也促进唐文化的自身繁荣。

TJ0467　葵花形双鸾衔绶荷花纹镜　唐代

直径249毫米　厚7毫米　重1643克

1955年，西安高楼村第014号唐墓出土一面铜镜与此镜纹饰相同，直径240毫米。[2]

① 谭前学《唐代金银器的外来元素》，《人民日报》海外版，2010年4月9日。
② 陕西省文物管理委员会《陕西省出土铜镜》第138页图128，文物出版社1959年版。

纹饰亮点：
　　①"千秋"铭文；
　　②舞马。

TJ0455　葵花形"千秋"铭双鸾骏马雀鸟啄葡萄纹镜　唐代

直径225毫米　厚6毫米　重1387克

亮点介绍：

　　镜缘葵花形图案中的"千""秋"二字，与千秋节有关。据《唐会典·卷二十九》载："开元十七年八月五日，左丞相源乾曜、右丞相张说等上奏，请以是日（按：是日即李隆基之生日）为千秋节，著之甲令，布于天下"。镜铭"千秋"即"千秋节"之意。《旧唐书·玄宗本纪》载：开元十八年"八月丁亥，上御花萼楼，以千秋节百官献贺，赐四品以上金镜"。又《张说之文集·卷九》有《千秋节赐群臣镜》诗篇。那么此镜或许就为唐玄宗在千秋节宴庆活动中赏赐大臣之物或黄帝赐予四品以上官员之镜。如果是这样的话，其制作年代当在开元十七年（729年）以后。

　　为了庆祝"千秋节"，唐玄宗还传命在"勤政务本楼"下广场表演舞马等百技。据《明皇杂录》载，唐玄宗手下的梨园弟子，曾为"千秋节"专门训练了百余匹舞马。表演时，要选数个"少年而姿貌美秀者"伴奏乐曲，曲目有《倾杯乐》《千秋万岁曲》等。舞马随乐曲或"奋首鼓尾，纵横应节"，或在安设的三层木板上"旋转如飞"，或在大力士举起的床榻上纵身跳跃。最后，以舞马微蹲后腿，衔着酒杯给唐玄宗敬酒祝寿，将表演推向高潮。宰相张说的《舞马词》云："彩旄八佾成行，时龙五色因方。屈膝衔杯赴节，倾心献寿无疆。"那么，此镜"千秋"二字铭文和舞马的纹饰就明显地表现出了它本身与千秋节之间的关系。

TJ0465　葵花形双鸾荷花纹镜　唐代

直径279毫米　厚6毫米　重2505克

相关链接：

　　葵花形、菱花形等花式镜的出现是唐镜的一个标志性特点。中国铜镜出现以后，其形式是圆形，战国时期铸制了极少的方形镜，汉镜都是圆形，似乎已成定制。唐代敢于创新，那一面面宛如鲜花形式的铜镜，使流传了几千年的圆形（少数方形）形制，在这时被冲破了，菱花形、葵花形、方形等花式镜脱颖而出，形式的变化也必然带来内容的出新。

TJ0449　葵花形双鸾衔连理枝雀鸟衔绶蜻蜓花卉纹镜　唐代

直径220毫米　厚5毫米　重944克

相关链接：

　　中国传统婚礼中对镜非常重视。在这漫长的历史发展进程中人们对镜的运用表现在婚礼的各个方面：第一是以镜为聘礼；第二是夫妇共结镜钮以表同心；第三是共拜宝镜尊其为神圣；第四是新娘佩带或手捧宝镜；第五是以镜照新娘；第六是以镜遍照喜轿或挂于喜轿之上。人们不仅在婚礼过程中强调用镜，在日常社会生活中表示婚恋关系时也常用到镜。从古至今，人们以镜为恋爱婚姻的信物较为普遍。统观婚恋与镜的关系，我们认为：镜之光明能照明一切、洞察一切，能见证婚恋关系双方的心迹，是信用的象征。故而人们多以镜为信。而且由于镜能无所不照，定然也能照见一切妖邪，镇压邪恶成为人们安全吉祥的保障。于是人们才在婚礼这一重要时刻佩镜照镜，用镜驱赶一切妖魅，求得吉祥。这都是对镜之光明照鉴功能的扩大延伸，都是顺势巫术的体现，即便是分离团聚时也以镜为信物。

TJ0456　葵花形双鸾灵鹿狮子花卉祥云纹镜　唐代

直径220毫米　厚5毫米　重1193克

TJ0457(b)　葵花形双鸾衔绶荷花纹镜　唐代

直径220毫米　厚5毫米　重1395克

相关链接：

　　双鸾衔绶镜是唐代最流行的铜镜。画面中轻盈俊美的对鸟或拖着舒展飘荟的长绶带翩然飞升，或昂首振翅，翘尾立于莲花上优雅闲适地起舞，颇具华美流畅的动态神韵。

　　"绶"是古代用于系物的丝缕带子。古人佩玉、佩印玺多用绶（也称组绶）。秦汉时期实行官印结绶制度，以绶的颜色、长度、疏密区别等级。官印是权力的象征，印绶相随不离，故绶也就成了权力的象征。汉以降，佩绶制度继续传承，唐承隋代实行官阶佩双绶制度，并有大双绶、小双绶之分，但唐代的绶带已从印钮系带演变成单纯的饰物了。虽如此，绶带在唐代人心目中象征升官入仕的内涵是未变的。有学者结合绶带在古代的运用，对对鸟衔（系）绶纹镜中的双绶带进行了考证，认为寓意有三：一是表达世人企盼入仕显贵，希冀高官厚禄的功利心态；二是绶与"寿"同音，长绶与"长寿"谐音，以表达祝福世人健康长寿，生活幸福的愿望；三是长绶带上往往有许多圆环形结，往复回环流转，与父母长辈养育子女，长大后的子女孝敬老人的人生经历类似，因而有研究者认为这些圆环结纹饰寄寓了人间感激与报恩的心愿。不仅如此，对鸟镜中的花枝、仙山祥云、镜缘区花鸟蝶蜂等也皆为铸镜工匠所精心配置而寓意深刻[1]。

　　莲花是此类镜中常见的与对鸟配置的图案。佛教中莲花被认为是最为美丽圣洁的花。唐镜中的荷花纹饰，莲花硕大、果实累累，枝蔓流利婉转连绵不断，既象征着吉祥如意，又喻示着幸福美满生活连绵不绝，子孙后代兴旺发达。而对鸟镜构图中的并蒂莲，更是表达了唐人祝愿夫妻永结同心、爱情缠绵不断的愿望；对鸟镜构图中的牡丹、石榴、葡萄等折枝花，其寓意均与人们向往吉祥富贵、生活美满、子孙后代繁盛、多子多福的心态有关，而仙山、祥云景观也多与人们祝愿健康长寿的心态相联系[2]。

---

① 罗海明《唐代对鸟绶花镜说法多多》，《中国商报》2007年4月26日。

② 罗海明《唐代对鸟绶花镜说法多多》，《中国商报》2007年4月26日。

TJ0458 葵花形镂空腿双鸾衔绶花卉纹镜 唐代

直径246毫米 厚7毫米 重1795克

纹饰介绍：唐代铜镜的装饰图案在历史长河中是一道璀璨炫目的风景。它有自由奔放的布局、灵巧高超的雕刻手法、变化丰富的构图形式，其装饰特色成为我国传统文化的浓缩。此镜综合体现了唐镜的对称之美、线条之美、浮雕之美、透雕之美、节奏之美、均衡之美。两鸾凤衔绶带挟圆钮而立，舒展双翅，长尾上翘，动态轻盈柔美，镜钮上下花卉纹雕刻流畅，线条生动活泼，主题鲜明祥和，华美之极，充分体现了唐镜的对称之美；透雕是唐代铜镜上常用的装饰手法，用以表现鸟兽造型，如此镜双鸾的腿部是透雕镂空的，俗称"透腿"，使双鸾呈立体形象，层次感强烈，虚实相生，繁而不乱，产生变幻无穷的艺术效果，十分耐人寻味。其腿部镂空装饰，显得姿态活跃，好像缓缓飞升冲出镜背的限制，运动的态势表现得一览无余。

TJ0453　菱花形双鸾衔璎珞同心结蜻蜓雀鸟祥云纹镜　唐代

直径162毫米　厚7毫米　重811克

纹饰亮点：璎珞同心结。

亮点介绍：璎珞是古代用珠玉串成的装饰品，多用为颈饰。璎珞原为古代印度佛像颈间的一种装饰，后来随着佛教一起传入我国。唐代时，璎珞被爱美求新的女性所模仿和改进，变成了项饰。它形制比较大，在项饰中最显华贵；同心结是中国古老而寓意深长的花结，取"永结同心"之意，起源于古代婚嫁习俗，在日常生活中更多地表达对白头偕老、永结同心的爱情生活的向往和追求。此镜璎珞同心结的出现充分显示了设计与生活之间互相影响的关系，反映出唐代大社会背景下，人民安居乐业，对手工制品的需求也日益生活化。设计概念很多时候就来源于身边日常生活轻松、开放的设计状态，这说明整个唐代社会是一个宽容而开放的社会。女性的社会地位达到了前所未有的高度。唐代女子在政治、经济、家庭中都占有相当重要的地位，社会对女子的束缚相对较小，当然镜子的使用以女性为主，那么对铜镜的形制、纹饰、大小等就可以按照女性自己的偏好来设计。需求产生设计，满足使用者的需求是镜坊生存发展的前提，唐代铜镜的纹饰自然而然丰富起来，于是出现了如此华丽、更显档次的璎珞同心结。此镜比翼双飞的鸾鸟共衔璎珞同心结，更生动地表现了祈望夫妻幸福美满、永结同心之意。

TJ0454　葵花形荷叶负龟钮双鹤仙山祥云纹镜　唐代

直径208毫米　厚6毫米　重1307克

双鹤纹镜赏析

双鹤题材的铜镜极为罕见，目前发现的数量不多。此镜仙鹤形体娴雅，静则亭亭玉立，动则缓步轻盈，身上片片羽毛勾勒细腻，精细入微。一只回首远眺；另一只单足伫立，轻颈梳理羽毛。两只仙鹤的造型精练准确，犹如得道的仙人一般神态清朗，自在安详。仙鹤的神态，仙鹤的意境，仙鹤的舞姿，典雅、飘逸、洒满的风韵，充分展示了仙鹤的心态，观念和心理的艺术升华。上方有三朵飘逸自然的祥云纹。圆形钮座之上为一只匍匐的灵龟，龟甲纹路刻画清晰，钮座下方为仙山福海，水波纹线条流畅，仙山巍峨峻险，峰峦起伏。铜镜铸造精良，仙鹤每羽皆能看出水晕墨张的变化，刀工娴熟，足以显示其非凡的造诣，没有一丝俗气，刻画的十分逼真。整体画面富有立体感，劲健、流畅的线条，细密的局部勾画，完美的画面构图，显示出它不失为一面罕见的珍遗。

仙鹤登上铜镜舞台，不仅仅在于它的形态优美，还在于它被赋予了较多的人文理想。古人寓鹤之说甚多，鹤貌喻作清癯娴雅，鹤身喻作隐逸高士，鹤肩喻作仙风道骨，鹤胎喻作贵人坐怀，鹤心喻作思绪超迈，鹤舞喻作舞姿翩跹，鹤举喻作动止飘逸，鹤升喻作文采飞扬，鹤静喻

作闲处散淡，鹤声喻作琴弦动人，鹤会喻作庆寿之聚，鹤算喻作遐龄高年，鹤文喻作崇爵显位，鹤篆喻作文字古雅，鹤书喻作招贤告示，鹤天喻作境界邈远，鹤趣喻作脱俗情态，凡此种种，无不辞意优美，寓意高华。

那么此镜寄托了古人什么样的情怀呢？

1. 此镜寄托了人们对于长寿的向往之情

这种情思与当时人们对于鹤的认识，有着密切的关系。鹤为长寿仙禽，具有仙风道骨。据说，鹤寿无量，与龟一样被视为长寿之王，后世常以"鹤寿""鹤龄""鹤算"作为祝寿之词。鹤常为仙人所骑，老寿星也常以驾鹤翔云的形象出现。鹤也常和松柏画在一起，取名为"松鹤长春""鹤寿松龄"；鹤与龟画在一起，其吉祥意义是龟鹤齐龄、龟鹤延年；画着众仙拱手仰视寿星驾鹤的吉祥图案，谓为"群仙献寿"图。

2. 寄予了人们希望夫妻和睦、白头偕老的恩爱之情

在鹤的家庭中，伴侣之间的待遇是平等互利，相亲相爱，互相体贴。养育幼鹤，觅食御敌的任务都是两鹤均摊，没有好逸恶劳或一尊一卑的现象。而且，科学研究发现，鹤孵卵时也是时间均摊，各负责十二小时，一只孵卵时，另一只就到外地取食，喝水，主要任务还是站岗，放哨，以抵挡外敌来侵犯。两只鹤一旦结为伴侣，便彼此忠贞相爱，绝不另寻新欢，若有一方丧生，另一方便独居终身，不再另配。这里要说的是，诗人、作家常常把美好的爱情

用鸳鸯来作比，其实鸳鸯的爱情就是合同制，虽然生活很好，但是一年即散，第二年双方各自另寻配偶。仙鹤则不然，如果看到一只独飞，则是失去伴侣，而不另寻配偶的仙鹤；两只起飞，则是已经建立了美好家庭；鹤群则是在生理上还没有发育成熟，有着严格的组织纪律的幼鹤。所以，在古人看来，如此高洁的爱情，是人类应该仿效和推崇的，所以以此来寄予夫妻恩爱之情。

鹤的造型艺术，主题多为呼唤吉祥、美满，包括长寿、祥瑞。还有另一种类型的幸福寄予其中——清闲、超逸乃至得道升仙。在我国神话中，鹤总是与神仙形影不离，《相鹤经》说鹤为"羽族之宗长，仙人之骐骥"，凡人骑马代步，仙人则骑鹤飞升。《列仙传》中载有王子乔乘鹤的故事。《述异传》中的仙人是"驾鹤之宾"，能够"跨鹤腾云"，鹤于是成为"仙人的骐骥"，常常往来于仙凡之间。鹤逐渐成了一种远离世俗、孤高不群的象征。《诗经》中就有"鹤鸣于九皋，声闻于天"的记载。被文艺评论家严羽誉为"唐人七言律诗第一"的是崔颢的一首《黄鹤楼》："昔人已乘黄鹤去，此地空余黄鹤楼。黄鹤一去不复返，白云千载空悠悠。"虽然是神话，但也是古人的一种意识，所以，必会由此衍生出反映这种意识的载体。鹤与神仙既然有这样密切的关系，所以诗文中"驾鹤"的意象，也往往有"神仙"的寓意。所以鹤在古人心目中，往往有着强烈的神仙意象。

TJ0464(b) 葵花形孔雀荷花雀鸟蜜蜂采蜜祥云纹镜 唐代

直径251毫米 厚6毫米 重2085克

纹饰亮点：

　　①水银沁皮壳；②整体纹饰表现出一种求全、美满的美学意境；③孔雀。

亮点介绍：

　　总体来讲，隋唐时代的铜镜铅锡合金比例加大，故映影十分清晰，加之设计风格、工艺水平的多样化，使得唐镜显露出泱泱大国的华美气质。其铸作之精良，工艺之华美是任何一个朝代都无可比拟的。唐镜纹饰大胆创新，新颖、别致、巧妙是其时代特征的反映。诸如此镜孔雀、雀鸟、石榴花、荷花、蜜蜂、祥云以及落在地上的花枝巧妙地组合装饰在铜镜中，饱满的构图使单纯变为繁缛绚丽。花卉纹图案的表现，非连枝带叶、花俱全不可。如莲花的表现，除直观的花、蕾、叶、茎、莲外，连藕也不遗漏，全盘托出。甚至连落地的花叶都表现得异常别致，投射出一种美

的意境。画面上所要表达的内容，每一细部都完美无缺，一丝不苟。在配置过程中，除注意分清主次、相互穿插、一气呵成外，整个镜背纹饰的构成将形式美与秩序美融为一体，这是一种求全的造意，反映了人们对于完美无缺的追求和向往。从此镜的造型、纹饰和造意中充分体现出其艺术美，这仅是唐代艺术的一个缩影，但已能从中看出唐代艺术清新、博大、富有创造性的时代风貌。另外，孔雀是佛教的神禽，莲花在佛教中象征净土，以莲花为居，即为净土之居；极乐世界称为莲邦；求生极乐净土之宗门亦称莲宗，故而佛教中的净土宗又称莲宗。孔雀与莲花图案的流行是受了佛教艺术的直接影响[1]。

---

[1] 上海博物馆《练形神冶，莹质良工——上海博物馆藏铜镜精品》第230页，上海书画出版社2005年版。

第六节 唐代雀绕花枝纹镜

　　唐代雀绕花枝纹镜主要流行于盛唐、中唐时期，形制以菱花形居多，亦有圆形和葵花形。一般为圆钮，内区纹饰构成以四禽鸟绕钮作同向排列，两鸟之间配以花枝。常见的禽鸟有鸳鸯、飞雁、鹊等，有的嬉戏浮游，有的飞翔静立。花枝多为有叶有苞的小折枝花，形式较为一致，画面简洁清新。周边通常配以蜂蝶、蜻蜓和小花枝，作相间排列，形象写实生动。内区与外区相映成趣，可谓一幅花鸟小景。

　　雀绕花枝纹镜与瑞兽葡萄纹镜、瑞兽鸾鸟纹镜有着一定的演变关系。瑞兽葡萄镜外区飞禽与葡萄枝蔓、叶、实相间旋绕的形式，雀绕花枝纹样已初现端倪。一些瑞兽鸾鸟纹镜的外区为飞禽和花枝相间环绕，内区双鸾双兽间亦配置花枝、流云等。如果把其中的瑞兽变成鸾鸟就是雀绕花枝纹镜了，因此这种瑞兽鸾鸟纹镜可能是瑞兽葡萄纹镜演变为雀绕花枝纹镜的过渡镜型（如本书所录TJ0425、TJ0431）。

TJ0448　葵花形雀鸟捕蜻蜓花卉祥云纹镜　唐代

直径175毫米　厚7毫米　重922克

纹饰亮点：

　　①雀鸟捕蜻蜓；②长尾鹊衔葡萄串。

亮点介绍：

　　此镜给我们展现了一幅充满生活气息的图景。雀鸟扑蜻蜓、长尾鹊衔葡萄串的情态，将现实生活中的自然风光，通过律动的节奏美，引导着我们的视觉产生一种"流动"性的旋律。自然、恬适的自然田园风光通过禽鸟捕食这样一个瞬间生活小景，完美地表现了出来，充分体现出这个时期铜镜纹饰图案艺术生活化的审美特色，使人们感受到优美、轻快、欣欣向荣的意境。它们点缀着、折射着这个政治经济繁荣的时代，它们是时代的产物，又为这个时代增添了光彩。

TJ0433　菱花形伏兽钮雀鸟花枝祥云纹镜　唐代

直径135毫米　厚9毫米　重610克

TJ0439(b)　菱花形伏兽钮雀鸟花枝祥云纹镜　唐代

直径122毫米　厚8毫米　重465克

　　1955年，西安东郊王家坟第45号唐墓出土一面铜镜与此镜纹饰完全相同，直径120毫米。[1]

①陕西省文物管理委员会《陕西省出土铜镜》第152页图142，文物出版社1959年版。

TJ0437 菱花形双鹤双雁衔绶蜂蝶荷花纹镜 唐代

直径150毫米 厚7毫米 重619克

TJ0443(b)　菱花形双鹤双雁衔绶荷叶莲蓬纹镜　唐代

直径170毫米　厚7毫米　重907克

TJ0441　菱花形双鹤双雁衔绶荷叶莲蓬纹镜　唐代

直径170毫米　厚7毫米　重878克

纹饰亮点：

　　宝相花纹钮座。

亮点介绍：

　　此镜钮座周围围以一富丽堂皇的宝相花纹，显得格外引人瞩目。唐代铜镜纹饰在写实的基础之上加以概括、变形，创造出许多颇具装饰美感的理想纹饰，宝相花纹即属于此。它是一种放射式规矩花纹，首先出现在瑞锦上。铜镜受其影响而出现造型各异、变化微妙、丰腴耐看的瑞花纹。唐代铜镜纹饰中最典型的宝相花其母体为莲花，从南北朝起随着佛教的兴盛，逐渐发展成装饰性很强的理想花卉纹。它虽然是中外艺术融合的结晶，却富有极强的中国本民族的风格与特色。

TJ0450(b)　葵花形花卉纹钮座双雀双鸳鸯祥云纹镜　唐代

直径190毫米　厚6毫米　重1065克

第七节　唐代瑞兽鸾鸟纹镜

　　此类镜主题纹饰由双兽和双鸾组成，鸾兽同向排列。一种为内区瑞兽的形态似狮子、双角兽等，鸾鸟有的衔花枝，鸾兽之间配置流云或花枝，外区飞禽、花枝或鸾兽相间旋绕（如本书所录TJ0445、TJ0440、TJ0401等）；另一种为内区之蔓茎曲折盘绕将主题纹饰区分成四等份，其间配置鸾兽各一，结构疏密相间，纹饰流畅和谐（如本书所录TJ0452）。

TJ0452　菱花形伏兽钮双狮双雁缠枝花卉纹镜　唐代

直径215米　厚11毫米　重837克

纹饰亮点：
　　①内外区纹饰皆富丽华美；②刻画精巧的灵龟纹镜钮。

亮点介绍：
　　此镜边缘纹饰区装饰极为华丽，两只蝴蝶与其他三种不同形态的花卉纹相间排列。花卉纹造型各异，雍容华贵，且花体较大，细节刻画细致入微。

TJ0445　菱花形龟钮双鸾双鹿蝴蝶缠枝花卉纹镜　唐代

直径170毫米　厚7毫米　重782克

TJ0440　菱花形特种工艺双鸾双兽花卉纹镜　唐代

直径120毫米　厚7毫米　重470克

纹饰亮点：
　　瑞兽禽鸟的眼睛以镶嵌绿松石的特殊工艺表现，显得更加活灵活现，栩栩如生。

TJ0401　方形伏兽钮双鸾双瑞兽缠枝花卉纹镜　唐代

边长98毫米　厚10毫米　重513克

纹饰亮点：
　　瑞兽鸾鸟纹镜类中方形者极为少见。

相关链接：

　　本书所录TJ0452、TJ0445、TJ0440、TJ0401、TJ0434(b) 几面铜镜纹饰中的缠枝纹颇具时代特色。唐代铜镜中的缠枝纹是在汉魏传统的基础上，吸收希腊、罗马忍冬草纹饰发展而来的。它纵横往复，婉转自如，飘扬流动，连绵不断，被近代日本人称为"唐草"①。它是我国优秀的图案遗产，至今仍在不断发展。

TJ0434(b) 菱花形双鸾双瑞兽缠枝花卉纹镜 唐代

直径138毫米 厚8毫米 重597克

---

① 尹春洁《浅析唐铜镜纹饰的造型艺术》，广东外语艺术学院《外语艺术教育研究》2007年第4期。

纹饰亮点：

　①水银沁皮壳；

　②憨态可掬的双狮。

TJ0469(b)　双雁双瑞兽折枝花卉祥云镜　唐代

直径185米　厚13毫米　重1635克

亮点介绍：

　　此镜主题纹饰中的双狮，一仰天长吼，一前肢抬起，呈立狮的动作形态。双狮的造型显得憨态可掬，颇具幸福喜庆的韵味，宛若庆典中所舞的雄狮之情态，虽为兽中之王，但并不显得威严恐怖。其肥硕饱满的体型，更突出其矫健、活泼、机警、充满生机的情态。此镜中双狮的造型进一步体现了这时期铜镜上的瑞兽不再是让人顶礼膜拜的神物，反映的不再是孤独、冷淡、威严的面向欣赏者，而是在造型上反而具有可爱的嬉戏趣味，与花草、葡萄枝蔓有机地连成一片，奔驰在世俗的社会里。

　　此镜镜体厚重，通体银亮，历经千余年仍保存如此之好，几乎未受任何水土侵蚀，实属难得。

第八节　唐代龙纹镜

　　唐代单龙镜，镜背主题纹饰为浮雕盘龙纹，龙头回转，双角耸起，张口吐舌，咬向镜钮，龙爪雄健，伸向四方，尾部与后爪相纠结，遍体饰细密的鳞纹。四周祥云缭绕，以示飞龙在天，飞跃盘旋。纹饰设计巧妙地运用了镜钮，从而表现出一个"单龙戏珠"的含义。据说，这"珠"起源于道家炼丹，认为"珠"是神龙吐出的丹田之气所结而成；又有"龙珠"为佛教法宝所化之"摩尼火珠"之说；或相传为"水神戏日"的象征。就龙纹的总体构成来看，这颗"龙珠"恰是一个牵动神龙活动的"点"，使龙形可转折而增添了无穷活力。单龙戏珠，以云烘托，变化无穷，既充实了寓意象征的内涵，又丰富了装饰美化的表现力。龙身周围皆有流云纹陪衬，既富有动律美感，又富于装饰美感，并以此烘托龙的驰飞速度感，体现了神龙的无限活力，创辟了神龙所蕴含的无限神力，寄寓了人们对龙的崇拜。在文献中有不少以龙纹为铜镜纹饰的记载。白居易《新乐府·百炼镜》中有"背有九五飞天龙，人人呼为天子镜"的诗句，说明百炼镜的纹饰为飞天龙。唐玄宗本人还写过《千秋节赐群臣镜》。唐诗中还有明确指出赏赐"龙镜"的，如席豫《奉和敕赐公主镜》中有"令节颁龙镜，仙辉下凤台"。从史籍记载看，单龙镜主要流行于盛唐，特别是唐玄宗时期。

TJ0460(ab)　葵花形飞龙祥云纹镜　唐代

直径193毫米　厚5毫米　重882克

相关链接：

　　唐代单龙镜生动地体现了唐代铜镜"独特之美"的韵味。这种独特的纹饰设计方式是从唐代才开始的。通常以一个单独纹饰安排在铜镜主题纹饰区，注重细节的精致雕刻；在镜钮上部或下部配以云纹，没有底纹。镜面干净平整，整个镜体虽然看似单调，但更显示出龙纹的气势磅礴，象征唐王朝的繁荣强盛。

纹饰亮点：
　　此镜纹饰中单龙的气势更显威武雄健。

TJ0459　葵花形飞龙戏珠祥云纹镜　唐代

直径297毫米　厚6毫米　重1973克

亮点介绍：此镜龙纹强健跃腾的龙体和矫健的四肢具有独特卓异的动律美、节奏美和力度美，将飞龙威武雄健之势表现得淋漓尽致。此镜集装饰之美、工艺之美、意境之美、精神之美于一身，充分体现了大唐盛世的磅礴气魄和阳刚气概，并且尽情地寄予着炎黄子孙的祥瑞思想，更显示出中华神龙的阳刚之美，华夏之魂的伟大气魄。

第九节　唐代人物故事镜

纹饰亮点：
龟游莲叶。

TJ0447　葵花形"真子飞霜"故事镜　唐代

直径164毫米　厚5毫米　重655克

纹饰介绍：此镜以卧龟作镜钮，头、尾、四爪紧贴荷叶，成为钮座，使装饰和实用相结合，叶茎直连于下方的山石水池中。上方图案为在行云萦绕的峰巅之间一轮明月透出，其下一仙鹤展翅翱翔。镜钮左边是一片竹林，林中有长者席地而坐，长袍宽袖，膝上横琴，作弹抚状，前置长方几，几上有笔、笔插、圆砚、书卷等物。右侧为凤凰展翅，挺立在假山石上，昂首翘尾展翅而舞，凤上方有果树二株。

亮点介绍：此镜"龟游莲叶"中的龟是祥瑞动物灵龟。汉朝人认为灵龟是长寿的神物。《史记·龟策列传》说："龟千岁乃游莲叶之上。"《宋书·符瑞志》："灵龟者，神龟也。王者德泽湛清，渔猎山川从时则出，五色鲜明，三百岁游于蕖叶之上，三千岁常游于卷耳之上。知存亡，明于凶吉。""龟游莲叶"作为镜纹，具有祝福长寿之意。

TJ0461   葵花形"真子飞霜"铭人物故事镜 唐代

直径242米   厚6毫米   重1710克

　　此镜为罕见的带"真子飞霜"铭的人物故事镜。关于TJ0343镜中的"真子飞霜"四字铭文，历来有多种解释。清代钱坫《浣花拜石轩镜铭集录》："真子当是人名，飞霜当是操名，然遍检书传及琴谱诸书，皆不可得，古人制器原欲以流传后世，其人不作此镜，则湮没无闻矣。"这是说作者名为真子，真子即真孝子，而所操之古琴曲调名为飞霜。冯云鹏《金石索》谓"真子不祥，或取修真炼造之意，如南真夫人及元真子之类，飞霜疑即元霜，裴航遇云翘夫人，与诗云'元霜捣尽见云英'"；有人认为，佛教称菩萨为佛之真子；郑嵎《津阳门诗》"飞霜殿前月悄悄，迎春亭下风飐飐"，推论飞霜真子可能是杨贵妃。也有人认为，左面竹林中是伯牙弹琴。与此类镜纹饰布局相似的铜镜，均应属于真子飞霜故事镜，但很少见带有"真子飞霜"四字铭文。[1]真子飞霜故事镜是唐镜中多见的题材之一，曾见于不少著录，主要流行于盛唐、中唐时期。

---

① 上海博物馆《练形神冶，莹质良工——上海博物馆藏铜镜精品》第260页，上海书画出版社2005年版。

关于破镜重圆：

唐孟棨《本事诗·情感》载：南朝陈太子舍人徐德言与妻乐昌公主恐国破后两人不能相保，因破一铜镜，各执其半，约于他年正月望日卖破镜于都市，冀得相见。后陈亡，公主没入越国公杨素家。德言依期至京，见有苍头卖半镜，出其半相合。德言题诗云："镜与人俱去，镜归人不归；无复嫦娥影，空留明月辉。"公主得诗，悲泣不食。素知之，即召德言，以公主还之，偕归江南终老。后以"破镜重圆"喻夫妻离散或决裂后重又团聚或和好。

据史料记载，我国古代就有夫妻双镜成对使用的习俗。传说自汉以后，常用铜镜作为男女相爱的信物，生前相互赠送，作为纪念，死后随葬。考古中因极少有破镜重圆资料见刊，使传说中"破镜重圆"一说难以验证。

2003年，安徽省怀宁县文物管理所从两座遭到破坏的墓葬中各清理出一枚半面铜镜，他们意外发现这两枚半面铜镜断面吻合，实为一面完整铜镜。文物管理所称，这证明了古代"破镜重圆"的传说确实存在。有关专家称，从这次两座墓葬出土的"残镜重圆"看，古代流行的夫妻各拥有半面铜镜分葬的习俗得到了证实，同时也说明了"破镜重圆"是人们对永恒爱情的憧憬。

出土后的破镜虽一分为二，但对合起来竟然严丝合缝，而且各自镜面皮壳颜色稍有差异，一面颜色深些，另一面颜色浅一些，或许是入土前刻意打破后，埋藏于相近的不同土壤环境中，造成了皮壳的略微不同。如果是这样的话，那么古代"破镜重圆"的传说在此镜上又一次得到了证实。

TJ0438(b)　菱花形伏兽钮四仙遨游故事纹镜　唐代

直径162毫米　厚7毫米　重786克

　　此镜表现的仙人形态不再像汉代那样神秘威严，与其说是表现了对神的崇拜，不如说是把现实生活的愿望寄托在神话传说中。

第十节　唐代花卉纹镜

　　唐镜纹饰在写实造型的基础上加以概括、变形，创造了许多富有装饰美感的理想纹饰。瑞花、缠枝花、宝相花都属此类。写生花卉纹是一种造型各异、变化微妙、丰腴耐看的瑞花纹（如本书所录TJ0470）。缠枝花卉纹是在汉魏传统的基础上，吸收希腊、罗马忍冬草形发展成的，纵横往复、婉转自如、飘扬流动、连绵不断，被近代日本人称为"唐草"（如本书所录TJ0466）。唐铜镜纹饰中最典型的宝相花其母体为莲花，从南北朝起，随着佛教的兴盛，逐渐发展成装饰性很强的理想花卉。它虽是中外艺术融合的结晶，却富有极强的中国本民族的风格与特色（如本书所录TJ0435）。总体看来，唐代铜镜上的花卉纹设计搭配均极尽考究，纹饰适中，圆润丰满，这也是唐代图案造型十分鲜明的特征。唐代花卉纹镜主要流行于盛唐及以后。

相关链接：

　　花卉纹镜发展到唐代逐渐从图案化转变为写实化。在这种环境下，唐代艺术工匠们为了和主题纹饰相呼应而创造出菱花形和葵花形镜等更加丰富的新镜形。比如，此镜镜型宛若莲花一般生动自由，镜缘和内区形成一紧一松的变化，铜镜的纹饰美和形式美相得益彰，使内容和形式相统一，从而获得完美的艺术效果。花形镜体现了唐代艺术工匠们敢于创新、渴望美好事物的精神，显示了人们审美意识的提高。

TJ0435　菱花形宝相花纹镜　唐代

直径125米　厚8毫米　重434克

TJ0470　葵花形四组写生花卉纹镜　唐代

直径215毫米　厚6毫米　重1485克

相关链接：唐代铜镜的纹饰设计，至唐中期已经形成了以花草纹为主要纹饰题材的设计风格。在这一风格中，求全求美的设计风格显露无遗。画面所要表达的纹饰内容，每一细部都完美无缺，一丝不苟。如，此镜将不同季节的花，在一面镜子上完美地表现出来，如要表现莲花的纹饰，莲叶、莲茎、荷叶以及荷叶上的叶脉纹、莲子都要完美无缺地表现出来。这体现的就是唐代花卉纹镜中求全求美的艺术风格，构图华丽而饱满，使单纯巧妙地变为繁缛绚丽。

1955年西安东郊王家坟第34号唐墓出土一面铜镜与此镜纹饰完全一样，直径186毫米。[1]

---

[1]陕西省文物管理委员会《陕西省出土铜镜》第161页图151，文物出版社1959年版。

TJ0471 葵花形花卉纹钮座八簇折枝花卉纹镜 唐代

直径217毫米 厚6毫米 重1382克

相关链接：有学者通过研究颇疑此类镜上的折枝花即为浓艳富丽的海棠花，认为其花苞枝叶颇与海棠相类[1]。折枝花
是盛中唐以来绘画、壁画乃至丝绸艺术中的常见图样。

---

[1] 深圳博物馆等《镜涵春秋——青峰泉、三镜堂藏中国古代铜镜》第179页，文物出版社2012年版。

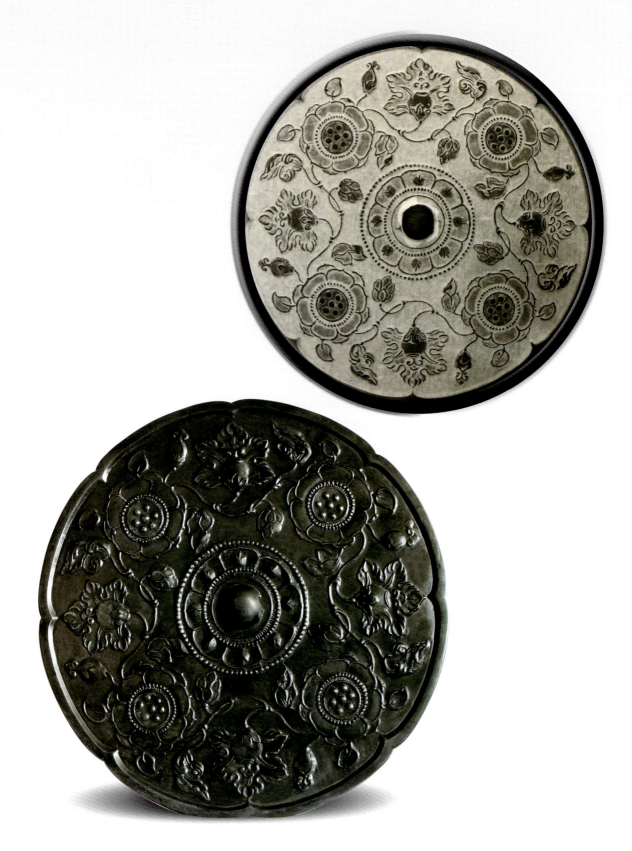

TJ0466 　葵花形荷花纹钮座缠枝芙蓉牡丹花卉纹镜　唐代

直径302毫米　厚6毫米　重3005克

纹饰介绍：此镜上这类宝相花纹具有较强的装饰效果。中晚唐以后，宝相花逐渐发展为奇花异草组成的团花，枝蔓
　　　　　蜿蜒，花叶翻卷，花卉造型也更加丰富，铸造较为简朴，充满浓郁的生活气息。

第十一节　唐代铜镜中的道教题材

　　道教是中国本土宗教。道教继承和发展了先秦道家思想，祈求长生不老，得道成仙。这也是人类最早、最突出、最永久、最普遍的愿望。铜镜作为一种大众化的用品，自然也就对道家学说有所反映。道教对镜文化最为突出的影响就是使神仙思想向镜的纹饰、铭文全面渗透。在镜文化极为发达的唐代，表露求仙信仰的铜镜不在少数。此时道教已经发展成熟，反映在铜镜上的神仙题材有：仙骑镜、飞仙镜、嫦娥奔月、真子飞霜、王子晋吹笙引凤等。汉时毛发披肩、体生毛羽、半人半兽状的羽人不见踪影，代之以博衣广袖、更具人的外在特征的仙人。这种形象上的变化，标志着神仙思想的进一步成熟和规范化。仙骑镜为二仙或四仙骑兽跨鹤，如本书所录TJ0438（b）四仙遨游镜，四仙人分别跨乘飞禽、神兽在天空遨游，显然反映的是道教的飞升思想。飞仙故事题材反映了唐人对于神仙世界的热切向往；唐代的真子飞霜镜中，其弹琴的主题也很可能与求仙有关，如本书所录TJ0447、TJ0461唐代真子飞霜镜。《资治通鉴》之《汉纪》五十八建安十五年载"朝廷遣南阳张津为交州刺史。津好鬼神事，常著绛帕头，鼓琴，烧香，读道书，云可以助化"。又如，《后汉书·仲长统传》载"弹《南风》之雅操，发清商之妙曲……不受当时之责，永保性命之期。如是，则可以陵霄汉，出宇宙之外矣"。由此可见，镜中无论是操琴、抚琴、鼓琴，还是听琴者，其终极目的自然是想借助琴的"神力"，"化去不死"，成可以陵霄汉的仙人，唐王子晋吹笙引凤镜也即此意；唐代月宫镜中对广为流传的嫦娥盗仙药飞升故事的集中反映，也正是道教大兴炼丹服药以求长生成仙做法的反映；隋唐之际，八卦这一我们中华民族道教文化中的瑰宝也登上铜镜舞台，各种形式的八卦图纹镜频频出现，不仅如此，八卦图纹还与不少表现古人天文、宇宙观念的图像相结合出现于铜镜纹饰中，反映了人们对于天地万物、自然生命的一种探索与思考，也是中国文化"藏道于镜"观念的集中体现，如四山日月星辰八卦镜、八卦百炼镜、八卦干支镜等。另外，盛唐时期铜镜纹饰中的主要内容"鸾鸟"也与八卦结合出现，如对鸟八卦纹镜，还有八卦十二生肖纹镜（如本书所录TJ0444），表现了道教文化中的神仙题材进一步向世俗化方向发展。

　　道教本身在许多方面都要用镜，若未提出特别要求，用一般铜镜也可以，但在大多数情况下是有特殊要求的，如葛洪在《抱朴子·内篇·登涉》中所说的道士入山必备之镜，就要求用"明镜径九寸以上"。在后来的各项科仪中，更是对镜提出了许多特殊要求。由于对所用之镜有复杂的要求，一般的工匠所造之镜难达此要求，故而道士们往往自铸明镜。我国古代许多有关冶炼铸造的高超技术是掌握在道教徒手中的，在丹药的炼制过程中，其冶炼铸造技术获得了极大的提高。因而铜镜的铸造对他们来说并非难事。道教徒们可根据自己的特殊需要，制造出各种类型的道教用镜。唐代的著名道士司马承祯就是一位铸镜高手。据文献记载，唐代的日月星辰八卦镜就出自司马承祯之手，铭曰："天地含象，日月贞明，写规万物，洞鉴百灵"（如本书所录TJ0462）。另外，将道教符箓铸于镜上，当起到召将请神，杀鬼驱魔，或用于关照冥府，炼度亡魂（如本书所录TJ0463）。

TJ0444 葵花形荷叶负龟钮八卦十二生肖纹镜 唐代

直径155毫米 厚6毫米 重739克

相关链接：

　　八卦：我国古代一套有象征意义的符号。用"—"代表阳，用"--"代表阴，用三个这样的符号，组成八种形式，叫做八卦。每一卦形代表一定的事物。乾代表天，坤代表地，坎代表水，离代表火，震代表雷，艮代表山，巽代表风，兑代表沼泽。八卦互相搭配又得到六十四卦用来象征各种自然现象和人事现象。在《易经》里有详细的论述。相传，八卦是伏羲所造，后来用来占卜。十二生肖源于何时，今已难于细考。长期以来，不少人将《论衡》视为最早记载十二生肖的文献。《论衡》是东汉唯物主义思想家王充的名著。《论衡·物势》载："寅，木也，其禽，虎也。戌，土也，其禽，犬也。……午，马也。子，鼠刀。酉，鸡也。卯，兔也。……亥，豕也。未，羊也。丑，牛也。……巳，蛇也。申，猴也。"以上引文，只有十一种生肖，所缺者为龙。该书《言毒篇》又说："辰为龙，巳为蛇，辰、巳之位在东南。"这样，十二生肖便齐全了，十二地支与十二生肖的配属如此完整，且与现今相同。子鼠丑牛……戌狗亥猪。天下动物很多，古人为何选择了这十二种动物为属相？

　　清代刘献《广阳杂记》引李长卿《松霞馆赞言》："子何以属鼠也？曰：天开于子，不耗则其气不开。鼠，耗虫也。于是夜尚未央，正鼠得令之候，故子属鼠。地辟于丑，而牛则开地之物也，故丑属牛。人生于寅，有生则有杀。杀人者，虎也，又寅者，畏也。可畏莫若虎，故寅属虎。犯者，日出之候。日本离体，而中含太阴玉兔之精，故犯属兔。辰者，三月之卦，正群龙行雨之时，故辰属龙。巳者，四月之卦，于时草茂，而蛇得其所。又，巳时蛇不上道，故属蛇。午者，阳极而一阴甫生。马者，至健而不离地，阴类也，故午属马。羊啮未时之草而苗，故未属羊。申时，日落而猿啼，且伸臂也，譬之气数，将乱则狂作横行，故申属猴。本者，月出之时，月本坎体，而中含水量太阳金鸡之精，故本属鸡。于核中，猪则饮食之外无一所知，故亥属猪。"

　　另一种说法，十二生肖的选用与排列，是根据动物每天的活动时间确定的。我国至迟从汉代开始，便采用十二地支记录本一天的十二个时辰，每个时辰相当于两个小时，夜晚十一时到凌晨一时是子时，此时老鼠最为活跃。凌晨一时到三时，是丑时，牛正在反刍。三时到五时，是寅时，此时老虎到处游荡觅食，最为凶猛。五时到七时，为犯时，这时太阳尚未升起，月亮还挂在天上，此时玉兔捣药正忙。上午七时到九时，为辰时，这正是神龙行雨的好时光。九时到十一时，为巳时，蛇开始活跃起来。上午十一时到下午一时，阳气正盛，为午时，正是天马行空的时候。下午一时到三时，是未时，羊在这时吃草，会长得更壮。下午三时到五时，为申时，这时猴子活跃起来。五时到七时，为酉时，夜幕降临，鸡开始归窝。晚上七时到九时，为戌时，狗开始守夜。晚上九时到十一时，为亥时，此时万籁俱寂，猪正在酣睡。

1954年，陕西宝鸡龙首巷第18号唐墓出土一面铜镜与此镜纹饰相同，直径148毫米。[①]

---

①陕西省文物管理委员会《陕西省出土铜镜》第101页图91，文物出版社1959年版。

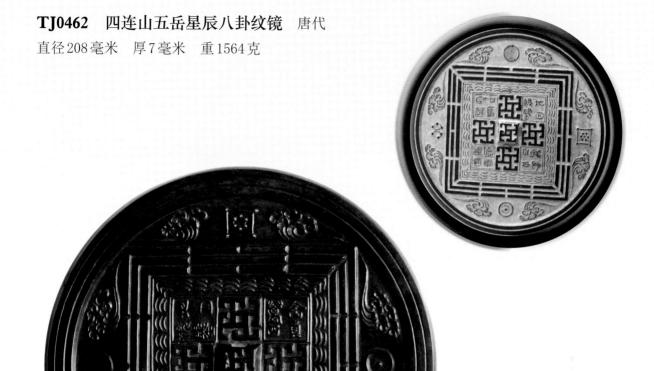

TJ0462 四连山五岳星辰八卦纹镜 唐代

直径208毫米 厚7毫米 重1564克

纹饰介绍：圆形，山字纹覆方钮。钮的四边相接四个山形纹饰，合起来表现五岳，钮四角各有四字篆铭，共十六字铭文，跳读为"天地含象，日月贞明，写规万物，洞见百灵"，意为能容纳天地万物。字体朴拙，铭文跳读的方式铜镜铭饰中极为罕见。五岳和铭文区外饰水波纹（表现四渎），水波纹外饰八卦纹，八卦与镜缘之间是日、月和星、辰相对置，三弦带纹镜缘。

　　此镜镜背纹饰所表达的意境深奥，镜钮为"嵩岳"，四方为"泰岳""恒岳""衡岳""华岳"，八卦图形乾、坎、艮、震、巽、离、坤、兑，分别象征天、地、雷、风、水、火、山、泽。八卦图形内方为地，外圆为天，天上有日月及用点线相连的星座。五岳图形和八卦图形纹饰，与唐宋时期道教学说相关。据学者研究，此镜纹饰为唐玄宗时期宫廷道师司马承祯根据教理教义设计，制造的道教法器镜，铸出镜后进献给唐玄宗。与此镜相类者有上海博物馆藏一面①，洛阳博物馆藏友两面②。

①上海博物馆《练形神冶，莹质良工——上海博物馆藏铜镜精品》第286页，上海书画出版社2005年版。
②洛阳博物馆《洛阳出土铜镜》图版81、83，文物出版社1988年版。

TJ0463 符箓纹镜 唐代

直径188毫米 厚5毫米 重1018克

相关链接：符箓是道教中的一种法术，亦称"符字""墨箓""丹书"。符箓是符和箓的合称。符指书写于黄色纸、帛上的笔画屈曲、似字非字、似图非图的符号、图形；箓指记录于诸符间的天神名讳秘文，一般也书写于黄色纸、帛上。道教声称，符箓是天神的文字，是传达天神意旨的符信，用它可以召神勑鬼，降妖镇魔，治病除灾。将符箓铸于镜上，当起到召将请神，杀鬼驱魔，或用于关照冥府，炼度亡魂。

TJ0509 "都城铜坊官匠人房惊"镜　五代

直径146毫米　厚2毫米　重151克

铭文内容："都城铜坊官匠人房惊"。

相关链接：都省铜坊铜镜为五代时期所铸，通常是钮右"匠人某某"，钮上"官"，钮左"都省铜坊"。都省铜坊所铸
　　　　铜镜的铭文留下工匠名字最为丰富。据不完全统计，工匠的名字有李遇、张彦、谢昭、房宗、房棕、李
　　　　成、倪让、倪成、王典、汪训等。都省乃尚书省的别称，自唐至宋元，下设吏、户、礼、兵、刑、工六
　　　　部，部下分行、司。镜上的都省铜坊应指五代时尚书省所控制的官营制铜手工业作坊，而这些铸名的工
　　　　匠就是官营铜镜作坊的工匠。铜镜铭文中的"匠人"用字最具有五代铜镜风格。这类镜主要出土于长江
　　　　中下游地区，相当于当年南唐的属地。

日趋衰落　遗风余韵

（960—1911 年）

第四章 自由豪放、新颖写实的宋辽金元明清铜镜

第一节 宋辽金铜镜

宋辽金时期政权更迭频繁且南北对峙，这一时期大约历时400年，此时也表现出各民族的空前融合。铜镜制作也随之风格各异，既有辽金少数民族独具特色的铜镜问世，又有宋朝铸造的具有中原文化艺术风格的精美之作。此时铜镜的整体特点主要表现在以下几个方面：

（一）突破传统规制格局

在表现手法上，出现自由活泼、富于变化的布局——独体式、散点式、旋转式、满花式等多种方式布局，不再囿于对称于中心和左右对称。突破区、界束缚，给艺人以充分自由发挥的空间。

（二）纹饰内容更加丰富

新的造型、新的纹饰、新的工艺不断涌现，摆脱了前期铜镜的拘谨风格，把自由、豪放、新颖的新气象纳入铜镜并不宽阔的天地。

（三）艺术审美趋向生活化

这个时期的铜镜艺术风格着重写实，构图新颖，人物故事、双鱼、盘龙、花卉等内容贴近生活，惹人喜爱。宋代铜镜装饰艺术在中国古代铜镜工艺史上占有特别的位置，尤其是花枝镜和花鸟镜，图纹纤细清新、描绘逼真，具有强烈的现实感和韵律节奏感；当时大量流行神仙人物故事镜，表现的多是中原地区民间广为流传的神话传说和历史故事；苍树老翁、仙姑神女、云烟楼阁、潺溪泉水、嶙峋山峦、婴童嬉戏、商贩赶驴等成为流行图样，活像一幅幅写意山水人物画，以自由活泼的笔法和细腻抒情的气韵，展现了令人陶醉的美景，给人以艺术视觉享受。

TJ0503　连钱锦纹镜　宋代

直径139毫米　厚4毫米　重326克

　　连毯锦纹是一种满铺十字形花叶和花蕊组成的装饰纹样，主要用于辅助纹饰，也有作主题纹饰的。此类纹饰铜镜一般流行于宋、辽早期。此镜为同类镜中较早出现的镜种。江苏连云港五代墓中出土一面铜镜与此镜纹饰相同[①]；山西临猗双塔寺地宫出土一镜与此镜纹饰雷同[②]，该地宫建于北宋熙宁二年（1069年），同时此类镜在辽墓中出土也较多，是辽镜中具有独特风格的一类铜镜。

---

① 上海博物馆《练形神冶，莹质良工——上海博物馆藏铜镜精品》第286页，上海书画出版社2005年版。
② 乔正安《山西临猗双塔寺北宋塔基地宫清理简报》，《文物》1997年第3期。

TJ0504　葵花形"信州武昌县记"　宋代

直径161毫米　厚3毫米　重270克

相关链接：

　　此镜为典型辽代花卉纹镜。纵观宋辽金元时期铜镜，其中尤以花卉纹镜和花鸟纹镜最具特色，多采用浅细浮雕技法精雕细刻。缠枝花草，柔枝细叶相互缠绕，花朵盛开其间，形成迎风漪露的效果，图纹纤细清新，描绘逼真，具有强烈的现实感和韵律节奏感，集中体现了当时制镜工匠的卓越技艺。此时更多的铜镜题材犹如花鸟小景，强调画面清新、秀丽的美感。

TJ0506　盾形"饶州叶家久炼青铜照子"铭文镜　宋代

高115毫米　厚3毫米　重148克

铭文内容："饶州叶家久炼青铜照子"。

相关链接：

　　宋代的铸镜业主要集中在江南，包括湖州(今浙江吴兴)、临安(今浙江杭州)、饶州(今江苏南京)、成都(今四川成都)等。其中尤以湖州为最著名。从目前考古发掘的资料看，当时湖州铸镜商号店铺林立，工匠众多。其制品大多专注实用，不尚花纹，基本为素镜，无装饰图案，只是在镜钮左右侧的长方形框内铸有"湖州石家炼铜照子""湖州石家清铜照子""湖州真正石念二叔照子"等，有的也在钮左铸有"炼铜每两一百"等字样。产品销路极广，产量也较大，这是宋镜大规模商品化商标化的典型代表。

TJ0502　双鱼纹镜　金代[①]

直径155毫米　厚7毫米　重664克

相关链接:

　　女真人世居松花江流域,人们世代从事渔猎。鲤鱼与女真人的生活关系十分密切,所以,金代铜镜中以鱼为题材的作品数量很多,特别是吉林省出土了大量的双鱼纹镜。[①]

第二节　元明清铜镜

　　元代铜镜的工艺已趋向衰落,一般沿袭宋金时期的铜镜纹饰,渐趋粗略简陋。明清时期,考古发掘出土的铜镜不多,而传世品的数量则很大。明代铜镜一般都比较大而且厚重,形制多为圆形,有柱形钮、圆钮和银锭钮。纹饰有龙、凤、鹿和花草等,并创新一套八宝和杂宝图案,以表示吉祥如意。明代铜镜上的铭文比较多,大致可分三类:一是纪年铭文,如洪武年款云龙镜,镜钮左侧有一长方形框款"洪武二十二年正月日造";二是商标铭记或使用铭记,与宋镜有些相似,但明镜的商标铭记后常常加"造""铸造""记""置""办"的字样,或仅有铸造者(或为使用者)的姓名,明显有别于宋镜;三是四字吉祥铭文,如常见的"状元及第""长命富贵""五子登科"等。总体而言,明代的铸镜业较之宋元时期的铸镜业更为兴旺发达,铜镜的数量也不亚于宋代。但明代的铜镜缺乏创新,镜形一般为圆形,很少采用其他形式;铜镜以实用性为主,缺乏艺术性。

　　至清代,由于玻璃镜的普及,铜镜逐步被取代。铜镜的主题纹饰有龙、双鱼、龙凤、狮子滚绣球、双喜五福等,多属民间铸造,不甚精致。还有常见的诗文方镜,为湖州薛氏家族所制,字口尚好(如本书所录TJ0514、TJ0515)。另外乾隆内务府造办处铸造的铜镜既精且雅,且配有镜架、镜套等。

[①] 张英《吉林省出土铜镜》图版31~44,文物出版社1990年版。

TJ0505 梵文铭文镜 元代

直径90毫米 厚6毫米 重254克

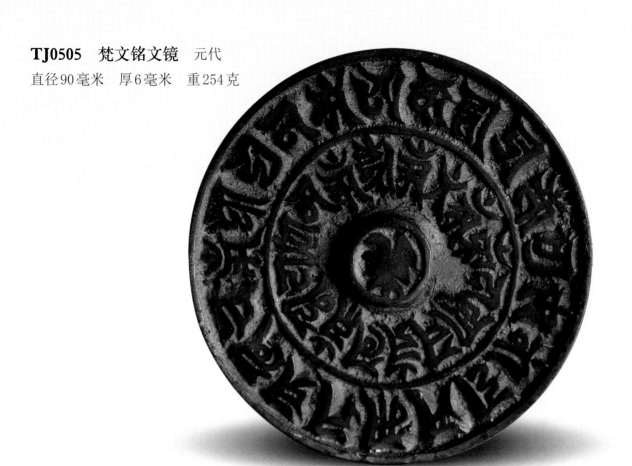

TJ0507 神仙人物多宝纹镜 元明

直径145毫米 厚11毫米 重514克

TJ0512　多宝"五子登科"吉祥铭文镜　明代

直径321毫米　厚10毫米　重3681克

TJ0513　"麟趾螽斯"吉祥铭文镜　明代

直径302毫米　厚13毫米　重1502克

TJ0514　方形"方正而明"铭诗文镜　清代

边长101毫米　厚5毫米　重326克

TJ0515　方形"既虚其中"铭诗文镜　清代

边长87毫米　厚3毫米　重152克

TJ0516　日本制松鹤延年蓬莱纹镜

直径121毫米　厚6毫米　重532克

相关链接：

　　中国铜镜文化在日本平安时代后期（897—1181年）融入大和绘画风格，应运而生的日本和式镜写景入画，将芦荡飞雁、梅菊双雀、滨洲翔鹤、花草蜂蝶等用富有日本风土民情的"和风绘"式样表现出来。宋明时期，在中国铜镜继续输往日本的同时，不为世人所知的日本镜也开始运销中国，散落在中国民间。湖南省文物研究所周世荣先生在《文物》1995年第5期上发表《湖南省博物馆收藏的日本江户时代铜镜》，刊布了9面日本江户时期(1615—1864年)铜镜。其中有一面蓬莱纹(松竹龟鹤纹)圆镜，直径12厘米。直角式高镜缘，龟钮，双圈弦纹环，高浮雕，双鹤与龟啄相衔，右下铭"天下一"款，属于桃山时代(1576—1614年)晚期至江户初期，相当于明末清初。"天下一"三字铭文，在同时期的日本镜中常见。周世荣先生认为"天下一"表示质量最好，天下第一，然而"天下一"镜款多，多属于制镜工匠假冒而为，借以吸引顾客。"天下一"称号始于桃山时期(1573—1615年)，当时的职田信长统一日本，兴建安土、大阪城，起用能工巧匠，为鼓励他们的积极性，以幕府公许形式对同行业公认技艺超众者授予"天下一"称号，有这一铭文的铜镜成为名誉镜的象征。在桃山，江户初期镜铭中常见"天下一"款，至江户中期，将"天下一"款与匠人名合用，以提高知名度。